长江文化研究

第 1 辑

《长江文化研究》编辑部　编

团结出版社

长江文化研究

《中华长江文化大系》总序

季羡林

改革开放以来，对长江文化的研究，繁荣昌盛，突飞猛进。研究的范围，约略言之，可分为两个方面：一个是对长江流域各大地区文化的研究，比如巴蜀文化、楚文化、吴文化等等，有的出了专著，有的发表了论文，有的甚至组织了学会，总之是百花齐放，异彩纷呈。另一个方面是对长江文化综合的研究。这方面的成果也是异常卓著的。已经出版的专著有李学勤先生主编、江西教育出版社出版的《长江文化史》（1995），材料丰富，论证精湛，受到了读者的好评。此外，正在编纂中的还有湖北社会科学院主持的"长江文化研究文库"，邀请全国许多学者担任各部分的主编，规模之大可以说是空前的。另一部正在进行编著的巨著，是由中国长航集团领衔编纂的"中华长江文化大系"，共分8编64卷，同样邀请了全国许多学者担任各卷主编，规模也是十分巨大的。仅仅从这三个例子，就能够看到，长江文化的研究已经是当今学坛上的显学了。

宇宙间，事出又有因。在这里，因究竟何在呢？经过反复思索，我觉得，这首先应该归功于改革开放，没有改革开放，则中国学人头上的紧箍未松，时时如临深渊，如履薄冰，唯恐什么人一念紧箍咒，则只好再一次躺倒在地大打其滚了。现在终于盼来了改革开放，头上的紧箍取掉，内心中的喜悦陡增，创作欲和写作欲突然腾涌起来，如海上怒涛，势不可遏。学坛上一片盎然生机，从来不敢谈的问题，现在敢说了。从前说得吞吞吐吐，欲语还休的问题，现在敢于直抒胸臆了。长江文化，从前不能说没有谈过，但是讨论问题最多的只能说是处于萌芽状态。现在则可以大谈而特谈了。

其次一个原因，我认为与弘扬中华民族的优秀文化这个号召或者共识有关。中国文化，博大精深，对人类做出了巨大的贡献。到了近代，由于众所周知的原因，隐而不彰，连中国人民自己都失去了信心。崇洋媚外之歪风邪气，达到了令人难以忍受的程度。一旦弘扬中华文化的口号提出，顺乎民心，应乎人情，"好雨知时节"，它滋润着亿万中华心。中华文化，内容异常丰富，长江文化是其中重要组成部分，归入弘扬之列，自然不在话下。

再次，中华文化的来源绝不止一途。世界文化史的公例是，古老文化的诞生离不开大江大河。古代埃及如此，古代巴比伦也是如此。中国又焉能例外。中国河流之长者，北有黄河，南有长江。中国最早的文化，即源于此二江河流域。总起来看，黄河流域可能早了一点，至少，是比较为人所知。中国历史上最早的几个朝代的首都都在黄河流域，可以为证。但是，长江流域文化的兴起决不容忽视。现在的考古发掘工作明确无误地证明了这一点。但是，由于某一些原因（有的原因至今还说不明白），多少年来，黄河文化一花独放，讲中国历史，也往往只讲黄河流域的古代文化，没有能让人了解中国古代文化的全貌或者真正面貌，不能不称之为憾事。现在改革开放的春风吹绿了神州大地，也吹醒了长江文化的研究。中国古代史的真面目才大白于世。对中国和世界学术界来说，这不能不说是十分值得庆幸的事。

也或许有人要问：在短期内，一下子出版了三部内容相同的巨著，这是否可能有重复之处呢？这是否也属于中国常见的一窝蜂现象呢？我敬谨答曰：不！不！那是绝对不可能的。因为，三部巨著，虽然研究的对象都是长江文化，但是，取材的繁简并不相同，处理材料的角度和重点并不相同，读者的对象也不相同。三部巨著只有互补之功，决无重复之嫌。

《长江文化史》，既然称之为"史"，就必然要按照历史顺序来叙述长江文化，从史前一直讲到近代，在每个时期中分门别类叙述文化的各个方面，对文化交流特别重视。这是一部谨严的自成体系的学术著作。至于"长江文化研究文库"，既然号称"文库"，就是以单独著作为基础，这些著作涉及长江文化各个方面。既然号称"研究"，就是要强调学术性，强调系统性，强调真知灼见。

谈到现在这一套"中华长江文化大系"，虽然规模同样巨大，却与上述"文库"不同，不是专门著作，而是综览概述，以人文景观、自然风光、艺术神韵、风土人情等为主干；虽同样强调学术谨严，但文字力求生动、活泼，雅俗共赏。与"文库"可以说是异曲而同工，殊途而同归。

我个人认为，黄河与长江，有许多共同之处，"黄河之水天上来"，长江之水也同样是天上来，却也有极大的不同之处。黄河由于地理环境的限制，自然景观有些单调、枯燥；而长江则迥乎不同。这里山高水长，峰峦竞秀，鬼斧神工，天造地设。特别是在三峡一段，更是秀色甲天下。中间的庐山，拔地而起，成为世界名胜。长江流域，除大山之外，还有大湖，洞庭湖、鄱阳湖、太湖，像一颗颗明珠镶嵌在万里长江的岸边上。

也许有人会提出疑问：长江的自然景观，不管是多么秀丽雄伟，毕竟都是天造地设、自然生成的，而文化则是人类创造出来的东西，二者能够同日而语吗？这个疑问不能说是没有道理，我曾再三仔细地考虑过这个问题。我觉得：二者确有不同之处，而相同之处则更多，更重要，更有关键性。文化的特点在于有个性，有生命。我曾在国内游过一些名山。最初不过是慕名而去，只是浮光掠影地欣赏大山之秀奇雄伟，没有深入思考。现在思考起来，山与山是不同的。泰山决不同于黄山，黄山决不同于青城山。依此类推，则峨眉山决不同于华山，华山决不同于五台山。每一座山的个性昭然可见，而山的生命即寓于其中矣。我也曾到过世界上许多国家，瑞士独以山清水秀蜚声世界。我面对瑞士的山水，只觉得秀丽神奇，非语言文字所能表达，心动神移，徒唤"奈何"。现在想来，瑞士的山水决不同于中华，这种奥妙神奇，难道不就是瑞士山水的个性表现吗？联合国把世界上包括中国在内的一些名山列入文化范畴，是非常有道理的。

眼前这一部"中华长江文化大系"，把长江流域的自然景观纳入书内，而且占有重要的地位，足见编著者眼光之犀利，识力之超群，不能不令人佩服。书中的第一编：山高水长，首先拈出"山""水"二字，第二编：物华天宝，第三编：胜景佳迹，都与山水有关。其余各编对山水也多有涉及。读者自然能辨识，用不着我在这里饶舌了。论长江文化而首先介绍长江流域的奇山异水，真可谓探骊得珠，深中肯綮矣。

在这里，也许又有人会提出疑问：你们这一套"大系"醉翁之意是不是在于促进旅游呢？这个疑问不能说事出无因。但是，我在上面已经说过，这一套丛书的目的是以生动活泼的语言介绍人杰地灵、物华天宝的长江文化的方方面面。就算是促进旅游吧，我们也必须对旅游重新加以认识。值此地球已变为地球村之日，我们国内最高的目标是安定团结，稳定发展，全世界最高目标又何尝不是世界和平与共同发展呢。而能达到这个目标的唯一途径，就是促进人民与人民间，民族与民族间的了解、理解、沟通、友谊。而能促进互相了解，加深友谊的重要途径之一，则是旅游。过去那种认为旅游只不过是游山玩水的观念，实在应该改变了。

根据我这些简略的论述，这一套"中华长江文化大系"的重要意义以及它在三套巨著中特殊的地位，已跃然纸上。它的出版一定会受到国内外读者的热烈欢迎，完全可以预卜。

是为序。

建设长江文化高地任务紧迫

刘　锋　熊文醉雄

长江，这条孕育了世界伟大文明的壮丽大河，不仅滋养了无数英勇的中华儿女，更孕育了博大精深的中华文化。然而，在全球化和现代化浪潮的冲击下，以及世界大河文明对话的兴起，长江文化这一中华文化的重要组成部分，正面临着激荡、冲撞、交流和融合的挑战。在此背景下，努力建设长江文化高地，已成为一项迫切的任务，它既是传承中华优秀传统文化的需求，也是弘扬世界文明的责任。

一、长江文化高地的基本内涵

长江，这条神奇的河流，位于地球北纬30°线上，与尼罗河、幼发拉底河、底格里斯河、印度河等共同见证了人类文明的辉煌。长江文明，历经万年沧桑，始终生生不息，闪烁着独特的光芒，成为人类历史上最伟大的文明之一。

长江文化高地，是基于中华长江流域独特的自然地理和人文历史，以流域的生产力水平为标志，形成的具有强大辐射力和影响力的文化体系。它不仅是俯瞰四周、光芒四射的文化重镇，更是人类与长江流域时空交织的多层次、多维度文化复合体的载体。这个文化高地，涵盖了山川湖泊、农耕渔牧、经贸商贾、思想伦理、文化艺术等方方面面，是中华文化的瑰宝，也是世界文化的瑰宝。

二、建设长江文化高地的重要任务

长江文化以其独特的魅力，世代影响着中华文化和世界文化。为了充分展示长江文化的丰富多彩和强大生命力，我们必须努力建设长江文化高地。

首要任务是利用长江流域高地强大的辐射力，深入挖掘长江文化的内涵。这包括历史、文学、艺术、科学、哲学等多个方面。通过组织专家学者进行深入研究，撰写专著，推出如《中华长江文化大系》等鸿篇巨制，让世人更加了解长江文化的独特魅力。

其次，要加大对长江文化遗产的保护力度，并积极开发其利用价值。这些遗产包括物质文化遗产和非物质文化遗产，它们都是长江文化的瑰宝。我们要通过创造性的转化和创新性的发展，让这些遗产焕发出新的生机。当下，湖北省长江文化研究院跟进国家战略，研究推出了"长江文化新高地"平台，汇聚了国内100余所知名高校的500余位对长江文化感兴趣、有造诣的专家、学者，2000余家国内外核心人文综合性期刊，5000余位雏鹰学者，共同形成对长江文化纵深集群式研究和传播性的阵营。这一高地的建立，旨在打造一个现代的，集学术研究、文化交流、知识传播为一体的综合性大型文化网络，让高校的专家、学者，可以共同享有研究资料、交流学术成果，协同推进长江文化研究和文化遗产保护的发展。

最后，要利用流域高地的辐射力，推动文化的创新发展。创新是文化发展的核心动力。我们要鼓励学者、艺术家等创作者，利用更新颖的创作方式和载体，反映长江文化的精髓。同时，通过现代展示手段，如沉浸式展示、全息影像、微电影等，推动长江文化与世界文化的快速融合。

三、建设长江文化高地的紧迫性

既然长江文化早已具有世界属性，且其生命力顽强、从未间断，那么我们必须认识到建设长江文化高地的紧迫性。

首先，必须认识长江文化传承的紧迫性。随着现代化进程的加快，一些传统技艺、民间艺术以及民俗风情等正面临失传的危险。我们必须采取有效的措施，保护和传承长江文化。

其次，必须认识长江文化创新的紧迫性。作为世界性古老大河文明的中国，有责任为世界文明的发展做出贡献。我们要秉承开放与创新的理念，推动长江文化的创新性发展，并向世界辐射。

最后，必须认识长江文化交流的紧迫性。在全球化的背景下，文化交流已成为各国之间相互理解、增进友谊的重要桥梁。我们要推动长江文化走向世界，提升国家文化的软实力和民族的自信心。

建设长江文化高地是一项长期而艰巨的任务。我们要以高度的责任感和使命感，推动长江文化的传承、创新与交流。让长江文化在新的历史起点上焕发出更加璀璨的光芒！

目　录

本辑特稿

思辨长江

马克思主义与长江文化

教育与文化脉动

文化地理与社会经纬

长江经济带高质量发展

长江流域的文化艺术传播

长江文明考古与文化遗产

湖北省长江文化研究院对长江文化研究的历史贡献及新时代使命

内容提要： 湖北省长江文化研究院自创立以来，在众多权威学者的支持下，深耕长江文化研究，跨学科融合历史学、社会学及文学等领域，成果显著，尤以《中华长江文化大系》及《长江流域非物质文化遗产大系》等系列著作为研究的里程碑，系统性地研究、归纳、整理、总结并普及了长江文化，强化了长江文化保护与传承。步入新时代，长江文化研究面临诸多机遇与挑战，研究院肩负转型重任，通过范式创新、研究主体多元化、产学研融合及国际视野拓展等策略，深化长江文化研究，推动中华文化多元共生与全球对话，引领长江文化研究迈向新高度。

关键词： 湖北省长江文化研究院；文化研究；历史贡献；时代使命

作者简介： 代哲军，湖北省长江文化研究院高级研究员，研究方向为传统文化。

Title: The Hubei Province Yangtze River Cultural Institute's Historical Contributions to Yangtze River Cultural Research and Its Mission in the New Era

Abstract: Since its establishment, the Hubei Province Yangtze River Cultural Institute, with the support of numerous authoritative scholars, has deeply engaged in the study of Yangtze River culture. By integrating interdisciplinary fields such as history, sociology and literature, the institute has achieved significant results. In particular, milestone achievements include the publication of series such as *The Great Series of Yangtze River Culture of China* and *The Series of Intangible Cultural Heritage of the Yangtze River Basin*. These works have systematically organized, summarized, and popularized Yangtze River culture, while reinforcing its protection and inheritance. As it steps into a new era, the study of Yangtze River culture faces numerous opportunities and challenges. The Hubei Province Yangtze River Cultural Institute is entrusted with the important responsibility of transformation. Through strategies such as paradigm innovation, diversification of research entities, integration of industry, academia, and research, and the expansion of international perspectives, the institute aims to deepen the study of Yangtze River culture, promote the pluralistic coexistence of Chinese culture, and facilitate global dialogue. These efforts are intended to lead Yangtze River cultural research to new heights.

Key Words: The Hubei Province Yangtze River Cultural Institute; Cultural Research; Historical Contributions; Mission of the Era

About Author: Dai Zhejun, senior research fellow at the Hubei Province Yangtze River Cultural Institute, mainly engaged in Traditional Culture.

湖北省长江文化研究院，隶属于湖北省社会科学界联合会，经省民政厅注册成立。该院由省社科院、省书画家协会及中国作协少数民族文学会等多家机构联合发起，依托于中国长江航运集团、交通运输部长江航务管理局和水利委员会内的学者支持，得到沿江200余所高等院校的专家协助。作为专注于探索长江流域自然、地理与人文历史的非营利性专业机构，它基于《中华长江文化大系》编纂委员会而建立。

自成立以来，研究院始终致力于系统化地研究与传承长江文化。作为区域内重要的学术中心之一，不仅在地方享有盛名，在全国范围内乃至国际也颇具影响力。其工作跨越历史学、考古学、社会学以及艺术等多个领域，在学术研究、普及教育及资料整理等方面均取得了显著成果。作为一家智库型组织，除了在科研方面具备权威性外，还在政策建议、社会服务和文化传播等领域发挥着关键作用。通过广泛合作，研究院有效整合了各类资源，促进了长江文化研究的全面进步。

面对全球化背景下的新挑战与机遇，长江文化研究正经历前所未有的变化。一方面，全球化进程加速了文化交流与融合，为不同文明之间的对话创造了更多机会；另一方面，这一趋势也给本土文化的保护带来了压力，迫使研究人员思考如何在全球语境中维护自身特色与价值。随着学术界对文化探究要求的不断提高，研究院需应对来自各方面的压力，不仅要深化现有知识体系，还需不断创新理论框架与方法论。在此过程中，研究院正积极寻求转型，以适应新时代的需求，推动长江文化研究达到新的高度。

一、湖北省长江文化研究院对长江文化研究的历史贡献

（一）湖北省长江文化研究院应时代之需成立

长江，中华民族的母亲河之一，流域辽阔，影响深远，既为沿岸民众赐予了丰饶的水土资源，又是中华文化的重要发源地，孕育了独具风韵的长江文化。该文化体系，凭借深厚的历史积淀与鲜明的地域特征，在中华民族文化发展史上占据关键地位，与黄河文化共同构筑了中华民族的文化标志与文明象征。它们"都是中华民族的代表性符号，是中华文明的标志性象征"[1]。可以说，长江文化和黄河文化共同构成了中华文化独特的二元耦合结构。因此，对长江文化的深入研究与开发，不仅是对中华民族悠久历史与文化传承的一次深刻挖掘与整理，旨在填补中华文明史研究中的某些空白，完善中国传统文化的学术体系，进而重塑中华民族的核心价值观念与精神追求。同时，这也是对世界文明多样性的一种贡献，通过展示长江文化的独特魅力与人文价值，为世界文化体系增添新的元素与视角，促进全球范围内对于不同文明之间相互理解、尊重与交流的深入发展。

早在"20世纪80年代，中国曾掀起所谓'文化热'，有关文化和文化史的专著、论文，一时如风起云涌"[2]，这极大地丰富了中国文化研究的领域与深度。然而，在这一文化热潮

中，相比长江文化的研究，黄河文化的研究无疑占据了主导地位。黄河文化的研究不仅涉及了古代文明的起源、发展与演变，还深刻揭示了这一流域内独特的地理环境、社会结构、宗教信仰、文学艺术等多个方面。这一现象反映了学术界对于黄河文化价值的广泛认同，以至于"过去说起中国历史文化，总是讲黄河流域是文明的摇篮。当时流行的看法是，中华文明的起源是一元的，其中心在黄河中下游，由之向外传播，以至各地。"[3]

而随着考古发现的不断累积与学界研究的深入，特别是针对长江及其文化的广泛探索，传统上在中国文化界与学界占据主导地位的"中华文化源自黄河文化"的一元论观点，正面临严峻挑战。鉴于此，社会各界紧急发出倡议，呼吁整合文化界与学界的智慧与资源，加大对长江文化的研究力度与深度，以期揭示并还原中华文化的多元共生、相互交融的真实面貌。

在20世纪80年代中后期，中国长航集团发起了长江文化研究号召，得到了交通运输部长江航务管理局、水利部长江水利委员会领导及学者的支持。同时，长江流域各城市政府政策研究室、社科院所和高校学者也广泛参与其中。每年召开的长江文化研讨会推出了一批重要成果，产生了广泛的社会影响。其中，中国长航集团党委宣传部起到了核心组织者的作用。

20世纪90年代中期，为稳定长江文化研究机构并编纂《中华长江文化大系》，中国长航集团党委宣传部部长刘锋提出建议：利用集团百年历史文化优势和人才资源，吸纳长江流域高校学者，将《中华长江文化大系》立项为世纪末重要文化工程。该建议得到总裁李宗琦的支持。为确保项目落实，刘锋带队赴京邀请《人民日报》（海外版）副主任解波和著名学者程裕祯加入顾问委员会。此外，还特邀季羡林、任继愈等知名学者参与。武汉地区的张正明、冯天瑜等专家亦给予大力支持，特别是张正明与刘玉堂不仅提供支持，还亲自参与编纂工作。随后，在北京外国语大学召开了特聘顾问大会，并在国务院研究室成功举办了出版工程汇报会。时任全国人大常委会副委员长许嘉璐担任指导委员会主任，吴邦国委员长听取了汇报并题写书名。编纂委员会下设指导委员会、顾问委员会等多个部门，由李宗琦任主任，刘锋任执行主编兼秘书长，地点设在中国长江航运集团。

自1997年成立以来，《中华长江文化大系》编纂委员会首次会议在西陵峡宾馆召开，通过了总纲、执行计划及团队组成名单，并对专家进行了分工。40年来，刘锋领导下的湖北省长江文化研究院团结近千位专家学者，完成了多项国家和地方政府赋予的重大历史工程，获得高度赞誉。这不仅丰富了中华文化建设，也为世界大河文化研究贡献了中国智慧，体现了中华民族开放包容的文化自信与担当。《中华长江文化大系》编纂委员会及其后续机构对长江文化的研究与发展具有重要意义，肩负着推动人类文明进步的重要使命。

（二）湖北省长江文化研究院研究长江文化成果丰硕

湖北省长江文化研究院（含《中华长江文化大系》编委会）自成立后便汇聚了众多历史学、考古学、社会学、文学等领域的专家学者，形成了跨学科的研究团队。这些专家从各自的专业视角出发，为长江文化的研究提供了多元的思维方式和深厚的学术底蕴。自李学勤教授和徐吉军教授主编的《长江文化史》为长江文化的研究打下了坚实的基础后，作为湖北省长江文化研究院的发起单位之一的湖北省社会科学院也不甘落后，"以全国为目标，敦请对长江文化研究有兴趣，有造诣的著名学者，担任编写工作，编成了《长江文化研究文库》，包括一个'综论'系列和其他六个系列，共五十多部"[4]。该文库由著名学者季羡林先生任总编，汤一介、俞伟超、张正明、章开沅、袁行霈、冯天瑜等学者任主编。《长江文化研究文库》的编纂出版，不仅是对长江文化的一次全面梳理和传承，更是对中华民族悠久历史和灿烂文化的一次致敬和弘扬。紧接着，"由中国长航集团领衔编纂的《中华长江文化大系》，共分8编、64卷，同样邀请了全国许多学者担任各卷主编，规模也是十分巨大的"[5]。《中华长江文化大系》由现任湖北省长江文化研究院院长刘锋同志具体负责筹组班子，当时参与的单位有二百多所高校，湖北省长江文化研究院就是在《中华长江文化大系》编纂委员会基础上筹组而成的。《中华长江文化大系》分为两个部分。第一部分共8编、64卷，被定为国家"十一五"重点图书出版项目，内容包括：山高水长（8卷）、物华天宝（6卷）、胜景佳迹（8卷）、艺文神韵（9卷）、民俗风情（8卷）、民族宗教（6卷）、千古风流（12卷）、世事沧桑（7卷）。第二部分共8编、64卷，被定为国家"十二五"重点图书出版项目，内容包括：浩渺苍茫（8卷）、金粉烽烟（8卷）、千秋吏法（8卷）、商贾兴衰（8卷）、伦理传承（8卷）、语言文化（8卷）、天堑通途（8卷）、山水传奇（8卷）。《中华长江文化大系》得到了党和国家领导人的高度认可。该丛书从自然地理到人文历史，几乎全方位地展示了长江文化，为读者提供了深入了解长江流域自然风光、地质地貌、气候环境、历史文化、民俗风情、经济发展等方面的详细信息。

除《中华长江文化大系》外，湖北省长江文化研究院在刘锋同志的带领下，又组织专家编辑了《长江流域非物质文化遗产大系》，此大系为8编、64卷，又称为"《大系（三）》，它主要撰写的是长江流域非物质文化遗产主题，这是迄今为止此类大型专著内容最全、发掘最深、视野最广、文体最活、规模最大的长江流域非遗的鸿篇巨制。"[6]

除此以外，湖北省长江文化研究院组织编撰的大型图书还有《中华长江文化区》（8卷）等。有些系列图书，如《中华长江文化研究文库》（12编，100卷，已经完成文库结构设计）、《中华长江文化七千年》（共16编，128卷，已经完成图说本结构设计和64000张图片准备）、《中华长江文化通史》（共31卷，已经完成通史结构设计）、《长江文化百科辞条》（电子版）、《长江文化大辞典》等正在筹资进行中。

（三）湖北省长江文化研究院对长江文化研究的历史贡献

湖北省长江文化研究院在长江文化研究领域的贡献深远且重要。首先，通过对长江文化的系统性整理与总结，为深入研究奠定基础。研究院广泛搜集和整理散落于历史文献、民间传说、考古发现等方面的长江文化资料，进行系统性汇编和分类，形成各类文化研究专著，使零散的长江文化信息整合成完整的知识体系，并产生新的研究成果。这不仅深入挖掘和整理了长江流域的古籍，从历史典籍中梳理出相关的历史记载、文学作品和民俗资料，还为长江文化研究提供了丰富的历史素材。

研究院还深入长江流域各地，系统汇编丰富多彩的民俗文化，包括传统节日习俗、婚丧嫁娶习俗和民间艺术等，保存和传承这些民间文化瑰宝。在资料整理的基础上，研究院致力于构建长江文化的理论体系，通过学术研究和专家讨论，深入剖析长江文化的内涵、特点、发展历程及其在中国乃至世界文化中的地位和影响，为公众提供清晰、全面的长江文化认识框架。这不仅促进了长江文化的广泛传播与理解，更为后续深入研究奠定了坚实基础。

其次，为了向广大读者普及长江文化知识，研究院进行了多种形式的文化传播工作。通过出版书籍、举办展览和开展讲座等方式，将长江文化的研究成果转化为易于理解和接受的内容，提高社会对长江文化的认知和重视程度。例如，研究院举办了生动的长江文化展览，让人们直观领略长江流域不同地区的文物、传统服饰和特色建筑模型，使长江文化形象逐渐深入人心。同时，深入社区和学校举办大量文化讲座，以通俗易懂的方式讲述长江文化中的民间故事和神话传说，将长江文化的种子播撒在日常生活中。如长江文化学者刘锋在荆楚名家讲坛讲授的"长江文化百科系列"、在国家发展改革委主讲的"文化强国和长江文化研究"、在省委党校讲授的"长江文化与城市文化崛起的战略思考"、在市委党校讲授的"长江文化与本土战略"，以及在联合国教科文组织的世界大河文明对话会议上演讲的"大河文明的探索与城市文化的闪光"等，均在社会上产生了良好影响。

为了让人们更清晰直观地了解长江文化，研究院还积极组织了200多位画家和书法家，历时5年创新绘制了总长度超过630米的国画长卷——《长江魂：中华长江人文山水》国画长卷。该长卷依据《中华长江文化大系》丛书内容创作而成，展现了1300多个长江流域的历史文化景观，已在国内外多地巡回展出，获得了广泛的赞誉。后又组织50多位数字绘画家，耗时5年，创作了总长达180米的《长江魂：中华长江自然山水》数字画长卷。该长卷采用数字技术一镜到底，动态展示了长江流域的自然风光，进一步丰富了长江文化的表现形式，并在国际艺术展览中广受关注。

湖北省长江文化研究院在注重长江文化的保护与传承的同时，也积极推动其商业化应用，其中，长江非遗小镇项目便是这一理念的重要实践。长江非遗小镇位于武汉市黄陂区前川街东部，滠水河东岸。该项目旨在通过非遗文化的商业化应用，促进文化、旅游、生态等多方面的融合发展。长江非遗小镇将非遗文化作为核心元素，通过商业化运作，使传统文化得以在现代社会中焕发新的生机。这不仅有助于非遗文化的保护与传承，还能让更多的人了解和认识非遗文化的独特魅力。该项目依托黄陂区的山水资源和人文资源，打造集旅游、度假、休闲于一体的综合性旅游胜地。这不仅能吸引大量游客前来观光游览，还能带动当地经济的发展。长江非遗小镇还将智慧互联网元素融入其中，通过科技手段提升游客的游览体验。例如，可以运用虚拟现实、增强现实等技术手段，让游客身临其境地感受非遗文化的魅力。项目还注重田园生活元素的融入，为游客提供亲近自然、体验农耕文化的机会。这不仅能丰富游客的旅游体验，还能促进当地农业与旅游业的融合发展。

二、新时代长江文化研究的机遇与挑战

当前，中国特色社会主义进入新时代，这是承前启后、继往开来的时代，是继续夺取中国特色社会主义伟大胜利的时代。从中华民族发展历程来看，这是实现从站起来、富起来到强起来的伟大飞跃的时代。新时代开启了全面建设社会主义现代化强国、实现中华民族伟大复兴的新征程。

在新的历史时期，国家大力推进长江经济带发展战略，将长江文化作为重要组成部分。这使长江文化研究得到更多政策倾斜、资金投入，为深入开展研究提供了坚实保障。例如，在文化遗产保护和文化产业发展项目中，长江文化研究可以更好地与政策对接，推动文化资源的挖掘与利用。新时代强调文化自信，长江文化作为中华民族传统文化的重要源头和瑰宝，其研究价值将会得到前所未有的重视。这有利于吸引更多学者、研究机构和社会力量投身于长江文化研究，形成浓厚的研究氛围，同时也为长江文化的传承与创新提供更广阔的空间。

在全球化背景下，信息快速流通，长江文化更容易跨越国界，并在全球范围内得到更广泛的传播和认知。互联网和社交媒体等新媒体平台为长江文化的展示和传播提供了新渠道，增强了其国际影响力。文化旅游、文化创意产品、影视传媒等领域的发展，不仅推动了长江文化的产业化进程，也为其传承和创新提供了动力。这些为长江文化发展带来了快速发展的机遇。然而，全球化在促进不同文化之间的交流与融合，也带来了文化同质化的风险。当前，西方文化在全球范围内仍具有较强的影响力，可能对长江文化的传承与发展构成挑战。年轻一代更容易受到西方流行文化的影响，可能忽视本土文化的了解和学习。这种文化浪潮促使研究者思考如何在全球文化语境中保持自身的独特性与价值。

长江流域因其地理范围广阔、历史悠久、民族众多，呈现出文化形态多样的特点。长江流域跨越了不同的地形地貌，从上游的高原山地到中下游的平原丘陵，不同的自然环境孕育了不同的生活方式和文化传统。这种地理上的差异性导致了各地居民的生活习惯、社会结构等方面的差异。长江流域居住着多个民族，除了汉族之外，还有苗族、土家族、彝族等民族，每个民族都有自己的语言、信仰、风俗习惯等。这种多样性丰富了长江文化的内涵，但也带来了文化研究中的碎片化趋势。很多研究者往往受限于自身的专业背景、研究兴趣或资料获取能力，导致研究视野较为狭窄，往往只能专注于某一特定区域或某一特定文化现象，难以进行全面而

系统的整体研究。其研究难以涵盖整个长江流域的文化全貌。可供长江流域文化研究的资料分布广泛，很多珍贵的历史文献和口述史料分散在不同的地区或机构，研究者难以获得全面的信息。不同学科之间的壁垒使得研究者很难跨越学科界限进行综合研究。例如，历史学家可能较少关注考古学的发现，而社会学家则可能忽视了文学作品中的文化反映。学科间的隔阂阻碍了多学科视角的融合，导致研究结果往往局限于某一方面，难以形成系统的整体认识。多数研究仍然采用传统的定性研究方法，缺乏定量分析和技术手段的支持，导致研究结果难以量化和验证。由于缺乏跨学科的方法论，使得研究难以深入文化现象的本质，难以揭示复杂的文化演变规律。面对如此丰富多元的文化资源，如何进行有效的整合与统一，成为长江文化整体性研究的关键难题。一方面，各地文化之间的巨大差异要求研究者具备跨文化的视野和敏锐的洞察力，能够深入理解和分析每种文化的独特性和内在联系；另一方面，如何在尊重和保护各地文化多样性的基础上，构建一个全面、系统、具有包容性的长江文化体系，也是一项艰巨的任务。

随着现代化进程的加速，长江流域众多小众的习俗、语言、技艺等非物质文化遗产确实面临着消失的风险。许多小众习俗因缺乏传承人而逐渐淡出人们视野，古老的语言因使用频率降低而面临失传危机，精湛的技艺则因难以适应市场需求而陷入困境。这些非物质文化遗产是长江流域历史、文化和民族记忆的重要载体，对于维护文化多样性、增强文化认同具有重要意义。因此，保护这些濒危小众的非物质文化遗产也成为一项紧迫而重要的任务。

新时代新的起点为长江文化的保护与研究提供了新的机遇，但也带来了前所未有的挑战。湖北省长江文化研究院肩负着历史使命，需要在这一关键时期，从多个层面入手，以高质量的方式应对这些挑战，确保长江文化的传承与创新。守护并高质量地传承好长江流域的文化遗产，不仅是对历史的尊重与传承，更是对未来文化多样性的保障与贡献。面对新时代的机遇与挑战，长江文化研究应秉持开放包容、创新发展的理念，充分利用政策优势、科技力量和国际资源，加强文化遗产保护、促进文化创新、深化国际合作。同时，注重人才培养和研究方法创新，构建多元、开放、协同的研究体系。只有这样，才能在新时代的征程中，让长江文化焕发出更加璀璨的光芒，为中华民族伟大复兴的中国梦贡献文化力量。

湖北省长江文化研究院正是在这样的时代背景下，积极寻求转型，以适应新时代的文化研究需求，推动长江文化研究迈向新的高度。

三、湖北省长江文化研究院对长江文化研究的时代使命

面对新时代的机遇与挑战，如何利用新的技术新的方法高质量地保护与研究长江文化，是时代交给湖北省长江文化研究院等研究机构及广大长江文化研究者们的一项重大的历史使命。研究院作为推动和保护长江文化的重要机构，必须紧跟时代发展和社会需求，确保长江文

化研究在新时代焕发活力。"长江文化是一种锐意进取、矢志开拓的文化"[7]，它孕育了中华文明的重要部分，其代表的创新、奋斗、包容和开放精神在历史长河中始终绵延不息。长江文化不仅仅是一种历史记忆或传统，它具有深厚的现代价值，尤其在新时代下，长江文化研究需要与这一精神相契合，开拓创新，探索更多元、更丰富的研究路径。研究院对长江文化的研究尽管已经取得了辉煌的成就，但面对新时代新的起点，研究院对长江文化的研究需要跟紧时代脉搏，进行全面而高质量的转型。

（一）研究范式的转变：传统与现代相结合

保护与研究长江文化，首先需要对长江流域的历史文化、民俗传统、自然生态等进行系统的梳理和深入研究。从以往的研究对象和成果来看，湖北省长江文化研究院成绩斐然。例如，《中华长江文化大系》系列图书，就包括了山川形胜、物产宝藏、风景名胜、文化艺术、民风民俗、民族宗教、名人名流、世事变迁等多个方面的内容。但这些研究更多偏向于历史文化研究，未来湖北省长江文化研究院需要在传统的基础上，将范式历史文化研究，转向传统与现代相结合的动态研究模式。以前的研究涉及的历史、考古、民俗等学科是核心领域，但在新时代，应结合生态环境、经济发展、科技创新等学科，形成跨学科研究体系。例如，从文化生态学的角度研究长江文化与自然环境的相互关系，分析长江流域的地形、气候、水系等自然因素对文化的形成、发展和传播的影响；利用地理学的空间分析方法，研究长江文化在不同地理区域的分布特征和文化扩散规律。长江文化不仅是过去的文化遗产，更是当下的文化生活。湖北省文化研究院应该注重长江文化的动态发展，关注当下人们如何传承和创新这些文化资源，尤其是结合现代生活方式、艺术创作、文旅产业等方面的研究。

研究院以往的研究方法可能涉及文献梳理、历史比较、案例分析、实地考察等多种传统的研究手段，随着数字经济、人工智能等社会浪潮的兴起，研究院在保持传统研究方法的基础上，积极创新研究方法，以适应时代的发展和文化的传承需求。实际上，随着大数据、云计算、人工智能等现代信息技术的飞速发展，长江文化的研究手段和方法将得到极大丰富和拓展。通过数字化技术，可以实现对长江流域历史遗迹、非物质文化遗产的精准记录与高效传播，为深入研究提供了丰富的素材和便捷的工具。同时，虚拟现实（VR）、增强现实（AR）等技术的应用，让长江文化以更加生动、直观的方式呈现给公众，增强了文化的吸引力和影响力。湖北省长江文化研究院积极响应时代号召，推动长江文化研究的数字化、智能化转型升级。从2023年起通过建设长江文化数据库、开发数字化展示平台等方式，将长江文化资源进行数字化保存和展示，提高研究效率和传播效果。

（二）研究主体的拓展：从专家学者扩大到普通学者和文化爱好者

过去，湖北省长江文化研究院都是组织长江文化研究领域的专家、大学教授等权威学者开展长江文化的研究工作。权威学者具备深厚的学术背景和专业知识，能够确保研究工作的专业性和深度。他们对长江文化的理解更为透彻，能够挖掘出更深层次的文化内涵和价值。专家学者往往能够产出高质量的研究成果，这些成果不仅具有学术价值，还能为长江文化的传承、保护和发展提供有力支持。权威学者的参与能够提升研究院的社会影响力和知名度，吸引更多社会资源和关注。这有助于推动长江文化研究的深入发展，并促进相关文化产业的繁荣。

但这种研究方式也有其局限性。过于依赖权威学者可能导致普通学者和爱好者难以参与研究工作，从而限制了研究的多样性和广泛性。长江文化的研究需要更多元化的声音和视角，以丰富研究的内涵和广度。资源过于集中在权威学者手中，可能导致其他研究者难以获得必要的支持和资源。这不利于长江文化研究的整体发展，也可能造成研究资源的浪费和重复建设。长江文化的研究需要不断探索新的研究领域和方法，以应对时代的变化和发展。如果过于依赖权威学者，可能会抑制创新思维的产生和发展。权威学者的研究成果往往具有较高的学术性，可能难以被普通公众所理解和接受。这也限制了长江文化的传播范围和影响力，不利于其在社会中的普及和推广。

研究院在推动长江文化的研究与传播上，需要进一步拓展其研究主体范围，广泛吸纳普通学者及文化爱好者参与其中，无疑能够极大地丰富研究视角，增强研究的多元性和社会影响力。湖北省长江文化研究院主办的《长江文化研究》集刊就是一个面向广大学者的学术交流平台。通过吸纳普通学者和文化爱好者的参与，不但丰富了刊物的内容和形式，而且可以进一步增强人们对长江文化的认同感和归属感。这种文化认同有助于推动长江文化的传承与发展，形成更加浓厚的文化氛围。刊物也将成为普通学者和文化爱好者了解长江文化、参与研究的重要窗口。这不仅有助于丰富研究视角、增强研究多元性，还能提升长江文化的社会影响力，推动其更好地传承与发展。

除此之外，研究院还注重人才培养工作，通过设立研究基金、提供研究岗位等方式，吸引和培养了一批在长江文化研究领域具有潜力和热情的年轻学者和爱好者加入。这些人才将成为未来长江文化研究的重要力量，推动长江文化研究的不断深入和发展。

（三）研究网络的升维：从传统学术交流到产学研闭环的跨越

在信息时代的浪潮中，知识的传播与创新模式正经历着前所未有的变革。湖北省长江文化研究院以往的学术交流都是往往以高校、研究机构为核心，通过学术会议、专著发表等形式进行学术交流与合作，很少涉及学术期刊。相比《中华长江文化大系》这样的系列专著，学术期刊上的科研文章在形式上确实更侧重于"点的突破"。学术期刊通常具有较短的出版周期，这使得新的科研成果能够迅速被学术界知晓并讨论。这种即时性有助于加速科学进步，因为新发现和新理论可以更快地得到验证、修正或进一步发展。由于篇幅限制，学术期刊上的科研文章往往专注于某一具体研究问题或现象的深入剖析。这种聚焦使得文章能够详细探讨某一领域的细节，提供更为精确和具体的分析结果，有助于推动该领域的精细化研究。学术期刊是学术交流的重要平台。通过发表科研文章，研究者可以展示自己的研究成果，与其他学者进行思想碰撞和学术争鸣。这种交流有助于激发新的研究灵感，促进学术共同体的形成和发展。在权威学术期刊上发表科研文章是研究者学术水平的重要体现。这不仅有助于提升研究者的个人声誉，还为其未来的学术发展提供了有力支持。例如，在申请科研项目、获得学术奖励或晋升职称时，高质量的学术期刊论文往往是重要的评估依据。学术期刊通常具有规范的出版格式和严格的引用要求，这使得科研文章更易于被其他研究者引用和检索。这种便利性有助于构建学术研究的连贯性和系统性，促进科学知识的积累和传承。学术期刊上的科研文章以其快速传播、聚焦深入、促进交流、建立声誉、便于引用与检索以及推动学科发展等好处，在学术界发挥着不可替代的重要作用。

传统的学术交流圈正在向更加开放、协作的产学研闭环模式演进。产学研闭环模式能够有效整合高校、学者、期刊及出版机构等各方资源，实现资源共享和优势互补。这有助于提升研究效率，降低研究成本，推动科研成果的快速转化。该模式打破了传统学术交流圈的壁垒，促进了不同领域、不同机构之间的交流与合作。学者可以在更广阔的平台上展示自己的研究成果，与同行进行深入的学术探讨和合作。产学研闭环模式强调研究成果的实用性和应用价值。通过与企业、出版机构等合作，科研成果能够更快地转化为实际产品或服务，服务于经济社会发展。

研究院在这一趋势中积极作为，通过一系列举措将新增学术聚焦点，并推动研究重心由系列专著向学术期刊转型。为此，研究院通过新高地项目，积累了百亿级的数据资源，并发布了大量长江文化学术研究课题。这些课题吸引了广大人文社科研究者的参与，为学术期刊的转型提供了丰富的素材和视角。除此以外，研究院还开发了全球首个垂直文化领域AI大语言应用模型"凤舞江天"，该模型具备选题助手、期刊推荐、期刊模板、长江百科等功能，形成了联通高校、学者、期刊及其他出版机构的产学研出版闭环。其"汇聚了国内100余所顶尖高校的500余名资深专家、学者，超过2000家国内核心人文综合性期刊，共同形成对长江文化的纵深、集群式研究和传播阵营。通过这个平台，各高校的专家、学者可以共享研究资料、交流学术成果，共同推动长江文化研究的深入发展"。[8]这一创新工具既为学者提供了从研究选题到成果发表的全链条支持，推动了学术期刊的高质量发展，也为长江文化的研究、传播和弘扬提供了有力的支撑。这一闭环的形成，使得长江文化的研究不再局限于传统的学者圈，而是扩展到了更广泛的产学研领域。通过产学研合作，研究院能够更快地推出高质量的学术期刊和研究成果。

（四）研究视野的升级——从深耕国内到迈向国际视野新高度

多年来，湖北省长江文化研究院在国内研究领域取得了丰硕成果。他们围绕长江流域的自然景观、历史遗迹、民俗风情、文学艺术、科技发明等多个维度，进行了系统而深入的挖掘与整理。通过组织大型田野调查、开展专题研讨会、编纂出版系列学术著作等方式，不仅揭示了长江文化的独特魅力和丰富内涵，也为保护和传承这一文化遗产提供了坚实的理论基础和实践指导。

随着全球化的深入发展，文化的交流与互鉴成为时代的重要命题。湖北省长江文化研究院敏锐地捕捉到了这一趋势，开始将研究视野从国内扩展到国际，积极探索长江文化在全球文化多样性中的位置与价值。这一转变，不仅是研究院自身发展的需要，更是响应国家"一带一路"倡议、推动中华文化走出去战略的重要举措。

为了实现研究视野的升级，湖北省长江文化研究院将积极寻求国际合作与交流的机会。他们与国际知名学府、研究机构建立了紧密的合作关系，共同举办学术论坛、研讨会，分享研究成果，探讨长江文化的国际传播策略。同时，还积极参与国际文化遗产保护项目，通过国际合作推动长江文化遗产的跨国界保护与传承。

除了学术研究层面的合作，湖北省长江文化研究院还注重将长江文化的精髓通过多样化的形式传播给国际社会。他们利用数字技术、社交媒体等现代传播手段，制作了一系列展现长江文化魅力的影视作品、图文资料，并在国际平台上广泛传播。此外，还组织国际文化交流活动，邀请外国学者、艺术家、游客等走进长江，亲身体验长江文化的独特魅力，促进中外文化的深度交流与融合。

湖北省长江文化研究院研究视野的升级，不仅是学术研究的深化与拓展，更是文化自信与文化自觉的体现。未来，随着研究院研究的不断深入和国际合作的持续加强，长江文化必将在全球范围内产生更加深远的影响，为推动构建人类命运共同体贡献中国智慧与中国力量。

四、结语

湖北省长江文化研究院，作为长江文化研究领域的领军机构，其多年耕耘不仅深刻揭示了长江文化的博大精深，更标志着我国在长江文化传承与研究领域的重大突破。特别是《中华长江文化大系》等研究成果，极大地丰富了我们对长江文化的认知体系，为其在新时代的传承与发展奠定了坚实的学术基础。

步入新时代，研究院紧跟时代步伐，实现了从研究范式、研究主体、研究网络到研究视野的全面拓展与深刻变革。这一转型不仅彰显了研究院对长江文化研究的深刻洞察与前瞻视野，更标志着我国在长江文化传承与创新领域迈出了坚实的步伐。这些举措也展现了研究院在新时代背景下的责任担当与创新精神。

展望未来，研究院将继续秉持开放合作、创新驱动的发展理念，汇聚全球智慧，聚焦长江文化的核心议题，开展跨学科、国际化的深度研究。通过现代科技赋能文化传播，培养青年学术力量，研究院将持续推动长江文化在全球范围内的交流与互鉴，为中华文明的繁荣发展注入新的活力。我们有理由相信，湖北省长江文化研究院将在全体成员的共同努力下，不断开创长江文化研究的新境界，让这条流淌在中华民族血脉中的文化长河在新时代焕发出更加璀璨的光芒，成为连接历史与未来、中国与世界的文化桥梁。

参考文献

[1]何一民.长江文化之光照亮中华文明进程[J].江汉论坛，2024（07）：5-16.

[2]李学勤，徐吉军.长江文化史[M].南昌：江西教育出版社，1995：01.

[3]李学勤，徐吉军.长江文化史[M].南昌：江西教育出版社，1995：02.

[4]季羡林.《长江文化研究文库》总序[J].社会科学动态，2000（3）：2-7.

[5]李道林，龚莎，雍青云.云岭翠峰：长江流域的名山[M].武汉：武汉出版社，2006：01.

[6]田友国.国家重点图书出版项目《中华长江文化大系》编纂历程[J].湖北文史，2019（2）：8.

[7]刘玉堂.长江文化及其研究刍论[J].长江文化论丛，2001（00）：9-15.

[8]刘发为.湖北省长江文化研究院院长刘锋："我对长江有一种独特的情感"[N].人民日报海外版，2024-06-11（008）.

国际传播视域下长江文化发展的现实困境与未来进路[①]

管　宇　孙鸿菲

内容提要： 长江文化是中华文化的奠基石和有机组成部分，长江文化国际传播影响力的建构也是增强中华文化传播力、影响力的必然要求。本文探讨了在多主体、立体式大外宣格局下长江文化的核心价值，长江文化在国际传播过程中存在的现实困境及发展建设的可行路径。研究发现，长江文化作为中华文化历史传承的文化根基、凝练价值的核心载体、走向世界的文化符号，在国际传播中依然存在渠道受阻难破数字铁幕、多元主体失位忽视微观视角、高低语境差异难引精神共鸣等亟待解决的问题。未来长江文明的发展建设应从多元主体、内容革新、媒介拓展等多方面协同发力，加强国际传播能力建设，全面提升中华文明的国际影响力。

关键词： 长江文化；国际传播；现实困境；未来进路

作者简介： 管宇，中国社会科学院大学外国语学院副教授，研究方向为翻译教学和翻译教育研究。孙鸿菲，中国社会科学院大学博士研究生，研究方向为国际传播、智能传播。

Title: The Real Difficulties and the Approaches to the Development of Yangtze River Culture in the Perspective of International Communication

Abstract: The Yangtze River culture is the cornerstone and organic part of Chinese culture, and the construction of international communication influence of the Yangtze River culture is also an inevitable requirement to enhance the influence of Chinese cultural communication power. This paper discusses the core values of Yangtze culture, the dilemmas that exist in the process of international communication, and the feasible paths for its development and construction under the multi-principal and three-dimensional pattern of large-scale foreign propaganda. It is found that the Yangtze River culture, as the cultural foundation of the historical heritage of Chinese culture, the core carrier of condensed values, and the cultural symbol to the world, still exists in the international communication, such as the obstruction of channels to break through the digital Iron Curtain, the dislocation of pluralistic subjects to ignore the micro perspective, and the difference between high and low contexts to attract spiritual resonance. In the future, the development and construction of the Yangtze River civilisation should make concerted efforts from multiple subjects, content innovation, media expansion and other aspects to strengthen the construction of international communication capacity and comprehensively enhance the international influence of Chinese civilisation.

Key Words: Yangtze River Culture; International Communication; Realistic Difficulties; Approaches to the Future

About Author: Guan Yu, associate professor at the School of Foreign Languages, University of Chinese Academy of Social Sciences, specializes in Translation Teaching and Translation Education Research. **Sun Hongfei**, a doctoral student at the University of Chinese Academy of Social Sciences, focuses on International Communication and Intelligent Communication.

当今世界，文化的作用日益凸显，文化与经济相互作用、相互促进，逐渐融为一体。党的十八大以来，习近平总书记高度重视保护、传承、弘扬长江文化，并做出一系列重要指示。2020年11月14日，习近平总书记在全面推动长江经济带发展座谈会上指出："长江造就了从巴山蜀水到江南水乡的千年文脉，是中华民族的代表性符号和中华文明的标志性象征，是涵养社会主义核心价值观的重要源泉。要把长江文化保护好、传承好、弘扬好，延续历史文脉，坚定文化自信。"[1]2021年底，长江国家文化公园建设正式启动，旨在激活长江丰富的历史文化资源，系统阐发长江文化的精神内涵，深入挖掘长江文化的时代价值，做大做强中华文化重要标志。[2]2022年5月27日，习近平总书记在中共中央政治局就深化中华文明探源工程进行的第三十九次集体学习时强调，要积极推进文物保护利用和文化遗产保护传承，挖掘文物和文化遗产的多重价值，传播更多承载中华文化、中国精神的价值符号和文化产品。[3]2023年10月，习近平总书记在江西省南昌市主持召开进一步推动长江经济带高质量发展座谈会，再一次强调"长江文化"，他指出："深入发掘长江文化的时代价值，推出更多体现新时代长江文化的文艺精品。"[4]由此可见，以习近平同志为核心的党中央高度重视我国长江经济带的文化建设工作，长江文化建设已成为社会主义文化强国建设的重要支撑。

长江作为中国的母亲河之一，在中华文明的起源发展中发挥了极其重要的作用，是中华文明多元一体格局的标志性象征，它不仅丰富了中华文明的文化多样性，也是涵养社会主义核心价值观的重要源泉，在中华文明的发展过程中起到了不可替代、不可磨灭的重要作用。保护好、传承好和利用好长江文明的历史文化遗迹，不仅关乎深入发掘长江文化的内涵，进一步阐释其精神与时代价值，还能够促进长江文化带和经济带的活化发展，从而延续我国千年的历史文脉，在全球范围内提升中国文明的国际传播力与影响力。

一、长江文化的核心价值与战略根基

（一）长江文化是中华历史文化传承的文化基础

长江文化是依托长江流域自然地理空间形成和发展的文化体系，是长江流域文化内涵和文化特征的总和与集聚。它既包括历史长江文化和当代长江文化，也包括长江物质文化和长江精神文化。[5]它毫无疑问是中华文明的有机组成部分。长江文化作为中华历史文化传承的文化基础，具有深厚的历史积淀和独特的文化内涵。

长江文化是中华民族多样性文化和融合性文化的重要见证。长江是中国最长的河流，横跨中国东部与西南部地区，全长6300多千米，流域面积约180万平方千米，涵盖了全国近1/5的土地面积。长江流域气候温润，物产丰富，自古以来便是中国文明的重要发祥地之一。中国境内最早的国家文明在长江流域的良渚出现，当时形成了完备的城市、水利、农业、手工业系统。根据学者们对良渚文化、石家河文化、宝墩文化等一系列古城系统的研究，可以认为在距今四五千年前，长江流域的上、中、下游区域都已大体进入区域性古国阶段。长江文明的萌芽，为此后广域国家的出现奠立了深厚而广博的文化基础。长江上游的三星堆文化、巴蜀文化，中游的石家河文化、楚文化，下游的良渚文化、吴越文化等各具特色，在语言、艺术、宗教、风俗等方面呈现出多样性与独特性。不同文化的交流与碰撞，使得长江流域成为中华文化多元融合的典型地区。

长江文化在中华历史文化的传承中起到了重要的推动作用。首先，长江流域是中国农耕文明的重要发源地之一，尤其是稻作农业的兴起，为中国古代社会的经济发展奠定了坚实的根基。农耕文化不仅是经济生产方式，而且是塑造了中华民族"勤劳勇敢""自强不息""克勤于邦，克俭于家""重视家庭与土地"的核心价值观。其次，长江流域的文化思想影响深远。以楚文化为代表，长江流域孕育了《楚辞》这一伟大的文学成就，屈原的爱国主义精神及其作品中的浪漫主义情怀，深刻影响了中国古代文学的发展，并成为中华文化精神的象征之一。楚文化还带来了道家、巫术等思想传统，对后来的中国哲学、宗教和民间信仰产生了深远的影响。此外，长江流域在政治上也曾多次成为中国历史发展的中心。三国时期，长江流域是魏、蜀、吴三国割据的重要区域。江南地区的开发和经济繁荣使得此地成为中国封建社会中后期的重要经济中心，推动了南方文化的崛起。唐宋以后，南方经济逐渐超过北方，长江流域成为文化、经济、政治的核心区域之一。由此可以看出，长江不仅丰富了中华民族的文化宝库，还通过多样性与融合性促进了中华文化的蓬勃发展。

（二）长江文化是中华历史文明凝练价值的核心载体

长江文化凝练了中华民族的核心价值，这些价值在历史的长河中不断得到传承和弘扬。

党和国家历任领导人对长江精神都有其理解。毛泽东同志在中国革命和建设时期的诗篇中都有涉及长江[6]，如"更立西江石壁，截断巫山云雨，高峡出平湖"[7]，体现长江自信豪迈、勇于拼搏的精神。习近平总书记在全面推动长江经济带发展座谈会上强调："长江造就了从巴山蜀水到江南水乡的千年文脉，是中华民族的代表性符号和中华文明的标志性象征"。可以说，长江文化体现了中华民族的坚韧不拔、顽强拼搏、自强不息、和合共生精神。长江作为一条流域广阔、河水湍急的大河，其两岸人民历经风雨，顽强地与自然环境斗争，展现了卓越的生存智慧。这种坚韧不拔的精神成为了中华民族在面对困境时不屈不挠的重要力量。长江文化还展现了中华民族的团结合作与包容精神。长江流域自古以来就是不同民族、文化的交汇处。长江上、中和下游的各地人民在共同生活、生产的过程中形成了合作互助的传统。通过与其他文化的碰撞与交流，长江文化逐渐形成了包容、多元的特点。这种文化的包容性与开放性，在现代社会中仍然发挥着重要作用，促进了中华民族的文化认同和凝聚力。长江文化不仅反映了中华民族对自然的敬畏和尊重，还凝聚了丰富的生态智慧。长江文化中蕴含着"天人合一、道法自然"的生态理念、"取之有度、用之有节"的发展模式、"仁爱万物、以时禁发"的环保意识，构成了独具特色的文化形态。[8]在长江流域，古代人民通过长期的生活和实践，总结出了一系列与自然和谐相处的经验，如水土保持、梯田耕作等。这些生态智慧体现了中华文明中"天人合一"的理念，即人类与自然共生共荣。随着现代化进程的加快，长江流域的生态环境也面临严峻挑战。然而，长江文化所蕴含的生态智慧为当代社会的可持续发展提供了有力的思想支持。

（三）长江文化是中华文明走向世界的文化符号

长江流域作为中华文明的重要发源地，孕育了丰富多样的文化符号。长江哺育了中国19个省、自治区、直辖市，长江流域历史文化遗产的种类繁多、数量丰富、结构多元，沿线省市共有全国重点文物保护单位1872处，国家历史文化名城52座，国家级非物质文化遗产代表性项目852项，世界遗产20多项，极大地丰富了中华民族文化资源宝库。[9]长江沿线共有全国不可移动文物30.6万余处，占全国不可移动文物总量的39.8%，形成了青藏、巴蜀、滇黔、荆楚、湖湘、赣皖、吴越这些相互联系、融合发展的七大文化片区。[10]这些文化符号不仅承载着区域的历史文化，也代表了中华文明走向世界的独特印记。例如，自古以来长江便是文人墨客笔下的创作题材之一，历史上的诸多诗词名篇都展现出长江文化独特的审美意境，同时也造就了一批文人墨客的艺术高峰。李白、杜甫、白居易、刘禹锡、欧阳修、苏轼等诗人都留下了大量脍炙人口的诗篇，如李白的"孤帆远影碧空尽，唯见长江天际流"，描绘了长江的壮丽景色和广阔意境；杜甫的"无边落木萧萧下，不尽长江滚滚来"，描摹出长江奔流不息的宏大气势，体现了自然的无穷力量；杨慎的"滚滚长江东逝水，浪花淘尽英雄"，借由长江水的流逝体现出对历史变迁和英雄人物功过成败的深刻感慨。他们创作的诗词成为展现长江文化的经典篇章，与此同时，这些诗人通过生动的描写和深刻的意境，表达了对历史、人生和自然的感悟与思考，也成为中华文化传承与传播的重要人物符号。再例如，川剧、昆曲、越剧、楚剧、苏剧、沪剧、扬剧、黄梅戏、凤阳花鼓、湖南花鼓戏、江西采茶戏、苏州评弹及皮影等都属于珍贵的非物质文化遗产，它们承载了丰富的地方文化特色和历史记忆，也是展现长江文化的重要文化符号。此外，长江文化还孕育了诸多具有特色的物质文化符号和非物质文化符号。水稻种植是长江农耕文明最显著的文化元素。都江堰、白起渠、灵渠、大运河等都是杰出的古代水利工程。蜀绣、湘绣、苏绣都出自长江流域。中国道教名山——峨眉山、武当山、九华山几乎全都分布在长江流域。这些文化符号不仅传承了长江流域的历史和传统，也塑造了中华民族的文化身份和历史意识。长江文化正是由一个个具有共通意义的文化意象符号传递着中国人自古以来"和而不同""求同存异""敬畏自然""生态平衡""天下大同"等共同价值观，引发了交流共鸣的思想智慧。因此，深入发掘并阐释、传播这些文化符号将更有利于世界范围内的人们对长江文化的正向文化解码，增强"文化接近性"，由点及面、全面深入地理解长江文化与中国价值。

二、长江文化发展的现实困境

（一）渠道受阻难破数字铁幕

目前，由于我国在全球范围内尚未建立自主可控的平台渠道，难以实现信息的有效传播，传统的自主发行渠道多为线下渠道，实际用户触达率有限，无法与广大国际网络用户进行有效、深度互动。因此全媒体时代下，长江文化的国际传播主要通过"借船出海"的方式，高度依赖以Facebook、Twitter等的海外社交媒体平台，但由于技术壁垒、地缘政治、信息审查、文化差异等客观因素，部分国家和地区的社交媒体平台采用算法推荐机制和信息过滤等技术手段限制我国文化信息的接收，这就导致我国媒体发布在海外社交平台上的内容常常被"贴标签"、被限流，甚至不可见。这些限制将进一步使得长江文化的相关内容难以在全球范围内广泛传播，影响着中华文化的国际传播力和影响力。中国中部地区唯一英文周刊——*Changjiang Weekly*（《长江周刊》），是长江中游城市群最具影响力的对外传播平台。2022年10月，《长江周刊》利用16个图文并茂的彩版特刊，聚焦"沿着长江读懂中国——湖北千里长江行"，展现武当建筑、荆楚文化等各种主题的长江文化，并在PressReader、Media Carrier等国际传播平台精彩再现这场大型文化探访活动。然而，以《长江周刊》为代表的中国媒体在通过国外社交媒体平台进行跨文化传播时，也面临着被贴上"Chinese state-affiliated media"的标签、被限流等限制性措施，降低我国媒体的国际传播效果，引导国外用户进行"对抗式解读"的"数字铁幕"。"Sanxingdui Culture"是三星堆和四川国际传播中心合作在Twitter等国外媒体平台上统一开设账号使用的对外传播名称，然而在该账号发布内容后，评论区几乎没有国外用户发布任何有深度的对话内容，其内容大多是"你感觉怎么样?""早上好"等简单的问候。[11]由此可以看出，该账号在国际文化传播上的效果不如预期，传播内容未能有效引发用户对中国文化价值和文明意涵的兴趣或讨论。

（二）多元主体失位忽视微观视角

在纷繁复杂的全球舆论生态环境下，加强国际传播能力建设不仅仅是某一主体的重任，而是有赖于政府、媒体、企业、个人、组织等多元主体的协同发展，更新各自的传播理念，创新传播内容和路径。长期以来，国际传播中的话语权被主流媒体和大国掌控，这些媒体往往通过政治、经济和文化权力，塑造全球的议程设置和信息传播的方式，忽视了个人、小规模社会组织等微观主体的声音。这导致了传播内容的单一化、偏向性，无法全面反映全球复杂的社会现实，也将进一步限制全球信息流动的多样性与准确性。2022年8月，由中央广播电视总台国际在线联合湖北省文化和旅游厅、湖北省网信办、中国三峡集团共同主办的"大美三峡"网络国际传播活动启动，到场者除各主办单位领导同志外，还有来自世界各国的驻华使节、外媒记者、网红博主等。在政府部门和当地国企的主导下，参访团实地参访了三峡大坝、屈原故里、清江画廊等地，通过国际化视角、国际化表达展现开放、多元、活力的长江文化。这种党委政府主导、多元主体参与的国际传播模式，是党管媒体原则与互联网思维的有机统一，既有利于发挥我国集中力量办大事的优越性，整合各渠道资源实现裂变式传播，又有利于激发各传播主体的活力、创造力、传播力。然而，这种国际传播模式在实践中尚未得到全面普及，相当大一部分对外传播内容依然由传统媒体如《长江周刊》等以相对官方、宏观、权威、严肃的视角进行报道和解读，个人传播主体或"公民记者"以生活化、个性化的微观视角对外报道当地发展情况没有得到有效动员。而传统媒体的官方背景又成为外媒大肆炒作攻击的把柄，其中暗含的意识形态偏见在无形中加深了外国受众对于中国媒体的刻板印象。

（三）高低语境差异难引精神共鸣

美国文化人类学家爱德华·霍尔在1976年出版的《超越文化》一书中提出文化具有语境性，并将文化的语境分为高语境和低语境。美国传播学学者William Gudykunst进一步发展了霍尔的高低语境理论，并将12个文化不同的国家按"低语境"到"高语境"的方式排列，其中说英语的北美国家多数属于低语境文化，东亚国家如日本、中国的文化具有高语境特性。[12]高语境传播方式主要依赖于人们思想预先设定的、先入为主的程序来传达信息，常常基于对共享的背景信息和文化的共同理解。高语境文化中的情感表达也往往更加复杂和含蓄，常常依赖于非言语线索和文化习俗来传达深层次的情感。而低语境传播方式与高语境相反，它强调理性和逻辑，需要在理性的基础上用逻辑的方法一步步地推导出结论。因此，中国文化要想更好地实现国际传播效果，必须要考虑不同国家和人群文化高低语境的差异。高低语境的差异容易使来自不同文化的精神文化产品在传播中产生传播障碍和隔阂。在跨越高低语境的国际传播中，如果忽略文化背后的关联事件和意向，则很容易产生概念误读和舆论逆反的风险，这样非但不能超越高语境文化与低语境文化之间存在的意义鸿沟，反而会有损国家形象和不利于国际友好关系的维系。[13]例如，以长江文化中的典型代表——屈原文化为例，屈原所展现的"忠君爱国""心系民生""忧国忧民"的传统士大夫思想在几千年的演化中深深刻入中华民族的精神谱系。屈原的代表作《离骚》更是通过象征、比喻和历史典故来传达深层含义，《离骚》中的植物、动物象征等意象，都是在中国传统文化背景下形成的，理解这些象征需要了解屈原所处的时代背景、文化氛围、政治遭遇、伟大抱负等。因此，受众需要通过对中国文化知识和历史经验来解码文本的更深层含义，才能体会到屈原作品中深层次的忧国忧民情怀。而在崇尚个性解放、思想自由，向往个人主义的西方低语境文化背景下，这是十分难以理解的文化内容。一旦处理不当，很容易造成"文化折扣"甚至解读偏移。

三、长江文化发展的未来进路

（一）多元传播主体精准传播长江文化

1.政府：加强长江文化国际传播的顶层设计

尽管国家层面已经出台了我国国际传播的战略思路，各地方也在积极建设省、市、县多级国际传播中心，但要真正实现全国范围内的协同联动发展，推动长江文化走向世界，特别是长江沿线的省（自治区、直辖市）还需进一步谋划布局，强化顶层设计，整合统筹各方国际传播资源。例如，政府可以加快构建具有特色化、地域化、个性化与色彩辨识度兼具的长江国家文化公园形象标识系统，从而提升长江国家文化公园辨识度。开展与联合国相关的机构、中外合作交流平台或中心、国外友好城市的交流合作，提高"长江文化节""长江文化保护日"等系列品牌活动影响力，通过"写长江""唱长江""画长江"等活动积极依托中国国际旅游交易会、长三角国际文化产业博览会等国际性会展进行集中推广。积极开展丰富多彩的社会工作服务活动，如"守护长江河豚""绿行长江生态环保"等多种类型的丰富志愿服务活动，引领广大市民共同推广长江文明，自觉挖掘长江文化，并自发在平台化媒体上进行传播，形成具有时代特色和地域优势的新时代志愿服务活动品牌。

2.企业：增强民众对长江文化的认同感和社会责任感

从企业层面来讲，第一，主营长江文化传播的企业应积极开展技术创新、加强内容创新、拓展出口渠道等业务，通过海外并购、联合经营等多元的合作模式拓展海外业务。第二，企业可以结合长江文化的特色和长江沿线丰富的旅游资源，推动文化与旅游的深度融合，开发以长江文化为主题的、针对不同群体的文旅项目。例如，打造针对国际友人的长江文化旅游精品路线，通过文化景点、博物馆、历史遗迹等展现并传播长江文化的深厚底蕴，同时增加企业的品牌曝光度和美誉度。第三，长江流域的自然资源、民间工艺和传统文化是丰富的灵感源泉，企业还可以通过将这些元素融入产品设计和制造中，创造出具有地域特色的文化产品，增强市场竞争力。在国际传播中，企业应提高对长江文明的理解，增强民众对长江文化的认同感和社会责任感。第四，企业还可以与文化机构、艺术家、设计师等进行跨界合作，通过联名产品、文化展览或艺术装置等方式，将长江文化以创新的形式呈现给消费者，提升品牌文化影响力。通过有形的载体和方式例如文化活动等传播企业文化，做到外化于"形"、内化于"心"。这样在面向国际进行传播时，才更有底气和影响力，实现传播内容和传播效果的双丰收。

3.媒体：借助不同渠道的优势实现精准传播

党的二十届三中全会明确提出，推进国际传播格局重构，深化主流媒体国际传播机制改革创新，加快构建多渠道、立体式对外传播格局。近年来，我国各级媒体在国际传播中持续发力，频频"出圈"。2023年5月15日，武汉广播电视台携手《中国日报》打造"长江国际传播中心（CICC）"，央媒、市媒、内宣、外宣互联赋能，充分发挥各自在资源、渠道、人才、国际影响力等方面的优势，着力打造立足武汉、辐射长江流域的中部地区国际传播基地，致力于向全球展示以武汉为中心的长江中游城市群的魅力与活力。[14]地方国际传播中心的建设，将汇聚长江沿线的各方优势资源，促进国际传播的体系化。首先，媒体可以开展长江国家文化公园文旅融合集中宣传活动，支持旅游景区、文艺院团、文博院馆、文化研究机构等联合拍摄发行长江人文风情影视剧、历史文化纪录片、长江文化宣传片等，集中展示长江沿线城市国家文化公园建设成果。其次，媒体应重视海外社交媒体平台的互动和体验传播效果。可以利用短视频、直播等形式，展现长江沿线的文化景观、传统习俗和艺术风貌，让海外用户通过视觉、听觉、触觉等感受长江文化的魅力。借助热点话题和话题标签，如"#长江文化""#非遗文化体验""#探访长江文化遗产""#长江民俗故事"等，策划线上互动活动、挑战赛或文化知识竞答，增强海外用户参与感和讨论度。或是通过KOL（意见领袖）和网红的推广，让年轻用户更加容易接受和理解长江文化，打造文化传播的新潮形象。最后，面向出版、影视、游戏、动漫、文娱等领域，媒体进一步推进长江文化IP的海外授权，生产并传播海外用户喜闻乐见的长江文旅精品。媒体要特别注重国际传播的方式与方法，进行分层、分类、分群传播，切不可传播一些意识形态色彩浓厚、说教意味浓重的文化产品。

（二）多维内容整合，助力传播长江文化

第一，注重长江文化的艺术数字化资源库建设。政府应牵头通过艺术数字化资源库建设，运用大数据、云计算、5G、VR/AR/MR、全息投影、区块链等数字技术，通过图像、音频、长/短视频、文字、H5等多种表达形态，全面化、立体化、全样态展示艺术作品，使艺术不再是静态存在，而是成为可观、可感、可触的动态艺术。长江海量的文化资源包含了复杂的时空信息，应建立相应的数字化标准与平台，将长江文化资源转化为文化大数据资产，以数字化展现长江国家文化公园建设。

第二，打造数智长江、数说长江等品牌传播内容。相关传播机构可以从"长江文化大数据系统""虚拟再现历史时空""多元文化应用"等方面开展数智长江、数说长江等品牌建设活动。可以依托中国数字人文机构联盟，逐步拓展为长江全线联盟，整合长江上、中、下游的文化优势打造特色内容品牌，长期积累长江沿岸的文化建设成就和成果，更好地使之真正成为人民群众日常的精神食粮，通过数字文化内容等虚拟内容建设远程访问，触达千里之外的文化资源，使长江文化的相关传播更加广泛和深入，从而产生广泛的公共文化价值。

第三，结合传播的特点量身定制传播内容。在全球化和多元化的世界中，要突破文化壁垒，必须寻找并定位一种"具有独特性的共同性"，而不能被淹没在同质化和共享性的一般性特征之中。结合不同人群、不同区域、不同国别的传播需求，量身定制、打造符合不同传播调性的长江文化产品，深入挖掘长江沿岸文化的独特内涵，更好地传播长江流域文化背后的时代内涵与价值观念，展示其跨越时空、融通中外、贴近当代的魅力，从而进一步激发中华优秀传统文化的生机与活力。

（三）多种技术媒介推动长江文化发展

首先，对湖北和武汉来说，长江是全球顶级的地理传播媒介。地理空间不仅仅是旅游载体，而且在数字经济和技术时代更具有传播媒介的功能。作为地理传播媒介的长江，对湖北和武汉文化旅游品牌的形象塑造和对外宣传能够起到非常显著的作用。长江干流流经湖北省达1061千米，构建了湖北的生态基底、文化根基和经济形态。武汉"两江三镇"的文化地理格局，"水、中、通"的三大比较优势，天然地形成了长江国家文化公园建设的核心腹地。长江作为富含象征、意义、符号、价值、情感和记忆的地点，其具体的文化空间具有延伸历史轴线、增强历史信度、丰富历史内涵、活化历史场景的独特作用，具有增强中国在国际上的影响力、话语权的"地理媒介"能力。

其次，善于运用技术手段主动搭建不同类型的传播媒介或平台。在全球范围内，平台都深刻影响着人类社会的组织形式、经济结构与文化形态，成为国际传播中最主要的技术支撑和基础设施，让当前的国际传播格局加速进入"全球平台传播"时代。鼓励不同传播主体建设自有平台，"造船出海"与"借船出海"双管齐下，成为长江文化冲破文化壁垒和"数字铁幕"的必由之路。通过组织和动员湖北沿江地区各企事业单位、人民团体、社会组织积极建设主页、客户端、小程序等自有平台，积极利用TikTok等国产平台，与外国互联网用户进行深度互动，提升国际用户对我自有平台的黏性，强化自塑能力。

四、结语

本文在探讨了在多主体、立体式大外宣格局下长江文化的核心价值，长江文化在国际传播过程中存在的现实困境，并有针对性地给予了长江文化未来国际传播的建议。弘扬长江文化不仅要注重彰显其历史之美、生态之美，更要着力创造其文明之美、生活之美，"让人们在领略自然之美中感悟文化之美、陶冶心灵之美"[15]。未来长江文化的发展路径应以提升文化软实力为核心，引领多元主体协同发力，创新传播技术手段，增强长江文化符号的全球认知度，并注重长江文化保护与传承的结合，通过生态文化的可持续发展，讲好长江故事，促进其在全球范围内的价值共鸣与传播力提升。

注释

① 基金项目：湖北省社会科学院长江国家文化公园建设研究课题"长江文明的历史文化遗产挖掘与

国际传播项目"（项目编号：HCYK2022Y07）。

参考文献

[1]央广网.要把长江文化保护好、传承好、弘扬好，延续历史文脉，坚定文化自信[EB/OL].（2023-07-23）[2024-02-13].https://news.cri.cn/20230723/70f11bc8-1e52-7aa6-c579-6fb6769752c4.html.

[2]新华网.千年长江岸 文脉新标识——长江国家文化公园建设稳步推进[EB/OL].（2023-08-02）[2024-03-15].http://www.xinhuanet.com/culture/20230802/8a8496ffd5ce4669a5fec060f0cf1b45/c.html.

[3]人民日报.全面提升文化遗产保护传承水平[EB/OL].（2023-12-19）[2024-05-01].https://www.gov.cn/yaowen/liebiao/202312/content_6921215.htm.

[4]中青在线.总书记再提"长江文化"，有何深意？[EB/OL].（2024-09-17）[2024-10-02].https://news.cyol.com/gb/articles/2023-10/14/content_gG2b8VClne.html.

[5]人民日报.深入发掘长江文化的时代价值[EB/OL].（2023-11-13）[2024-02-11].http://www.qstheory.cn/qshyjx/2023-11/13/c_1129972776.htm.

[6]林杉.中国共产党百年长江情·弄潮篇：搏击风浪无所惧 砥砺前行争上游[EB/OL].（2021-05-16）[2023-02-21].http://focus.cnhubei.com/dhgd/p/13795255.html?spm=zm1033-001.0.0.1.chuyRv.

[7]邹统钎，李艳，王怡宁.国家文化公园视域下长江精神价值诠释与传播研究[J].中华文化与传播研究，2023（01）：86-96.

[8]刘发为.湖北省长江文化研究院院长刘锋："我对长江有一种独特的情感"[N].人民日报海外版，2024-06-11（008）.

[9]光明日报.发掘弘扬长江文化丰富内涵与时代价值[EB/OL].（2024-02-07）[2024-04-12].http://www.qstheory.cn/qshyjx/2024-02/07/c_1130075867.htm。

[10]曹劲松.长江文化的时代价值与文明形态[J].南京社会科学，2024（06）：130-138+148.

[11]崔贺轩.与世界对话：长江文明国际传播影响力建构[J].三峡大学学报（人文社会科学版），2024，46（05）：27-32.

[12]唐德根.跨文化交际学[M].长沙：中南工业大学出版社，2000：77.

[13]徐敬宏，袁宇航，巩见坤.中国国际传播实践的话语困境与路径创新——基于文化语境的思考[J].中国编辑，2022（07）：10-16.

[14]伍廉瑜，邬玲.城市形象国际传播的创新路径——以长江国际传播中心为例[J].融媒，2024（09）：35-38.

[15]习近平.把文化建设摆在更加突出位置[M]//习近平.习近平谈治国理政（第四卷），北京：外文出版社，2022：309+311.

长江流域生态的文学书写

汪树东

摘要： 长江流域的自然生态参差多样，生态问题也层出不穷。不少作家非常关注长江流域的生态保护问题，试图以文学的形式唤醒人们的生态意识，为新时代生态文明建设贡献文学的智慧与力量。本文梳理了长江流域生态文学书写的现状、主题与特点及对社会的影响与价值，探讨了长江流域的生态文学面临的困境与未来的机遇。

关键词： 长江流域；文学书写；生态意识

作者简介： 汪树东，武汉大学文学院教授，研究方向为中外文学。

Title: Literary Writing on the Ecology of the Yangtze River Basin

Abstract: The natural ecology of the Yangtze River Basin is diverse and varied, with numerous ecological issues emerging. Many writers have focused on the ecological conservation of the Yangtze River Basin, attempting to awaken people's ecological awareness through literary forms and contribute their wisdom and strength to the construction of an ecological civilization in the new era. This article reviews the current status, themes, and characteristics of ecological literature in the Yangtze River Basin, as well as its impact and value to society, and explores the challenges and future opportunities faced by ecological literature in the region.

Key Words: Yangtze River Basin; Literary Writing; Ecological Awareness

About Author: Wang Shudong, professor of the School of Literature, Wuhan University, specializing in Chinese and foreign literature.

长江流域的自然生态极为参差多样。青藏高原巍巍高耸，雪山大地构成世界之巅，藏羚羊、野牦牛、藏野驴、雪豹、鹰鹫等野生动物张扬着生命之大美；横断山脉、云贵高原岭高谷深，地势险峻，贡嘎山顶戴雪冕，虎跳峡里江流喧豗，飞珠溅玉，金丝猴、藏雪鸡、白唇鹿等野生动物神出鬼没，铁杉、珙桐、杜鹃等植物争奇斗艳；四川盆地沃野千里，大熊猫、扭角羚、灰金丝猴等一级保护动物展示着动物世界的盎然身姿，水杉、银杉、鹅掌楸等孑遗植物标示着植物世界的珍稀之美；至于长江中下游平原、湖区、江南丘陵等，更是草木茂盛，鸢飞鱼跃，生机勃勃。长江流域在一直支撑着众多人口的情况下，随着现代化的大力发展，其生态问题层出不穷，例如上游植被被砍伐造成的水土流失，中下游的水污染、洪涝灾害，湖泊富营养化和盐渍化,生物多样性急剧减少等,均是生死攸关的生态问题。正是有鉴于此,我国政府才于近年展开对长江生态的大保护,倡导生态优先、绿色发展。如果整体鸟瞰近40年的生态文学,我们可以发现,不少作家非常关注长江流域的生态保护问题,他们为流域内各地的生态破坏忧心如焚,以笔为旗为长江生态保护而鼓与呼,试图以文学的形式唤醒人们的生态意识,为新时代生态文明建设贡献文学的智慧与力量。

一、长江流域生态文学书写现状

(一)长江上游的生态书写:雪域高原的生态启示

长江上游地区的生态环境最为复杂,生态问题也极为严峻,因此青藏、云贵川作家对其或精细或壮阔的书写,构成了中国当代生态文学中较为独特的一道风景。

青海藏族作家古岳的长篇散文《谁为人类忏悔》堪称中国当代生态文学中的经典之作。该书讲述了青藏高原在20世纪下半叶到21世纪初的生态变迁,是作者的椎心泣血之作,对青藏高原上的草原生态退化、森林遭伐、野生动物濒临灭绝、河流生态恶化等各种生态问题有着极为宏阔的书写。[1]古岳还把藏传佛教的生态智慧和现代生态学理论相结合,直接击中了工业文明和消费主义文明的软肋,给人带来了撼人心魄的雪域高原的生态启示。王宗仁的《可可西里的动物精灵》等生态散文多集中笔墨于青藏高原上人与动物的故事,他被那些高贵的自然生命感动过,他敬畏那些美丽而深情的野生生命,他对藏族人善待自然生命的生态伦理深有同感,他对那些虐杀藏羚羊等野生动物的盗猎者极为愤慨,他希望唤醒人们的生态意识,共同保护好地球上这最后一片净土。[2]

云南诗人雷平阳出生于昭通,那里是长江经济带等国家重大战略的交汇节点,自然生态也时时受到高速发展的经济活动的破坏。对此,雷平阳在诗歌中屡有涉及,例如在《在坟地上寻找故乡》一诗中写到故乡已经被冶炼厂占据,大自然被工业化的钢铁步履碾碎,故乡沦陷,游子返乡无门。[3]而在《渡口》等诗歌中,雷平阳对拦河大坝、水电站等现代工程给河流生态造成的全面破坏感到愤怒,疼痛难忍。[4]

贵州作家欧阳黔森、赵剑平、王华、冉正万等也非常关注贵州地区的生态问题。例如欧阳黔森的中篇小说《水晶山谷》叙述的是贵州偏远的武陵山区人没有节制地开采自然资源造成生态恶化的故事。[5]欧阳黔森的中篇小说《八棵苞谷》《村长唐三草》和长篇小说《绝地逢生》则关注贵州石漠化地区的生态治理和生态修复的现实问题,以及生态移民的脱贫攻坚工程。赵剑平的短篇小说《獭祭》写的是黔北山区乌江一条支流的流域内的水獭被灭绝的悲剧故事。至于王华的《桥溪庄》、冉正万的《纸房》等长篇小说也无不关注经济发展和生态破坏的两难困境问题。

四川作家尤其关注森林砍伐对于长江自然生态的破坏问题。朱启渝的长篇小说《梦断源头》写的是岷江源头的大片原始森林、草地和湖泊因为人类活动而消失，从而导致的生态悲剧——当地生态恶化，干旱、洪水、泥石流、地震频频降临川西大地，天人失和，民不聊生。[6]克非的长篇小说《无言的圣莽山》围绕着川西北圣莽山林区中护林和毁林的冲突展开，呼吁人们保护森林、保护自然家园。阿来在长篇小说《尘埃落定》获得成功之后，专注于创作长篇小说《空山》，写的是川藏交界处的藏族小村庄机村的近半个多世纪历史，尤其关注机村的生态变迁，写出现代文明对机村森林的摧毁性影响。李林樱的生态报告文学《生存与毁灭——长江上游及三江源地区生态环境考察纪实》对长江上游大渡河、岷江河谷等的森林破坏情况做出了全局式的书写，震撼人心。[7]

（二）长江中游的生态书写：细腻描绘与对比

湖北、湖南、江西等地作家对长江中游的自然生态状况也有着极富有文学魅力的精彩书写，同样构成中国当代生态文学的绚丽篇章。

湖北作家对长江自然生态的书写以陈应松、胡发云、李传锋、叶梅、刘醒龙、李鲁平、哨兵等为代表。陈应松自21世纪以来到神农架深入生活，创作了大量以神农架林区为蓝本的小说，《松鸦为什么鸣叫》《豹子最后的舞蹈》《神鹫过境》等中篇小说，《猎人峰》《森林沉默》《豹》等长篇小说，都极为生动地反映了神农架遭到破坏的生态问题。胡发云的中篇小说《老海失踪》则叙述了新闻记者老海在乌啸边发现风景优美的女峡和珍稀的乌猴，结果导致当地的自然生态遭到破坏的故事。[8]李传锋的长篇小说《最后一只白虎》则叙述了神农架地区白虎灭绝的生态悲剧。叶梅的散文集《华中秘境——神农架》则呈现了神农架近几十年生态破坏和生态保护的历史交响曲。刘醒龙的散文集《上上长江》则是宏观描绘了长江的人文历史、地理风貌，对长江的自然生态状况的描绘较为精彩。[9]李鲁平的报告文学《长江这10年》则反映了长江10年的巨变，探寻长江流域的巨变与辉煌，见证绿色发展的奇迹。[10]诗人哨兵长期在湖北洪湖生活，非常关注洪湖的生态问题，他的《江湖志》《清水堡》《蓑羽鹤》等诗集中大部分诗歌都是地方感鲜明、富有生态关怀、艺术魅力较高的生态诗歌，他的长诗《水立方》主要展示了20世纪90年代到21世纪初期洪湖的生态恶化问题，可以与于坚的长诗《哀滇池》遥相呼应，堪为中国当代生态诗歌的典范之作。

湖南作家对长江流域的生态书写，则以韩少功、学群、沈念、肖辉跃、黄亮斌等为代表。韩少功长卷散文《山南水北》中的许多篇章呈现了作者对现代文明的反思，对自然生命的诗意观照，是难得的生态文学佳作，对湖南汨罗的自然生态描绘较为细腻。[11]学群受到梭罗、约翰·缪尔等的影响，著有散文集《生命的海拔》《两栖人生》《牛粪本纪》等散文集，其中有不少生态散文关注洞庭湖地区的生态问题。沈念的散文集《大湖消息》关注湖南洞庭湖的生态变迁，是对地方生态的诗意表述，其中《大湖消息》一文讲述的是洞庭湖地区人与野鸟的关系，而毒鸟和护鸟反映了两种不同的生态观念。肖辉跃的生态散文集《醒来的河流》聚焦于作者数年乃至数十年对靳江流域（宁乡段）的自然生态尤其是鸟类生态的观察所得，呈现了生动活泼的乡村生态图景，展示了作者热爱自然、珍惜生命的生态伦理，建构出了独特的乡村生态审美视域。此外，谢宗玉的《村庄在南方之南》《草木童心》、黄孝纪的《八公分的时光》、黄亮斌的《圭塘河岸》等湖南散文集也颇有自觉的生态意识。

江西作家吴仕民、南翔、傅菲、罗张琴等对长江流域的生态书写颇为用心，魏紫姚黄，引人入胜。吴仕民的长篇小说《故林旧渊》围绕着20世纪70年代鄱阳湖的围湖造田、工业化发展展开，讲述了当地森林被伐、鱼鸟遭殃、工业污染的不可控制造成了人民流离失所、美丽乡村土崩瓦解的悲剧。南翔的中篇小说《哭泣的白鹳》则讲述的是鄱阳湖湖区野生动物保护站巡护员保护鸟类的悲剧故事。傅菲是近年蜚声文坛的散文作家，也专注于生态散文创作，他的《深山已晚》《鸟的盟约》《灵兽之语》《客居深山》《野禽记》等散文集，多聚焦于赣东北的山林田园，以诗意笔触描绘融入自然的生态境界。罗张琴的散文集《鄱湖生灵》关注江西鄱阳湖区的自然生灵，选取了藜蒿、芦苇、鹤、江豚等鄱阳湖畔具有特殊习性、诗意象征、文化传承的动植物进行书写，再融入作者丰沛的生活经验和情感，加上踏实的田野调查，使得人文情怀和生态意蕴相得益彰。[12]

（三）长江下游生态书写：对大自然传奇的痴迷

长江下游地区是中国经济发达之地，安徽、江苏、上海等地作家对长江流域的自然生态的书写还不够充分。值得特别关注的是安徽作家刘先平，他数十年痴迷书写大自然的传奇，《寻找大树杜鹃王》《续梦大树杜鹃王》《大熊猫传奇》等纪实文学作品对长江流域的珍稀动植物做出了珍贵的生态书写。安徽诗人陈先发则坚持着众生平等的生态伦理，承认自然万物的内在灵性。他在诗歌《伤别赋》中甚至把鹳鸟、蟾蜍、鱼、松柏视为兄弟姐妹。江苏作家赵本夫在长篇小说《无土时代》中批判了现代都市文明对土地的"镇压"，呼唤现代人返回土地、返回自然。江苏作家房伟的长篇报告文学《太湖万物生》是关于太湖生态岛建设发展进程的真实记录，也是中国当代生态文学的一份可喜收获。江苏作家庞余亮的散文集《小虫子》写蜜蜂、蜻蜓、萤火虫等各种小虫子，充满了童趣、虫趣，被誉为"中国版《昆虫记》"。[13]至于上海作家徐刚延续着20世纪八九十年代的报告文学路子，在21世纪继续关注中国的生态问题，他的《长江传》《大地书》《大森林》等报告文学，体大思精，思接千载，视通万里，精骛八极，心游万仞，对长江流域江河生态、土地生态、森林生态都有着知识细密、激情充沛的书写。

长江流域内的作家对本地的自然生态的关注和描绘，无疑具有相当重要的文化与文学意义。首先，这种密集有效的生态书写可以促使更多人关注长江流域的生态状况，为保护长江的自然生态而努力，使得长江流域的生态文明建设获得文学力量的加持。其次，这种生态书写可以让更多的读者了解长江本地的自然生态，使得他们能够对本地产生一种诗意栖居的生态意识。最后，这种生态书写也为中国当代生态文学增添了更多的精品力作，极大地丰富长江流域的文学生态。

二、当代长江流域生态文学的主题与特点

（一）生态保护意识的觉醒

当代长江流域的生态文学作品，对生态环境问题的深刻揭露和批判是其重要的主题之一。许多作家通过细腻的笔触描绘了长江流域因人类活动而遭受的破坏，如水土流失、生物多样性减少、水污染等生态问题。如四川作家朱启渝的长篇小说《梦断源头》聚焦于岷江源头的生态恶化，通过生动的故事反映了人类活动对大自然的负面影响。

作家们不仅揭示了这些问题，还通过作品传达了强烈的生态保护理念与呼吁。他们倡导尊重自然、保护生态，强调人与自然和谐共处的重要性。例如，阿来在获得茅盾文学奖的长篇小说《尘埃落定》之后，专注于创作长篇小说《空山》，通过描写机村近半个多世纪的历史变迁，特别是现代文明对森林的摧毁性影响，呼吁人们反思自身行为，保护自然家园。李林樱的《生存与毁灭——长江上游及三江源地区生态环境考察纪实》则以详尽的调查和报道，真实地反映了长江上游的生态状况，呼吁社会各界重视生态保护。

（二）长江文化与生态的交织

长江流域不仅是中国重要的生态屏障，也是中华文明的重要发源地。当代长江流域的生态文学作品常常将长江文化的传承与生态保护紧密结合起来，探讨二者之间的关系。这些作品中融入了大量的长江文化元素，如历史传说、民俗风情、地方特色等，使得生态文学具有深厚的文化底蕴。例如，江西作家傅菲在其散文集《深山已晚》中，以诗意的语言描绘了赣东北的山林田园，表达了对自然生态的热爱和珍惜。安徽诗人陈先发在诗歌《伤别赋》中将自然万物视为兄弟姐妹，体现了众生平等的生态伦理。这些作品不仅传递了生态保护的理念，也弘扬了地方文化和传统智慧。

文学手段是促进长江文化保护与发展的一种有效途径。作家们通过细腻的描写和深情的笔触，让读者感受到长江文化的魅力和价值。同时，他们也借助文学作品呼吁社会各界关注和支持长江文化的保护工作。例如，湖北作家刘继明的《前往地域深处的南方》通过对鄂西地区的自然景观和人文历史的描绘，展现了长江文化的独特魅力。湖南作家韩少功的《山南水北》则通过对汨罗江流域自然风光和历史文化的描绘，反映了人与自然和谐共处的理想状态。这些作品不仅丰富了当代长江流域的生态文学，也为长江文化的传承和发展做出了贡献。

（三）多元文学形式的运用

当代长江流域的生态文学在体裁上呈现出多样化的特点。诗歌、散文、小说等不同体裁在表达长江生态主题上各有独特作用。诗歌以其凝练的语言和深邃的情感，表达了对自然之美

的赞美和对生态之痛的忧虑。例如，哨兵的诗歌《江湖志》不仅描绘了洪湖的美丽风光，也表达了对生态恶化的深切忧虑。散文则以其灵活的形式和细腻的描写，展现了长江流域的自然景观和人文风貌。例如，傅菲的散文集《深山已晚》以诗意的笔触描绘了赣东北的山林田园，表达了对自然生态的热爱和珍惜。小说则通过复杂的情节和生动的人物形象，深入探讨了人与自然的关系及生态危机的社会根源。例如，阿来的《空山》通过描写机村的历史变迁，揭示了现代文明对森林的摧毁性影响。

具体作品的艺术特色与创新表现也是当代长江流域生态文学的一大亮点。例如，云南诗人于坚的《哀滇池》通过将昆明比作一座"没有围墙的养老院"，深刻揭示了滇池污染的严重性和紧迫性。这种独特的比喻手法不仅增强了作品的艺术感染力，也引发了读者对生态问题的深思。此外，徐刚的《长江传》等报告文学作品以体大思精、知识密集的方式，对长江江河生态、土地生态、森林生态进行了细致的书写。这些作品不仅具有高度的思想性和艺术性，也为当代长江流域的生态文学增添了新的活力。

三、长江流域生态文学的社会影响与价值

（一）提升公众环保意识

当代长江流域的生态文学作品在增强公众对长江保护的关注与参与度方面发挥了重要作用。这些作品通过生动的故事和细腻的描写，让读者感受到长江流域面临的生态危机，从而激发他们的环保意识。例如，古岳的长篇散文《谁为人类忏悔》详细描述了青藏高原草原退化、森林遭伐、野生动物濒临灭绝等生态问题，使读者深刻认识到生态保护的紧迫性。此外，阿来的《空山》通过对机村历史变迁的描写，揭示了现代文明对森林的摧毁性影响，引发了读者对人与自然关系的深刻反思。

文学作品在生态教育中的作用也不容忽视。许多学校和社区组织利用生态文学作品开展教育活动，帮助人们了解生态环境的重要性和保护方法。例如，李林樱的《生存与毁灭——长江上游及三江源地区生态环境考察纪实》被广泛用于课堂教学，使学生能够直观地了解长江上游的生态状况。这种寓教于乐的方式不仅提高了学生的环保意识，还培养了他们热爱自然的情感。

（二）推动生态文明建设

生态文学在促进长江经济带的绿色发展与可持续利用方面具有积极作用。通过揭示生态问题和倡导绿色发展理念，这些作品为政府和企业提供了宝贵的参考。例如，安徽作家刘兆林的小说《土命》讲述了土地革命对土地的"镇压"，反映了人类对自然资源的过度开发。这种警示促使人们重新审视经济发展模式，推动绿色产业的发展。此外，赵本夫的小说《无土时代》批判了现代人对土地的压迫，呼吁大家返回自然的生活方式，有助于构建可持续发展的社

会。生态文学对社会政策制定与实施也有潜在影响。许多作家通过作品呼吁政府加强生态保护政策的实施，推动社会各界共同参与生态文明建设。

（三）推动文化传承与创新

长江流域生态文学在传承地方文化、弘扬生态文明方面做出了重要贡献。作品中融入了大量的长江文化元素，如历史传说、民俗风情、地方特色等，使得生态文学具有深厚的文化底蕴。例如，江西作家傅菲在其散文集《深山已晚》中，以诗意的语言描绘了赣东北的山林田园，表达了对自然生态的热爱和珍惜。湖南作家韩少功的《山南水北》则通过对汨罗江流域自然风光和历史文化的描绘，反映了人与自然和谐共处的理想状态。这些作品不仅传递了生态保护的理念，也弘扬了地方文化和传统智慧。

展望未来，生态文学将继续在文化发展中发挥重要作用。随着科技的进步和社会的发展，新的文学形式和表达方式将不断涌现。例如，数字媒体和网络平台的兴起为生态文学的传播提供了更广阔的空间。作家们可以利用这些平台创作更多具有创新性的作品，吸引更多年轻的读者关注生态保护。同时，跨学科的合作也将为生态文学带来新的视角和方法。例如，结合地理学、生物学等学科的知识，可以创作出更具科学性和说服力的作品。总之，未来的生态文学将在传承与创新中不断发展，为生态文明建设做出更大的贡献。

四、结语

当代长江流域的生态文学在揭示生态环境问题、提升公众环保意识、推动生态文明建设及促进文化传承与创新方面发挥了重要作用。然而，面对复杂多变的生态环境和社会环境，长江流域的生态保护仍然面临诸多挑战。工业化进程的加快、人口增长的压力及气候变化的影响使得长江流域的生态系统更加脆弱。此外，一些地区的经济发展模式仍然以牺牲环境为代价，导致生态破坏严重。

尽管面临诸多挑战，长江流域的生态文学也迎来了前所未有的机遇。随着国家对生态文明建设的重视和支持力度不断加大，相关政策和法规不断完善，为生态保护提供了有力保障。同时，社会各界对生态保护的认识不断提高，越来越多的人开始关注并参与到生态保护行动中来。此外，现代科技的发展也为生态保护提供了新的手段和方法，如遥感技术、大数据分析等，可以更精确地监测和管理生态环境。

总之，长江流域的生态文学不仅是对当前生态危机的深刻反思，更是对未来可持续发展美好愿景的展望。通过作家们的不懈努力和社会各界的共同参与，我们有理由相信，长江流域的生态环境将会得到更好的保护和改善，为子孙后代留下一片绿水青山。

参考文献

[1]郭茂全.生态文明的呼唤 绿色家园的守望——评古岳生态散文《谁为人类忏悔》[J].民族文学研究，2009（02）：101-103.

[2]王宗仁.可可西里的动物精灵[M].北京：中国友谊出版公司，2008.

[3]余明兴."时代的偷渡客"——诗人雷平阳论[D].广西师范大学，2016.

[4]李成莲.雷平阳诗歌创作论[D].江西师范大学，2019.

[5]谢廷秋.从《水晶山谷》到《绝地逢生》——贵州作家欧阳黔森生态文学解读[J].当代文坛，2012（02）：138-140.

[6]张德明.生活礼赞和思索的美学风范——论朱启渝的文学创作[J].当代文坛，1999（01）：50-54.

[7]李林樱.生存与毁灭[M].成都：四川人民出版社，2004.

[8]胡发云.老海失踪[M].武汉：长江文艺出版社，2001.

[9]刘醒龙.上上长江[M].武汉：长江少年儿童出版社，2023.

[10]李鲁平.长江这10年[M].武汉：长江出版社，2023.

[11]韩少功.山南水北[M].北京：北京十月文艺出版社，2023.

[12]罗张琴.鄱湖生灵[M].武汉：长江文艺出版社，2020.

[13]魏晓杰.论庞余亮的儿童文学创作[D].安徽大学，2023.

太极思想与连续宇宙：长江流域易学生态思想新说

萧洪恩

内容提要： 本文提出"《易》观太极"与"生态观太极"两种不同的思维方式，并由此两种不同的分析方式对"太极"进行不同的定位，从而分析长江流域"《易》有太极"与"《易》始于太极"两种太极观，对"先天八卦"和"后天八卦"进行"生态观太极"分析，强调"先天八卦"和"后天八卦"在本质上都是"天人合一"生态思想的体现，而由"天人合一"思想来论述简版与帛版的楚地《周易》，则"生态观太极"应能提供一种新的思路。

关键词： 太极思想；长江流域；天人合一；连续宇宙观

作者简介： 萧洪恩，华中农业大学教授，研究方向为农村社会学、民族社会学。

Title: Tai Chi Thought and Continuous Universe: a New Theory of Ecological Thought in Yi Learning along the Yangtze River

Abstract: This paper proposes two distinct modes of thought: the "Tai Chi Perspective in *Yi*" and the "Ecological Perspective of Tai Chi." Through these two different analytical approaches, it repositions "Tai Chi," thereby analyzing the two perspectives on Tai Chi within the Yi studies along the Yangtze River Basin: "*Yi* contains Tai Chi" and "*Yi* begins with Tai Chi." It further applies the "Ecological Perspective of Tai Chi" to analyze both the "Pre-Heaven Bagua" and the "Post-Heaven Bagua," emphasizing that, fundamentally, both represent the ecological philosophy of "the unity of heaven and humanity." By discussing the Chu version of the *Zhouyi*, whether in its simplified or silk manuscript form, through the lens of "the unity of heaven and humanity," the "Ecological Perspective of Tai Chi" offers a novel approach.

Key Words: Tai Chi Thought; Yangtze River Basin; The Unity of Heaven and Humanity; Continuous Cosmology

About Author: Xiao Hong'en, professor at Huazhong Agricultural University, specializes in Rural Sociology and Ethnic Sociology.

简而言之，世界观即为观察世界的方式，尤其关注不同文化背景下的观察差异。研究太极思想，本质上是对世界观的探讨。一般而言，世界观首要关注的是生态世界。因此，生态观构成了世界观的基础要素，在研究少数民族哲学时，生态观被视为重要的研究内容。生态思想深受世界观的影响，并构成其组成部分。不同的世界观会产生各异的生态思想与信仰，进而在处理人与自然关系时，形成不同的认知、情感及行为模式。从世界观视角来看，中华文明展现出一种连续性特征，既具备历史连续性，也具备内部统一性。相比之下，其他几大古代文明曾出现中断，缺乏历史连续性；而西方文明则呈现出主客二分的内部破裂特征，缺乏内在统一性。中华文明不仅历史悠久，考古学证据显示了其文明史超过万年，而且内容连贯，涵盖了地与天、人类与动物、文化与自然之间的连续性，这体现了传统的"天人合一"思想，以及现代的"生命共同体"与"命运共同体"理念。此外，"天人合一"生态思想的重要理论根基源于太极衍生出的八卦宇宙论。

一、"易观"与"环境观"：如何看"太极"内核

在传统的"太极"研究领域，一个基本的前提预设是将其置于《周易》的框架内进行考察。因此，传统的"太极"研究主要依据的是"《易》观"，即人们通过《周易》来理解和阐释"太极"，这种方式被称为"《易》观太极"。然而，我们是否应当探索其他研究"太极"的视角呢？本文提出了"环境观太极"或"生态观太极"的思维方式，即运用环境或生态的观念来审视"太极"。通过对比"《易》观太极"与"环境观太极"，以揭示"太极"的内核，这应当被视为一种方法论上的突破。在传统的"《易》观太极"视角下，"是故《易》有太极，是生两仪，两仪生四象，四象生八卦"（《系辞传》）这一表述，是将"太极"纳入《周易》的体系中进行讨论。然而，在汉代纬书中存在另一种观点，即"《易》始于太极"，而非"《易》有太极"。这两种观点体现了不同的态度，前者属于"《易》观太极"，而后者则更倾向于"环境观太极"或"生态观太极"。

《易纬》强调"《易》始于太极，太极分而为二，故生天地"句，谓《易》书所论，始于"太极"。以上四句，源于《系辞传》："是故《易》有太极，是生两仪，两仪生四象，四象生八卦。"按《易纬·乾凿度》，此说虽系来自于《系辞传》，但是对于《系辞传》中所论，又作了思想上的改造。如果我们将二者比较的话，那不难发现：在《系辞传》中，说的是"《易》有太极"，即是说"太极"具于《易》中。这样，对于《周易》一书说来，"太极"便是主体。《易纬》讲的是"《易》始于太极"，即以"太极"讲论《周易》之始，所以在《易纬》那里，"太极"是对象，是客体。这一主体与客体的区别，就为《易纬》重新解释"太极"及其分化提供了条件。这是第一。第二，"太极"是与"太素""太始""太初""太易"等结合而为"五运"的。"其气转变，故称五运。"所以，"太极、太素、太一，名别，其理一。"（《三论立义检幽集》卷二引《乾凿度》语）其中从"太易""太初""太始""太素"的关系看，"太极"当为元气，由此便可以"清轻而骞者为天，重浊而坠者为地，冲粹而生者为人"。（《路史·前纪·三皇纪》注引《列子·天瑞》篇，有注云："此本《易纬·乾凿度》之文。"）此种由混沌而生出天地人（此处之言"分而为二，故生天地"，意亦同）的思想，既如客观陈述，也是思维方式的表现。《系辞传》之所谓"《易》

有太极"，则多生歧解，有沿着宇宙起源论的方向而走向深化的可能，如《乾凿度》《礼记·礼运》《三统历》及郑玄、虞翻等所说。虞氏曰："太极，太一也。分为天地，故生两仪、四象、八卦、四时也。两仪谓乾坤也。乾二五之坤成坎、离、震、兑，震春、兑秋、坎冬、离夏，故两仪生四象。乾坤生于春，艮兑生于夏，震巽生于秋，坎离生于冬，故四象生八卦。"虞说以宇宙之衍生过程与八卦之生成过程一律，实与《乾凿度》同。有沿着生卦说、揲蓍说而走向象数的，以朱熹为代表，其言曰："太极者，象数未形之全体也。两仪者，▬为阳而▬▬为阴，阳数一而阴数二也。四象者，阳之上生一阳则为▬，而谓之太阳；生一阴为▬▬，而谓之少阴。阴之上生一阳为▬▬，而谓之少阳；生一阴为▬▬，而谓之太阴也……"此说从纯粹的《易》学而言，颇受李塨反对，故有以揲蓍为说者，胡渭、李塨为代表。李塨有曰："'包牺始作八卦'，是《易》自作卦起，未尝闻始作太极也。且作卦奇偶画也，太极圆圈非画矣。'成象之谓乾'，则先画乾。'效发之谓坤'，则次画坤，皆三画卦以象三才，未闻有一画两画止而谓之阳仪、阴仪，太阳、少阴、太阴、少阳者。……"（朱说见《文集·与郭冲晦》，李说见其《周易传注》）李氏接着说："易变也，然必有不变者而变者以生。崔憬曰：五十有一不用者，太极也，不变者也。有太极之一，乃可用四十九策，分而为二，有奇有偶也。是有太极，乃生两仪。仪，匹也，一阴一阳相匹也。"（同上）是知《系辞传》说难致推其故，于是歧义繁生，而《乾凿度》以其去圣未远，倡宇宙起源之说，也实在难能可贵。所以对于《乾凿度》所论，我们应当以适当的方式给予肯定。请看《易纬》的论述：

孔子曰："《易》始于太极，太极分而为二，故生天地。天地有春秋冬夏之节，故生四时。四时各有阴阳刚柔之分，故生八卦。八卦成列，天地之道立，雷风水火山泽之象定矣。其布散用事也，震生物于东方，位在二月；巽散之于东南，位在四月；离长之于南方，位在五月；坤养之于西南方，位在六月；兑收之于西方，位在八月；乾剥之于西北方，位在十月；坎藏之于北方，位在十一月；艮终始之于东北方，位在十二月。八卦之气终，则四正四维之分明，生长收藏之道备，阴阳之体定，神明之德通，而万物各以其类成矣。皆《易》之所包也，至矣哉！《易》之德也。"孔子曰："岁三百六十日而天气周，卦用事各四十五日，方备岁焉。故艮渐正月，巽渐三月，坤渐七月，乾渐九月，而各以卦之所言为月也。乾者，天也，终而为万物始。西北方，万物所始也，故乾位在十月。艮者，止物者也，在四时之终，位在十二月。巽者，阴始顺阳者也，阳始壮于东南方，故位在四月。坤者，地之道也，形正六月。四维正纪，经纬仲序，度毕矣。"

…………

昔者圣人因阴阳定消息，立乾坤以统天地也。夫有形生于无形，则乾坤从生？故曰：有太易，有太初，有太始，有太素也。太易者，未见气也；太初者，气之始也；太始者，形之始也；太素者，质之始也。气、形、质，具而未相离，故曰浑沦。浑沦者，言万物相浑成而未相离。视之不见，听之不闻，循之不得。故曰：易也，无形无埒。

另外，《易纬·钩命决》曰：

天地未分之前，有太易、有太初、有太始、有太素、有太极，是为五运。形象未分，谓之太易；元气始萌，谓之太初；气形之端，谓之太始；形变有质，谓之太素；质形己具，谓之太极。五气渐变，谓之五运。①

由此可以看出，《易传》主张的是"《易》有太极，是生两仪"，把太极作为《易》所具有的东西，由它来化生天地，从而化生万物。与此相反，《易纬》讲"《易》始于太极"，表明《易》是从太极讲起的，这里，太极是客观的，不为《易》所独具。另一方面，《易纬》主张在太极以前还有四个相继发展的宇宙演化前史阶段，原则上，《易》学是不论述它们的。因此，这两点的结合，可以说是对《易传》的一个根本性改造，特别是"昔者圣人因阴阳定消息，立乾坤以统天地"，更是从环境认知的层面把"《易》观太极"与"环境观太极"相区别开来。

"屋漏在上，知之在下。"鉴于《易纬》作为民间易学体系，蕴含长江流域易学特色，对环境变迁持有更为细腻的情感体验与实证认知，进而引发了关于如何界定民间易学学术地位的探讨。中国传统文化相较于西方文化，展现出两大根本差异：其一，在理性和情感的关系处理上，中国文化并非将情感排除在外，而是倡导理性与情感并行不悖；其二，在人与自然的关系上，西方文化倾向于主体与客体的二元对立，而中国文化则强调天人合一的和谐统一。这两个特性深刻影响了我们对《周易》及"太极"等历史文化要素的分析路径，要求我们在研究中必须重视情感因素及"天人合一"的哲学观念。此外，还需提及的是，中国文化，尤其是易学文化中，存在一个常被忽视的现象：历史上诸多易学学者及文人，虽常被后世从精英视角予以审视，但他们中的许多人实源自民间。因此，在探究《周易》时，需平衡精英视角与民间视角，而从"环境观太极"的角度出发，更应加强对民间易学的关注。就长江流域的生态智慧而言，易学的贡献不言而喻。

二、"先天八卦"与"后天八卦"："环境观"呈现的连续宇宙观

"环境观太极"理论的核心内容之一，在于"天人合一"生态思想在"先天八卦"与"后天八卦"中的具体体现。相对而言，"《易》观太极"则倾向于对"先天八卦"与"后天八卦"的《易》理进行更为抽象的演绎，这一过程更多地融入了诠释者的主观理解或"意"图。

在中国《周易》的学术体系中，"先天八卦"与"后天八卦"的差异，有时被归因于创制主体的不同，即分别对应"伏羲八卦"与"文王八卦"。两者之间的主要区别可详细阐述如

下：从起源来看，"先天八卦"据传源自河图，是对宇宙万物起源与本质的抽象化表达；而"后天八卦"则据传源自洛书，基于人们对自然和社会现象的直观观察与经验总结。

在数字排列或卦序方面，"先天八卦"遵循乾一、兑二、离三、震四、巽五、坎六、艮七、坤八的顺序；而"后天八卦"则按照坎一、坤二、震三、巽四、中宫五、乾六、兑七、艮八、离九的顺序排列。

在方位布局上，"先天八卦"中乾位于正南，而在"后天八卦"中，乾则转至西北，其他各卦的方位亦随之发生相应变化。

从表现形式及应用范畴来看，"先天八卦"更多地用于描绘宇宙的自然本原与结构，指导人们的生活方式、思想行为，提升人的道德境界与智慧水平，其应用范围主要涉及风水学、命理学等领域；而"后天八卦"则侧重于推演事物的变化与发展，用于预测现实世界的动态，广泛应用于科学技术、占卜及解卦等领域。

从哲学思想层面分析，"先天八卦"体现了"天人合一"的哲学理念，强调人与自然的和谐共生；而"后天八卦"则蕴含了"五行相生相克"的哲学思想。

上述观点均基于"先天八卦"与"后天八卦"的实际存在加以阐述，其本身即为一种逻辑推导。然而，若我们将"先天八卦"与"后天八卦"均视为源自现实世界的不同思维方式，则可进一步发现，它们分别反映了山地居民与平原居民、北方人与南方人思考问题的不同逻辑顺序，即是对天地关系的优先考虑与对南北方位的侧重思考。"先天八卦"更多地体现了山地居民或南方居民（地形复杂、空间分割、日照规律、降水丰富）在思考生态环境时不得不面对的"天人合一"状态，其中天地成为首要考量因素，生活中的"拥有一片天空""占据一方土地"即为理想状态；关注太阳的东升西落、季风气候的云行雨施，实质上是关注生存环境的日照与水源，因此"离东坎西"，阳光与雨水成为次要考虑因素；在"天"的层面，祈愿风调雨顺，故巽、兑分列左右；在"地"的层面，山川水泽并存，故艮、震（震为雷，雷常与雨相伴）分居两侧。

因此，"先天八卦"关注的核心要素就是天地及阳光雨露等日常生活的根本要素，或许这就是"三代以上人人皆知天文"的真实需要，这也是如今在云南、贵州等多处民居建筑中看出"先天八卦图"的原因。相比而言，"后天八卦"是平原等旷野居民特别是北方居民的生活场域，由于远离北回归线，太阳是从东南升起而于西北落下的，所谓"紫气东来"，实际上是东南来，这就是《列子·汤问》"故天倾西北，日月辰星就焉；地不满东南，故百川水潦归焉"及《论衡·谈天篇》"天不足西北，故日月星辰移焉；地不足东南，故百川注焉"自然生态的真实。相对于南方，北方多旱，最缺水，而南方则是大方位上的太阳升起的地方，所以采光与求雨、避寒与取暖即成了人们的首要取向而不是"先天"以强调"后天"，这就是强调上为日下为水，北为坎水南为离日了；"天不足西北"故为乾，东南季风带来雨水，故为"巽"

为风；整体上的东西为木为金，本有物产之意义，核心是北方人重视东西南北，南方人重视天地风雷。所以，"先天八卦"与"后天八卦"从事实上是对"八卦"所代表的八种事物的运用次序，在北方是"六合之外圣人存而不论"，在南方必然在四方而外谈天论地而成为"六合宇宙"，以至于四合院建筑都加上了"天斗"（观天）、"天井"（观水）而成为"六合"院了。如果你分别在南方和北方、在旷野和山乡生活了较长时间，你就会对"先天八卦"与"后天八卦"、"伏羲八卦"与"文王八卦"有更为深刻的理解。中国古代研究的所谓辨方正位的工具之一是"司南"或"指南针"，说到底就是对重视四方特别是重视南北方子午线的肯定，是科学的结论。而最近出土的文物证明："中国洛书起源：考证取得重大突破，难怪传说'龟负洛书'"[②]，正说明中国古人辨方正位所解决的问题，即《周髀算经》记载所确定的原则："以日始出，立表而识其晷，日入复识其晷，晷之两端相直者，正东西也，中折之指表者，正南北也。"《周礼·考工记》《淮南子》等书中所指认的"昼参诸日中之景，夜考之极星"等也具有同等功能，《淮南子·天文训》中所说"子午、卯酉为二绳"，其实就是将东西线、南北线视为"二绳"，也就是后天八卦重视东西南北四方的原因。

这一思想的实物证据已经在地下考古成果中见出。在20世纪90年代，因为三峡工程需要，考古挖掘了距今7000年以上的湖北秭归柳林溪遗址，出土了一件圆形陶器。对此，中国社会科学院学部委员冯时明确指出，中国古代的九宫图，中间十字交叉叫二绳，外围四个角的部分叫四钩，四角的位置有四条斜线叫四维，柳林溪的这件陶器，展现的就是九宫图的前身。

此陶器通过立表测影，将空间划分为东南西北、东南东北西南西北与中心点，其中"中心点"非常特别，与八方构成了"九宫"。尤为重要的是，在秭归柳林溪之后，上述布局的九宫图，在很多上古遗址中一再出现，其中最为特别的是距今5300余年的安徽马鞍山凌家滩遗址。该遗址出土了一件玉版九宫图，有内外两个圆圈，外圆中有八个箭头，内圆应为"立表之中"，与柳林溪的大致格局一致。

《周易》云"易有太极，是生两仪，两仪生四象，四象生八卦"，玉版图形中内圆表现的是八方九宫，但圆外又显示"四方"，这就与四象、八卦的概念相合，也表现四时八节（立春、春分、立夏、夏至、立秋、秋分、立冬、冬至）。因此，玉版不仅表现了上古洛书，或许还表达了上古八卦。而且，凌家滩的这件玉版九宫图，与一只玉龟叠压在一起同时出土，反映两者有紧密的联系，属于套装用品。对此套装，学者考证或为上古历法，或为占卜工具，或为宗教礼器等。由此也可说明"先天八卦"与"后天八卦"的辨方正位意识，其实也正是生态环境意识，是"生态观太极"而不是"《易》观太极"。

三、"先天"与"后天"："天人合一"中的"人"归何处？

"天人合一"思想作为一种观察世界的哲学观念，应源于夏商时期的巫师。作为最初的知识分子[1]，正是他们持有的连续性宇宙观，把人与天地、人与动植物也就是自然与人类看成一个统一的整体，即万物一体或生命共同体。在他们的知识系统与观念形态上，不仅把自然物看成有灵性的东西，而且把人与物的关系也看成是一种和谐相处、共存共荣的朋友关系，同源共祖的关系，而由于连续的知识传承，这种宇宙观又进一步成为中国的一种主流观念。

夏商时期是一个巫术盛行的时期，《礼记·表记》引子曰："夏道尊命，事鬼敬神而远之，近人而忠焉，先禄而后威，先赏而后罚，亲而不尊，其民之敝，蠢而愚，乔而野，朴而不文；殷人尊神，率民以事神，先鬼而后礼，先罚而后赏，尊而不亲。其民之敝，荡而不静，胜而无耻。"夏代目前因无文字记载不得而知，但商代的巫术的占卜活动却非常广泛。据介绍，《甲骨文合集》一书共收甲骨41956片，占卜内容列有22项，即奴隶和平民，奴隶主贵族，官吏，军队、刑法、监狱，战争，方域，贡纳，农业，渔猎、畜牧，手工业，商业、交通，天文、历法，气象，建筑，疾病，生育，鬼神崇拜，祭祀，吉凶梦幻，卜法，文字，其他。陈梦家甚至认为商代"王者自己虽为政治领袖，同时仍为群巫之长"[2]。其实，中国"天人合一"的生态世界观，正是由那些早期知识分子——巫师提供的连续性的宇宙观的推衍，这种宇宙观为中国的生态思想发展奠定了基础。问题正在于，在那个时代为什么人们会形成这样的连续宇宙观？

春秋战国时期"百家争鸣"过程中形成了不同的"天人合一"思想观念，如儒家中的孟子以人合天，道家老庄以天合人，先秦"百家争鸣"的总结者荀子在"明于天人之分"的基础上实现"制天命而用之"的依靠人的能动性的"天人合一"。可是到了秦汉以后，又形成了不同类型的"天人合一"思想，如"天人感应"等。不过应强调的是，明确提出"天人合一"概念的是北宋思想家张载。他在《正蒙·乾称》中曾明确地说："儒者则因明致诚，因诚致明，故天人合一，致学而可以成圣，得天而未始遗人，《易》所谓不遗、不流、不过者也。"自然，从上述也可以看到，"天人合一"的生态思想早在夏商及以前即已经萌芽了，在西周时期已经出现。如果说夏商的"天人合一"思想更多的是"以天合人""由天观人"的话，西周时期则把商代连续性的宇宙观发展到了一个新的阶段，形成了"以人合天"的"天人合一"思想，在商代思想的基础上，增加了人的主动性、创造性，特别是加上了"德"和"孝"的新内容，以德配天、以孝动天。强调只有有"孝"有"德"的人，才能得到上帝的授命，也才能维持住统治权力。前面提到"夏道尊命""殷人尊神"，在一定程度上都是命本或神本思想占主导地位，有放弃人的主观努力取向，而西周则逐渐重视人的作用，提高人的地位，从而使中国文化走向了人文的方向。对此，侯外庐先生曾揭示周人"天""祖""德""孝"等各范畴的关系说："正如《庄子·天下篇》所说，周人'以天为宗，以德为本'，在宗教观念上的敬天，在伦理观念上就延长而为敬德。同样地，在宗教的观念上的尊祖，在伦理观念上也就延长而为宗孝，也可以说'以祖为宗，以孝为本'。先祖克配上帝，是宗教的天人合一，而敬德与孝思，是使'先天的'天人合一，延长而为后天的天人合一，周氏族的'宗子'地位要求在伦理上发展当初的天命，这样才能'子子孙孙永保命'，'子子孙孙其帅型受兹命'"[3]。

四、简版与帛版：楚地《周易》"天人合一"的实证

运用"《易经》中的太极观念"进行考察，可以发现楚地流传的简版与帛版《周易》中，存在相当数量的内容可能包含错误。然而，若从"生态学视角下的太极理念"出发进行诠释，则简版与帛版楚地《周易》的内容不仅能够被合理解读，而且展现出高度的科学性。

众所周知，《周易》应该是一部集结创作，汇集了众多创作者的智慧，无论是《经》还是《传》的部分都是如此。《易经》包括六十四卦的卦辞、爻辞，卦形、爻符，根据考古学成果，早在新石器时代即已经开始萌芽，"人更三圣，世历三古"，可知渊源甚古。后来经过文王演《周易》，形成了系统化思想。《传》包括彖传、象传、文言、系辞、说卦、序卦、杂卦，或说《传》是孔子写的，其实也是集体智慧的结晶。《周易》一书是中国先民领悟、认识自然、社会及人自身的文化成果，通过其研究卦象、解释吉凶的外在形式，建构了博大精深的思想文化体系，《四库全书·总目提要》说其："《易》道广大无所不包，旁及天文、地理、乐律、兵法、韵学、算术，以逮方外之炉火，皆可援《易》以为说。"可见其自然也包括生态文明成果。《系辞下》则说："古者伏羲氏之王天下也，仰则观象于天，伏则观法于地，观鸟兽之文，与地之宜，近取诸身，远取诸物，于是做八卦，以通神明之德，以类万物之情。"这正是具有生态意义的"天人合一"思想，体现出精深的生态智慧。《文言传》说："大大人者，与天地合其德，与日月合其明，与四时合其序，与鬼神合其吉凶。先天而天弗违，后天而奉天时。天且弗违，而况于人乎？况于鬼神乎？"[4]……从这些引文可以看出，人虽然是万物之一类，但不是一般的物类，人有认识、改造、和谐自然和社会及人类自身的能力，《周易》把人从万物中独立出来并突出人的主体地位，视其为宇宙中与天地并立的一个重要的组成部分，即"参"或"三"，反映出宇宙结构的连续性；《周易》的六十四卦排序，也是按照万物之间的联系而连续排列的，同样具有宇宙连续性；人之所以分贵贱，不仅有其形而上的依据，而且具有宇宙结构的连续性，就像君臣、夫妇、父子之间的不平等一样；在整个宇宙结构中，天地为万物提供基础性生态条件，这就是乾卦《象传》之所谓："大哉乾元，万物资始，乃统天。云行雨施，品物流行，大明终始，六位时成。"坤卦《象传》也说："至哉坤元，万物资生，德合无疆，含弘光大，品物咸亨。"《系辞下》则说："天地之大德曰生。"人的一切行为都必须依赖自然要素，特别是八卦所代表的卦象，如乾为天、坤为地、震为雷、巽为风、坎为水、离为火、艮为山、兑为泽，即以生态为本并遵循自然规律，其中"水"的意义重大，因而八卦中直接有两个水，即"坎"水和"泽"水，雷、风、山也都内涵有水，于是整个八卦

即合为"天地水火"四大基本要素，而这些都是人类生产生活不能离开的。所以，《周易》的卦都是自然界的现象，所谓卦象也就是自然之象，从自然之象以判断人的活动的吉凶祸福，自然之象是人类活动的形而上的依据，因此人要师法自然，这是"天人合一"生态思想的自然基础。但是，人又具有"合天"的能动性，《易》卦对于人类活动的指导作用正在于发挥这种能动性。《周易》的本意之一就是生生不息，而这同样是对人的要求，故乾卦《象传》说："天行健，君子以自强不息。"君子要像天那样的自强不息、刚健有为。坤卦的《象传》说："地势坤，君子以厚德载物。"君子也要像大地那样胸怀博大、厚德载物。豫卦的《象传》则说："天地以顺动，故日月不过而四时不忒。圣人以顺动，则刑罚清而民服。豫之时义大矣哉！"天地是按照按规律运行的，圣人也要按规律办事。颐卦的《象传》说："天地养万物，圣人养贤以及万民。颐之时大矣哉！"人要像天地养万物那样养贤和万民，借以实现社会和谐。咸卦的《象传》说："天地感而万物化生，圣人感人心而天下和平。观其所感，而天地万物之情可见矣。"天地相感而生万物，圣人得民心则天下和平，人类自身也要内心和平。其他如艮卦《象传》说："艮，止也，时止则止，时行则行，动静不失时，其道光明。"兑卦的《象传》说："兑，说也，刚中而柔外，说以利贞。是以顺乎天而应乎人。说以先民，民忘其劳；说以犯难，民忘其死。说之大，民劝矣哉！"……因此，所谓的"圣人"实际上就是能师法自然、与自然相处最和谐的人，因而是能够发挥主观能动性的人。

《周易》的生态思想未必能说是长江流域的生态思想，但楚地的简帛版《周易》的生态思想决然可以说是长江流域的。如《郭店楚简·语丛一》说："《易》，所以会天道、人道也。"一句即说明"天人合一"的生态思想。长沙马王堆西汉早期墓葬出土的帛书《周易》中将"临"卦变为"林"卦，未必是通常所说的"临"的错字，而是一种明确的对森林的生态认知，其中即记述了周人对于森林能保持水土作用的一种生态观念："（林，元亨），利贞。至于八月有（凶）。初九：禁林，贞吉。九二：禁林，吉，无不利。六三：甘林，无攸利。既忧之，无咎。六四：至林，无咎。（六）五：知林，大（君之宜，吉。尚六）：敦林，吉，无咎。"从生态学的视角审视，森林在农历八月期间的功能表现尤为显著。具体而言，良好的植被覆盖能够有效减轻秋季干旱的程度，反之，植被状况不佳则会加剧秋季干旱的严重性。所以，先有"禁林"才可能有"甘林"，而且即使"甘林"也要"既忧之"才能"无咎"，所以要"至林"（尊重森林）、"知林"（认识森林）、"敦林"（尊崇森林）。由此可见，林卦正是从宇宙连续性层面描述的人与森林的连续性关系，其中包括时间上的连续性、行为上的连续性，把禁止砍伐森林看作是"吉"祥的表现和"甘"的前提，而把肆意破坏森林则看成是"凶"恶的行为及有"凶"的后果。[5]由此可见，长江流域的中国古代先民们早就认识到了森林植被所具有的保持水土、调节小气候、防止水土流失、改善生态环境的重要功能，特别是在八月份最能体现。帛书《周易》中的其他卦，除去卦名与通行本相同的外，异字卦名按异字解读，不少卦似更有意义，如"钦"（咸）、"卒"（萃）、"隋"（随）、键（乾）、礼（履）、根（艮）、塞（塞）、丼（井）、辰（震）、馀（豫）、川（坤）、嗛（谦）、登（升）、夺（兑）等，我们在此不具论。

上海博物馆藏战国楚竹书《周易》中同样有这种情况，如需卦："孠，■又孚，光卿，贞吉，利涉大川。初九：孠于蒿，利用恒，亡咎。九（二）：孠于堁。少又言，冬吉。九晶：孠于坭，至寇至。六四：孠于血，出（自穴。九五：需于酒食，贞吉。上六：入于穴，有不速之客三人来，敬之，终）吉。■"。如果以"嗣"释"孠"，则成了一个历史连续性与空间连续性的典型生态之卦。从历史连续性上讲，继承者有信即好，即利涉大川，否则即会招致失败，或许可用我们现今所谓政策连续性来解释其意义。从空间上讲，"孠于蒿"而长期坚持即"利用恒"才能"亡咎"，正所谓"父母在不远游"也。这种由近及远，会出现不同的人生状况，而是否能够化解危险又取决于人生态度，如"少又言""酒食""敬之"等，空间距离与人生态度决定了是否在"孠于堁""孠于坭""孠于血"的情况下，特别是在"至寇至""有不速之客三人来"的情况下，在"出自穴""入于穴"的情况也能够"冬吉""贞吉"。可见，"孠"或许是本字如之，或许是有意为之。其他的如𡑌（谦）、参（豫）、陸（随）、灓（涣）、钦（咸）等，其中钦（咸）还与长沙马王堆西汉早期墓葬出土的帛书《周易》相同。

除了各卦以外，还有些用字，如"九晶"的"晶"，帛本、阜本、今本均作"三"。濮茅左说："'晶'，用作'三'，楚竹书《周易》中的'三'字，均作此形。与甲骨文……字形同，象三星形。甲骨文、简文'晶'当'参'之本字。《诗·国风·绸缪》'绸缪束薪，三星在天'，毛传：'三星，参也。''参'，本作'曑'。"何琳仪说："'参'原篆作'晶'形，乃'参'之省简。"丁四新教授按："晶"为"曑"字初文。楚简本"晶"字从曑省，并非"参"之本字。何氏将"晶"字径直写作"参"，以与"曑"字相别。《说文·晶部》："曑，商星也。从晶㐱声。参，曑或省。""晶"从曑省，读作"三"。凡"三"字，楚简本皆写作"晶"，帛本、阜本、今本及汉石经均写作"三"。可见，该书"三"并作"晶"，实更具有生态意义，其他的字如加土旁、加力旁字很多，也可资为证，如"堁"，何琳仪说："'垡'为'竺'之繁文，战国文字往往增'土'旁为饰。"显然，此类处理具有生态考虑。

总之，"《易》观太极"与"生态观太极"是两种不同的思维方式，由此两种不同的分析方式，因而会对"太极"有不同的定位，产生"《易》有太极"与"《易》始于太极"的差别，从而对"先天八卦"和"后天八卦"也会有不同的看法；但无论是"先天八卦"还是"后天八卦"，本质上都是"天人合一"生态思想的体现，而由"天人合一"思想来论简版与帛版的楚地《周易》，则"生态观太极"或许能提供一种更具有解释力度的思路。

五、文学体验与生态体验："环境观"呈现的连续宇宙观

针对同一则格言，其由历经沧桑的老年人口中道出与由缺乏生活经验的青少年口中说出，所蕴含的意义可能截然不同，这种差异根源于各自人生经历的迥异。在探讨生态问题时，人生体验的丰富性显得尤为重要。这一观点在将"环境观"作为基准来讨论文学时，能够得到更为鲜明的体现。为此，我们可以选取两首发生在长江流域的古诗作为例证来加以阐释和分析。

一首是杜牧的《清明》诗：

清明时节雨纷纷，路上行人欲断魂。

借问酒家何处有，牧童遥指杏花村。

一般的文学解读认为《清明》是唐代文学家杜牧写清明春雨中所见的诗作。但是，结合唐代诗人杜牧（803—853年）是京兆万年人，太和二年（828年）进士，宰相杜佑之孙，有官家文化传统，且杜牧曾为江西观察使、宣歙观察使沈传师和淮南节度使牛僧孺的幕僚，并历任监察御史，黄州、池州、睦州刺史，后入为司勋员外郎，官终中书舍人；而杜牧诗中所指杏花村虽然异说纷纭，或说在江苏南京（金陵），或说在湖北黄州，或说在山西汾阳，甚至有以为是诗人虚拟者，但以池州说最为可信。按池州说即杏花村位于安徽池州贵池区秀山门外，时杜牧为池州刺史，故诗或作于唐武宗会昌六年（846年）。据方志记载，杜牧于会昌年间出守池州，于当地农业生产的关情而有清明下雨之忧，加上《江南通志》载，杜牧任池州刺史时曾经过金陵杏花村饮酒，故由此而有此《清明》诗。基于以上背景，杜牧的《清明》诗就不能只作文学诗读，而应作民俗生态诗读，体现的同样是连续宇宙观。

作民俗诗读的前提是传统农业生产所指认的全年气候的整体性及对应性。之所以如此说，是因为在农村的生产生活中，全年气候有一个循环的相关性，比如"云掩中秋月，雨湿上元灯"，意思指正月十五的气象往往与八月十五的气象相对应，或雨或晴，都是一致的。同类的还有如整个二十四节气的气候对应关系，像"戊寅己卯动哒风，十个秧田九个空""年内交春你莫赶，开年立春你莫懒（"交春"指"立春"）""立春一日晴，风调雨顺好年成"。由此可见传统农业的气候整体性、对应性是一种基本的生态文化信念。

有了此种对气候整体性的认知，即可知路上行走的农人、路上行走的官吏、路上行走的游客等对于清明雨应该都有一种对于"清明时节雨纷纷"的忧虑，因为按照气候的整体性对应性，全年气候会出现反常，一反常即会影响农业生产。所以，不管是哪种人在路上行走，都会忧心满满，因而有"路上行人欲断魂"之句。农业出问题，粮食酒自然也会有问题，"借问酒家何处有，牧童遥指杏花村。"既是空间上的"何处有"，又是时间上歉收后的"何处有"。所以，由"清明时节雨纷纷"，想到的是粮食歉收后的"遥指"的何处。这里，那个"牧童"

最具有代表意义，"进哒桃花天（春天），放牛娃娃成神仙"，正是他们时时关心着气候。而我们儿时即熟知的气象谚语，也应是"牧童"之知。"他"自然也会"欲断魂"了，正所谓穷人的孩子早当家。

另一首是孟浩然的《夏日南亭怀辛大》诗：

> 山光忽西落，池月渐东上。散发乘夕凉，开轩卧闲敞。
> 荷风送香气，竹露滴清响。欲取鸣琴弹，恨无知音赏。
> 感此怀故人，中宵劳梦想。

孟浩然（689—740年），字浩然，号孟山人，襄州襄阳（今湖北襄阳）人，唐代著名的山水田园派诗人，世称"孟襄阳"。因他未曾入仕，又称"孟山人"。对于孟浩然诗作的传统解读，多聚焦于文学层面的阐释。然而，深入探究，此诗亦当从民俗生态学的视角进行解读，方能充分展现其情感之真挚与深远。

首联"山光忽西落，池月渐东上"描绘了一幅日暮月升的景象，暗示了"月圆"之夜的到来。在民俗传统中，"十五十六，月满人团"，意指农历每月的十五、十六日，月亮圆满，人们常于此时寄托对亲人的思念之情。正如《月亮出没歌》所描述的月相变化，从"初一黑"至"十五十六，日月相触（此处'触'可引申为'逐'，即月亮追逐太阳之意）"，再到"十五十六月团圆"，清晰地展现了月圆之夜的独特意义。因此，在月圆之夜抒发怀人之情，其情感自然非同寻常。

诗中"散发乘夕凉，开轩卧闲敞"一句，展现了诗人随性自然的生活态度。"散发"一词，不仅描绘了诗人不拘小节的形象，更反映了其内心世界的自由与洒脱，与平日里束发戴帽的正经形象形成鲜明对比。而"欲取鸣琴弹，恨无知音赏"则进一步凸显了诗人与知音之间深厚的情感纽带。

尾联"感此怀故人，中宵劳梦想"中"中宵"或作"终宵"，无论何种表述，均体现了诗人对故人的深切怀念。在农历十五、十六的月圆之夜，月亮通常在黄昏时分（约下午18点）升起，诗人从此时起便开始思念故人，直至"中宵"（半夜，即现代时间的24点或晚上12点），持续时间长达六小时之久，足见情感之深沉。若作"终宵"解，则思念之情更是绵延不绝，直至天明。

综上所述，从民俗语言的角度解读孟浩然的《夏日南亭怀辛大》，不仅能够更深刻地理解诗人的情感世界，还能领略到诗中蕴含的丰富的民俗文化内涵，使得诗作的情感表达更加饱满而深刻。

无论是杜牧的《清明》诗作，还是孟浩然的《夏日南亭怀辛大》诗篇，其蕴含民俗内涵的根源在于诗人独特的时空体验，尤其是自童年时期便形成的对于自然环境的感知。具体而言，清明时节若逢降雨，这与"清明宜晴"的民间气候认知相悖，往往预示着农业生产的不利，进而引发农民的悲观情绪，乃至未来饮酒欢聚的期望也变得渺茫。以2024年清明时节为例，一场大雨之后，众多农作物因水分过剩而几乎遭受毁灭性打击，尤其是土豆作物损失尤为惨重。随后下半年，持续的干旱又导致大量农作物枯萎，气候异常的负面影响迅速显现，这正是《清明》诗作所反映的真实社会情境。

之所以着重强调杜牧《清明》与孟浩然《夏日南亭怀辛大》这两首诗作的民俗学意义，是因为若缺乏对民俗生活的深刻体验，往往难以触及诗歌背后那细腻而丰富的真实情感与文化意蕴。在学术探索的广阔天地里，生命体验作为一种方法论，其重要性不容忽视。它不仅是连接个体与集体、过去与现在、理论与实践的桥梁，更是深入理解文本、解读历史、洞察社会的一把钥匙。

在分析不同历史时期哲学家的思想体系时，更应深入挖掘并尊重每位哲学家独特的生命体验。这些体验，无论是源于个人的成长经历、情感波动，还是社会变迁、文化冲突，都深刻地影响着他们的哲学思考、价值观念乃至整个思想体系的构建。

注释

①此当为《易纬·钩命决》之文，刘仲达《鸿书·天文部》引以为系《孝经纬》之文，甘泉黄奭《逸书考》以为系《孝经纬·钩命决》文。考日本《三论立义检幽集》二《辩证论》，又《华严演义钞纂释》卷三十六《圆学路钞》引并称为《易纬·钩命决》文，考其旨合于《易纬·乾凿度》、《易纬·乾坤凿度》，则知作《孝经纬》之文误，或各书均有此文。

②https://www.163.com/dy/article/JA8RI94J05149IAT.html。

参考文献

[1]张光直.连续与破裂：一个文明起源新说的草稿[M]//张光直.中国青铜时代.上海：三联书店，1999：484-496.

[2]陈梦家.商代的神话与巫术[J].燕京学报，1936（20）.

[3]侯外庐，等.中国思想通史（第一卷）[M].北京：人民出版社，1995：94.

[4]王玉德.周易精解[M].北京：中国人民大学出版社，2011：184-202.

[5]康学伟.论《周易》的"天人合一"思想[J].社会科学战线，2008（4）.

长江的文化意象及其当代建设刍议

王建光

内容提要： 长江是中华文明的摇篮之一，与黄河一起培育并塑造了中国传统文化的精神以及社会意识形态的内涵。长江的水文地理和生态环境所决定的生产生活方式，也渗透到其广大流域的社会生活和民俗文化之中，形成了独具特色的长江文化意象。经过长期的社会发展和文化建构，长江既成为一条贯穿东部与西部的黄金水道，也是一条连接历史和现实的文化长廊。在新的历史时期，通过长江文化带的机制和平台建设，来推动长江流域的文化发展，创新长江文化意象的时代内涵，对于促进长江经济带的建设及社会发展，铸牢中华民族共同体意识，都具有重要的意义。

关键词： 长江文化意象；长江经济带；长江文化带；区位优势

作者简介： 王建光，南京农业大学教授，研究方向为中国哲学与传统文化。

Title: A Preliminary Discussion on the Cultural Imagery of the Yangtze River and Its Contemporary Construction

Abstract: The Yangtze River is one of the cradles of Chinese civilization, alongside the Yellow River, and has nurtured and shaped the spirit and ideology of traditional Chinese culture. The hydrological geography and ecological environment of the Yangtze River have influenced the ways of life and production, deeply permeating the social life and folk culture throughout its vast basin, thus forming the unique cultural imagery of the Yangtze River. Through long-term social development and cultural construction, the Yangtze River has become not only a golden waterway connecting the eastern and western regions but also a cultural corridor bridging history and the present. In the new historical period, through the construction of the Yangtze River Cultural Belt mechanism and platform, promoting cultural development in the Yangtze River basin and innovating the connotation of the times of the Yangtze cultural imagery holds great significance for advancing the development of the Yangtze River Economic Belt, fostering social progress, and strengthening the sense of community for the Chinese nation.

Key Words: Yangtze River Cultural Imagery; Yangtze River Economic Belt; Yangtze River Cultural Belt; Location Advantage

About Author: Wang Jianguang, professor of Nanjing Agricultural University, mainly engaged in Chinese Philosophy and Traditional Culture.

从长度上说，长江是中国和亚洲的第一大河，也是世界的第三大河流。长江不仅仅是地理意义上的水系，更是中华民族的母亲河，在中华民族发展史中，孕育了丰富的区域文明。长

江在中华文明发展史中具有重要的地位，产生过深远的影响，在几千年的文明史中，也形成了独具特色的长江文化意象。在今天的长江经济带建设中，重视和推进长江文化带的建设，创新长江文化意象的现代内涵，也因之具有积极的意义。

一、长江的文化意象

在人类历史上，对河流的开发与利用以及因之而形成的物质文明和精神文明成果，对民族或文化而言一直都有着重要的指标性意义，具有重要的文明史和文化史价值。中华民族具有百万年的人类史、一万年的文化史、五千多年的文明史。由于中国文化源远流长，中华文明博大精深，"只有全面深入了解中华文明的历史，才能更有效地推动中华优秀传统文化创造性转化、创新性发展，更有力地推进中国特色社会主义文化建设，建设中华民族现代文明。"[1]

在中华民族发展史上，长江、黄河、大运河和长城对中国的社会发展、民族精神及传统文化塑造都起到重要作用。其中，长江和黄河是属于自然地理，而大运河和长城属人文地理。此四者虽然都有着各具特殊内涵的地理地标意义，但是它们也都有着丰富的人文地理内涵和多样的民俗风物特性。当然，长江、黄河、大运河和长城也有着一定共同性，这即是地理跨度大，沿线的气候、物产、文化和人口有着各自的特色，它们不仅塑造了中国的地理文化形态，也影响到中华民族的社会结构和历史文明的发展方向，并于其中展示出各具特色的历史文化意象。

狭义的意象，其本意即是主体对一种客观事物的精神和形象的美学提炼及其意识重构。这种提炼和重构往往都会受到主体的世界观、艺术观等多种因素的影响。意象既是建立在对客观世界的认知和表达的基础上，也融入了个体与群体的心理及情感因素。长江的文化意象正是在历史上形成的、基于对长江文化元素而不断进行的意象建构。文化意象具有历史性，有着一定的时代特色。

在本质上，加强长江的文化意象建设，正是为了实现长江文化内涵的时代创新。而这一切都是建立在长江文化带当代建设基础之上的。此处所言的长江文化带，是以整个长江流域的文化遗产、经济发展、人文风物及其社会影响为基本内容而构成的文化共同体。不论是从人类史、文化史还是从文明史的角度而言，长江的文化意象都有着丰富的历史内涵和突出的区域特色。

第一，长江具有温婉恬静与汹涌澎湃两者和谐统一的品格。

文化意象都受到一定的地理环境及其自然特征的影响。与黄河不同，长江在历史上就一直有着十分突出的航运价值。其温婉恬静的形象与丰沛无尽的水利资源，早已成为沿江地区交通的重要通道和生活依靠。在过去，蜀道之难的一个重要化解方法是通过长江进行航运。沿江而下或溯江而上，是中国大西南地区与长江中下游地区之间交流的一个重要渠道和方式。这也是历史上巴蜀地区能够与长江中下游地区进行经济往来、文化交流的重要通道。

与之相应，"江南"在中国历史中也成为一种具有美学想象的诗意存在，塑造了中华民族的文化精神及其品格。在此意义，长江的婉约及宽广，与黄河流域的大河落日及大漠孤烟，形成了中国南北文化中各具特色的两种美学意象。反映在文化上，诸如"月映千江"之类即被认为具有典型的江南品格，这在长江流域的诗文、哲学和社会生活中都得到充分的体现。

而长江所具有的汹涌澎湃、浩瀚东去的气势，更是塑造了中华民族一往无前的精神品质。长江已经超越了其地理意义上的河流功能，而成为一种气质、一种精神、一种文化和一种意象。

第二，长江是一条从远古奔腾至当代的多彩文化长廊。

如果说秦岭淮河往往是被更多地从地理意义上加以认知的话，那么长江并不仅仅是一条"大河"的地理概念，她有着丰富的文化内涵，其对两岸民众的生产方式和生活方式的塑造，对两岸的农业文明、商业文明和诗书文化的建构，对两岸民俗和风物的影响等，都具有极为重要的文化史价值，影响到中华民族的生存与发展。

长江流域地理广阔，沿岸河网纵横，城市密集，随着唐代之后南方的经济崛起及人口的逐渐集中，长江两岸及其流域经济在中国社会发展中起到越来越重要的作用。长江对于贯通上中下游的交流，塑造两岸的城市群、人口分布和中国的产业布局，产生了重要作用。长江既是一条名副其实的黄金水道，也是一条历史底蕴丰富的文化长廊，自古以来两岸文人辈出，古迹处处。可以说，几千年来，中国南方文化的发展往往都有着长江的痕迹，长江也一直是中国历史文化舞台中的主角，并产生了全国性的深远影响。

第三，长江塑造了中华历史和文明的半壁江山。

长江干流全长6300余千米，流经青海、西藏、四川、云南、重庆、湖北、湖南、江西、安徽、江苏、上海11个省（自治区、直辖市）注入东海。支流展延至贵州、甘肃、陕西、河南、浙江、广西、广东、福建8个省市（自治区）。流域面积约180万平方千米，约占我国国土面积的18.8%。[2]因此，仅从长江所哺育的流域人口、所创造的精神文明、所产生的政治和历史影响而言，这是除黄河之外其他大河文明所不能及的。

长江流域拥有世界文化和自然遗产地15处、国家级风景名胜区75处。[3]尤其如青城山、武当山、庐山、九华山等两岸具有悠久深厚文化底蕴的区域，都以物质的形态建构和展示了长江的历史文化意象——如"长江道教""长江佛教""长江艺术"之类。不过，在水利部长江水利委员会的网站上，首页对长江的介绍还主要仅是从其经济、社会和水利的角度进行的，对长江在中国文化史和文明发展中的地位则基本没有涉及。因此，加强长江的文化意象建设，有着积极的意义。

从内容上说，长江的文化意象，并不仅仅局限于长江本身的文化，而是包含了长江流域的一切文化元素。长江的文化意象不是一种单一的文化形态或者仅是一种形而上学的建构，而是由多种文化构成的一种历史文化的综合体。仅从大的类型来说，长江两岸即孕育了巴蜀文化、湖湘文化、荆楚文化、皖南文化、淮扬和吴文化等不同的内容。但在本质上，长江的文化意象又不等于诸如巴蜀文化、湖湘文化、荆楚文化、皖南文化、淮扬和吴文化等地方文化的物理之和或区域相加。

事实上，在长江流域的广大地区，生活着40多个民族，流行着不同的方言，诞生了众多的英雄传奇，留下了丰富的文化遗产。长江的文化意象包含着与长江有关的战争史、农耕史、商业史、工业史、国家统一史和民族交流史等，诠释了中华民族不屈不挠的斗争史和发展史，见证了中华民族的团结、发展和伟大复兴的辉煌历史。这一切都是长江文化意象产生的社会历史基础。

二、长江文化意象的当代内涵

滚滚长江，浩浩汤汤，气象万千。长江既蕴含着深厚的历史积淀，又荷载着丰富的文化遗产。随着时代的发展变化，古老的长江有了新的时代形象，展示了中华民族发展复兴的新面貌，其文化意象也因之有了新的时代内涵。

第一，从远古走向未来，长江文化意象有着丰富的现代属性。

中华文明一直具有突出的创新性品质。习近平总书记曾指出：

中国式现代化是赓续古老文明的现代化，而不是消灭古老文明的现代化；是从中华大地长出来的现代化，不是照搬照抄其他国家的现代化；是文明更新的结果，不是文明断裂的产物。中国式现代化是中华民族的旧邦新命，必将推动中华文明重焕荣光。[4]

今天的长江文化意象塑造，既要基于长江意象的地理特征，在世界大河的历史文化中突出其中的长江文化内涵，又要于其中充实诸如互鉴的、生态的、发展的、和平的等时代内涵。长江是塑造中华传统文明的重要力量，同时，长江在今天的社会发展与历史创造中也有着重要的地位，展示了新的文化内涵。因此，长江属于历史，更属于未来。

第二，从中国走向世界，长江文化意象有着多彩的世界特色。

中华文明具有突出的包容性和积极的开放性。今天的长江文明已经不再仅仅属于"长江"，而是具有了世界的内涵。不论是沿江流域的大量考古发现，还是沿江城市的文化快速发展，都已经产生了广泛的国际化影响。不论是沿江以重庆、武汉、南京为代表的诸多高校研究院所的科研创新，还是流域内大量工厂的经济活动，以及长江两岸城市的社会文化生活，也都具有了全球化的存在形态。长江也成为境外媒体中频繁出现并得到关注的词汇。在此基础上，长江的文化意象已经有了全球化的内涵、形象和认知。

显然，对于长江而言，其文化意象是属于中国的，也是属于世界的。在世界大河文明的范式中突出中华文明的特色，展示中华文明的现代价值与普遍意义，长江文明能够起到一种不可替代的重要作用。

第三，从局部走向整体，长江文化意象有着清晰的学术形象。

历史上，对长江文化意象的认识往往都是片段的、分散的、局部的，因而是不成体系的。今天随着国家对长江经济带发展的推动，以及对传统文化和区域文明保护和挖掘的重视，对长江流域的文化研究也得到了广泛的关注，长江文化研究已经有了从自发到自觉的转变，长江文化带也有着规范的学术研究支撑，以长江文化带作为研究对象的学术主体形象也得以挺立，长江文化意象的整体性品质及其建构也由之得到逐步显现。

经过长期的考古发现和学术研究，长江在中华文明发展中的地位得到了凸显，长江流域的文明史地位得到确证，于是黄河文明不再孤单，中华文化也因之更加多样和灿烂。2023年在郑州举办的"世界大河文明论坛"所讨论的主题"世界大河文明的多样性与交流互鉴""中华文明与黄河文化传承弘扬""华夏文明与世界文明对话""黄河流域生态保护和高质量发展"，[5]对我们今天研究长江的文化意象、揭示长江文明的功能、探索当代长江文化带建设的路径，都有着积极的借鉴意义。

第四，从个体走向普遍，长江文化意象有着示范意义。

世界上的大河很多，不同的河流也有着不同的文明。但是长江文明有着自己的独特魅力。与之相应，世界其他地方的大河文明——如尼罗河、亚马孙河、密西西比河、叶尼塞河、鄂毕河、勒拿河、刚果河、恒河、尼日尔河等河流的文化意义与长江文明的文化意义也就有着根本的不同。

第一，上述其他大河地区，可能有着一定的农业生产方式，但大多没有给当地培育出农业文明，或者虽然有着一定的农业生产，但没有形成持续的、稳定的文化力量，所以其文明往往都会在多种社会历史因素的影响下被断裂或者被改变。第二，上述其他大河地区虽然也培育一定的流域居民和与之相应的生产方式，但这种群体大都是分散居住的，不少地方的语言、文化和宗教也往往都是分隔的、独立的甚至是对立的，因此经常会引起持续的甚至时常会是激烈的冲突，而长江流域所培育的流域居民则是集中的、和平的、共享的、统一的，具有同样的生产和生活方式，上下游文化间的交流也是和平的、包容的、建设性的。从养育和承载的人口而言，长江流域也是最多的，经济也是最为繁荣的，文化也是一脉相承的。第三，从流域的文化遗产而言，长江的文化意象也是最为丰富的。即使仅从战国以后的历史来看，长江流域分布着众多的文明古迹和文化遗产，有着儒释道三教的丰富历史，不同地区也有着各种自然崇拜的民俗痕迹，有着中华各民族团结和谐的文化盛景。第四，从其文化的生命力而言，长江流域的文明是原生的，而又是开放的和不断得到深入交融的，是不断发展而又没有被中断的，其文化基因是一以贯之的，没有被其他外来文化入侵或者排他性改写，所以是最有生命力的。

三、长江文化意象的建设路径

新中国成立以来，党和政府对长江的治理、保护和开发利用工作都极为重视，有关长江治理与开发的组织、机制和理念等也得到不断完善或强化提高，使长江这条中华文明的母亲河焕发了青春。

在新时代中国特色社会主义的建设过程中，长江文化带建设也有了坚实的基础，长江的文化意象也随之有了更为丰富的时代诠释与表达，对其思想内涵的现代建设也进入了新的发展阶段，提升长江文化意象的现代内涵也有了现实的路径，长江文化意象的当代建构及其创新转型也有了新的社会条件和发展空间。

第一，国家关于长江经济带的发展战略规划为长江文化带建设指明了方向。

党的十八大以来，习近平总书记先后多次到长江上游的重庆、中游的武汉和下游的南京、南通等地亲临考察，召开座谈会，对长江当代的保护和开发做出了重要指示，尤其是在长江的保护与开发战略、沿江十一省市的经济发展和长江经济带的建设等方面，都做出了高屋建瓴的指导。

习近平总书记指出：

要更好发挥长江经济带横贯东西、承接南北、通江达海的独特优势，更好联通国内国际两个市场、用好两种资源，提升国内大循环内生动力和可靠性，增强对国际循环的吸引力、推动力，为构建新发展格局提供战略支撑。[6]

习近平总书记关于长江的保护与开发，是在中国特色社会主义进入新时代所作出的战略部署，既有宏观的指导，又有具体的方针。在战略层面为长江、黄河、大运河等中华传统文明地标赋予了创新的时代内涵，在加强生态保护、进一步开发利用方面形成了完整、统一、科学、前瞻的战略布局。这并与世界范围的"一带一路"建设形成了内外联动、遥相呼应、协调共进的发展态势。

推动长江流域的社会经济发展已经上升到国家发展的战略层面，这为当代长江文化带建设提供了坚实的思想保证，长江文化意象的当代建构也有了新的历史机遇。

第二，国家相关部门的工作规划为长江文化带建设提供了科学的政策支持和机制保证。

为贯彻落实习近平总书记关于保护、传承和弘扬长江文化的讲话精神，国家文化和旅游部、国家文物局、国家发展改革委三部门也出台了《长江文化保护传承弘扬规划》，共提出7个方面的主要任务，其中的内容都直接或主要与长江文化建设相关。

显然，《长江文化保护传承弘扬规划》对加强当代长江文化带建设、对提升长江文化意象的时代内涵，都具有重要的现实意义。

第三，长江流域的社会经济发展，为长江文化意象的现代建设提供了坚实的物质基础保证。

经过新中国70多年的建设，长江流域的经济和社会发展取得了天翻地覆的变化，在长江流域形成了长江三角洲城市群、长江中游城市群、成渝城市群、江淮城市群、滇中城市群和黔中城市群，聚集地级以上城市50多个。2017年长江流域地区生产总值29.3万亿元，占全国的35.4%，是我国经济重心所在、活力所在。长江三角洲地区更是我国经济最发达的区域之一。[7]这一切都为当代的长江文化意象建设提供了更为坚实的社会经济基础。

今天，在"一带一路"的建设和发展中，长江经济带的作用更为突出和重要。因此以长江经济带建设为基础而加强长江文化带的建设，正当其时。一方面，任何文化建设都是社会发展和经济建设的反映，长江的文化意象建设也必须深深地扎根于长江流域乃至整个国家的社会发展的基础之中；另一方面，长江文化意象的时代化建设并不是一个形而上学的智力游戏，研究长江的文化塑造功能及其流域的文化特色，是重在通过对其文化意象的时代化创新，以服务于国家和长江流域的社会发展，服务于新时代中国特色社会主义先进文化的建设目标。

第四，其他的区域文明或大河文明建设为长江文化带建设、当代长江文化长廊打造、长江文化意象凝练等，都提供了有益的借鉴。

长江文化建设是一项持久的系统工程，既要重视推进诸如巴蜀文化、湖湘文化、荆楚文化、皖南文化、淮扬和吴文化的时代建构，又要在此过程重视建构长江文化的整体形象，凝练长江文化意象的时代特色。

长江文化带建设是一项开放的文化建设工程，并不仅仅属于长江本身。要重视加强与"一带一路"、黄河及大运河保护与开发的内外联动，加强以长江为中心的国内外河流经济与文化发展的比较研究，着力寻找大河文化意象建设中的规律性、根本性和前瞻性的问题，以服务长江流域和中国社会文化发展目标。要重视以长江文化带建设和创新为纽带，铸牢中华民族共同体意识，实现长江文化意象建设不可替代的社会经济和文化功能。

四、突出不同地区的历史文化和区位优势，快速推进当代长江文化带建设

加强长江文化带建设，是整个长江流域内的共同责任。

长江沿岸有着重庆、武汉、南京等几座超大型城市，有着诸如襄阳、九江、安庆、芜湖、镇江等内涵厚重的历史文化名城，这些城市在当代长江文化意象建设中都有着十分重要的作用。

因此，突出不同地区的历史文化和区位优势，快速推进当代长江文化带建设有重要的路

径意义。在当代的长江文化建设中，长江沿岸的几座超大型城市有着自己的重要地位和作用，既是不可或缺的，也是不可替代的。

第一，重庆、武汉、南京等城市要勇于成为当代长江文化带建设的排头兵。

作为长江沿岸重要的城市，重庆、武汉、南京等在推动长江文化交流发展、开发和利用中，应该起到带头作用。不论是从历史传承、文化资源、城市人口、经济规模、区位优势、国际化程度等方面而言，它们都是推动当代长江文化建设的重要城市。因此，在长江经济带开发过程中，要积极加强对长江文化带的资源保护、开发与利用的研究与实践，要勇于成为长江文化带建设的排头兵和主力军。

第二，牵头建立长江文化带建设和研究的平台及其协调机制。

长江两岸自古经济发达，文化繁荣，儒释道三教、科技和人文遗产等都极为丰富，如果加上其主要的支流流域，长江流域即是一座浩瀚的文化宝库。如果没有统一的建设和研究平台，则或不能有效地推进当代长江文化的建设。因此，推进当代长江文化带建设，必须要加强其组织、机制和平台等方面的建设，以丰富和重塑长江文化的当代意象。如组建长江文化建设联盟之类的协调组织——等条件成熟时再组建细分领域的协调组织。

第三，组织推动长江流域联合编纂并定期发布《长江文化意象建设发展报告》，以不断总结、规划和推进当代长江文化带建设，打造当代的长江文化长廊和文化意象。利用《长江文化意象建设发展报告》为基础和工作平台，组织编纂诸如长江文化史、长江科技史、长江佛教史、长江艺术史、长江人物志、长江沿岸民俗风物志等丛书，以建构、突出并丰富长江文化的主体形象。

第四，在合适的地方建立长江文化博物馆。汇集各地长江文化为中心的文物、遗产及其研究成果，并使之成为长江文化研究者的重要学术活动基地和成果展示窗口。

第五，组织创作与长江文化发展及其转型创新有关的文学及影视作品或专题片。上一个《话说长江》已经30多年前的作品，现在可以着手拍摄数量更多、题材更为丰富、内容更为集中的专业纪录片，以反映当代长江流域的社会和文化发展成果。

第六，定期举办长江文化带建设国际论坛，扎实建构和丰富当代长江文化的时代意象及其世界特色。

长江从历史的深处走来，穿过了5000多年华夏文明史，越过悠久繁荣的农业文明阶段，走进了中国式现代化的伟大时代。长江既是当代中国的经济大动脉，也是文化大动脉。长江的涛声，谱写着中华民族的历史辉煌；长江的浪花，展示出中华文明的时代光彩；长江的豪迈，展示出时代的脚步，象征着中国的美好未来。因此当代加强长江流域的文化建设，提炼长江文化的丰富意象，创新长江文化带的时代内涵，具有重要的时代价值和深远的历史意义。

参考文献

[1]习近平.在文化传承发展座谈会上的讲话[J].求知，2023（09）：4-7.

[2]长江委宣传出版中心.长江流域[EB/OL].[2024-02-10].http://www.cjw.gov.cn/zjzx/lypgk/zjly/.

[3]长江委宣传出版中心.长江流域[EB/OL].[2024-02-10].http://www.cjw.gov.cn/zjzx/lypgk/zjly/.

[4]习近平.在文化传承发展座谈会上的讲话[J].求知，2023（09）：4-7.

[5]任胜利.2023世界大河文明论坛在郑州举办[N].人民日报，2023-09-19（004）.

[6]新华网.习近平主持召开进一步推动长江经济带高质量发展座谈会强调：进一步推动长江经济带高质量发展 更好支撑和服务中国式现代化[EB/OL].（2023-10-12）[2024-02-10].https://www.gov.cn/yaowen/liebiao/202310/content_6908721.htm.

[7]长江委宣传出版中心.长江流域[EB/OL].[2024-02-10].http://www.cjw.gov.cn/zjzx/lypgk/zjly/.

以雅为本，以余为美
——审美感通学视域下的《大雅堂乐府》

吴 赛

内容提要： 本文采用审美感通学的视角与方法来分析汪道昆的《大雅堂乐府》，以感通之基着眼于剧作之情境，再进入剧中人物形象企图揭示作品隐含的创作机制与思想意蕴。在此基础上，试图剖析作者创作思维，感通作者之心，以采撷剧作隐含的诗性智慧。最终，落脚到剧作的感通之境与感通之旨，勾连剧作中跳动喷涌的戏剧诗化审美与文人精神、文人意蕴。以"艺术思维"与"诗性视野"更多地进入到作品的意境世界与作者的艺术生命之中，以求能够尽可能准确地揭示作品的精神，感悟作品的灵魂与内核。

关键词：《大雅堂乐府》；汪道昆；审美感通学；剧诗

作者简介： 吴赛，武汉大学硕士研究生在读。

Title: Elegance is the Foundation, and the Rest is Beautiful — *Dayatang Yuefu* from the Perspective of Aesthetic Sensibility

Abstract: This article adopts the perspective and method of aesthetic sensibility to analyze Wang Daokun's *Dayatang Yuefu*, focuses on the situation of the play on the basis of sensing, and then enters the character image in the play in an attempt to reveal the implicit creative mechanism and ideological connotation of the work. On this basis, the article tries to analyze the author's creative thinking, sense the author's heart, and collect the implicit poetic wisdom of the play. In the end, we land on the state of communication and the purpose of communication of the play, and connect the dramatic poetic aesthetics, the spirit of literati and the artistic conception of literati. This article goes more into the artistic world of the work and the artistic life of the author with "artistic thinking" and "poetic vision", in order to reveal the spirit of the work as accurately as possible and understand the soul and core of the work.

Key Words: *Dayatang Yuefu*; Wang Daokun; Aesthetic Sensibility; Drama Poetry

About Author: Wu Sai, postgraduate of Wuhan University.

作为与李攀龙、王世贞齐名的"后五子"之一的汪道昆的戏曲代表作《大雅堂乐府》（又称《大雅堂杂剧》），缔造了嘉靖时期戏曲艺术的新体制。剧作共四折，一折叙一事，各剧目独立，与徐渭《四声猿》、许潮《太和记》体制相近，但风格、规格截然不同。《大雅堂乐府》除《五湖游》采用南北合套体外，皆纳南曲，副末开场，多脚演唱，呈现出南剧化的特征。在曲辞上，剧作委婉朦胧，含蓄缠绵。在当时引领南杂剧之新风，影响颇具，也使汪道昆得到"与于鳞、元美鼎足而三"[1]的美誉。

关于《大雅堂乐府》的思想内容和艺术旨趣，历来学者文人看法不甚一致。第一类肯定汪剧的艺术成就，如吕天成将汪、徐剧并为南杂剧上品，称《大雅乐府》乃是"清新俊逸之音，调笑诙谐之致"[2]，而汪道昆更是"一代钜工，千秋文伯"[3]，虽非专攻南戏之道，却凭一脔而知一镬之味，一鼎之调。祁彪佳则评其四剧"庄雅不群""俗肠针砭""乐而不淫""巧于传情"[4]，仅寥寥数语，便消弭去不知多少浓盐赤酱之弊病。第二类则轻视其剧作，如沈德符点指其诗文浪得虚名，四作"都非当行"[5]，钱谦益笑其"于诗本无所解，沿袭七子末流，妄为大言欺世"[6]。而到了近代，青木正儿称汪剧"都甚典雅，惟以古典派的眼光观之"[7]，郑振铎则称汪道昆的杂剧情节并非生动，但具有很浓的抒情色彩，"实际上是这个时代中第一个着意于写作杂剧的人"[8]。也正是由于青木、郑二君之首倡，《大雅堂乐府》方才重新进入学者文人的视野。

本文认为，前人对于汪剧的评点并不无道理，只是所采取的视角不同，有的关乎剧作的文思旨趣，有的关乎剧作的行当体制。如果突破以往的批评思维与方法，采用审美感通学批评的视野来重新审视《大雅堂乐府》，会发现该组剧不仅确乎能够"一斑文见"[9]，流溢出淡雅蕴藉之味。倘若是着眼于剧作深层的隐性智慧与汪本人的生活背景，进而对其诗学思想和艺术灵魂进行感通，便会发现这组剧并非只是表达某种文人的雅趣与感慨，也非简单地寄予湘累、郢客之遗愤与忧惑，而是在一种淡乎其无味之境中探寻以雅为本、以余为美的诗性美学。

一、欣雅蕴藉的意境与人物形象

《大雅堂乐府》由《高唐梦》《五湖游》《远山戏》《洛水悲》组成。四个独立的故事均取材于历史文人韵事或神话传说。或飞观岩峣，流云缥缈，梦呓几句洛水幽幽明灭；或绛帐藏春，归院落花，蹒跚几层庙堂沉浮。谈言微中，流溢出淡淡的愁绪，却也洒缀着点点诙谐与欣雅。

剧作完成于嘉靖三十九年（1560年）前后汪道昆任襄阳知府时。"大雅堂"即汪伯玉在襄阳府邸的书斋名。此时，汪正值仕途生涯的前期，首考即中，自义务令步步至此，似乎并没有经历什么蹉跎，而出身富贾之家也必然未曾遇到缊袍敝衣，冻馁之患，又长期受到士人文化的熏陶，其剧作也因此流露出传统文人的恬淡闲情，以及似乎是为赋新词的哀愁。

（一）感通之基：朦胧逸致之境

首先，从审美感通学的"感通之基"即作品的情境着手分析。倘若我们想要进入作品建构的世界，便不得不首先进入作品的情境。唯此，方能理解作品，感通作品的艺术之心。诚如汤显祖所言："缘境起情，因情作境。"[10]

《高唐梦》取自宋玉《高唐赋》《神女赋》，写楚襄王游云梦泽，入梦邂逅巫山神女，秉烛夜谈，然神人殊路，遂而飘去，徒留襄王情思缱绻，咀伤嚼悲。全剧由副末开场，唱词"岁事悠悠转毂，世路纷纷覆鹿""梦断巫山六六""梦里寻真非是幻"[11]，一开始便营造了一种岁月苍苍、梦碎恍惚的朦胧之境。之后，宋玉大夫登场，其唱词"累臣何处悲咽""断肠处、洞庭飞叶"[12]等，更是补充了一层悲凉、哀伤，至此，本剧的意境便基本成形。

《五湖游》取自范蠡西施之典故，讲勾践大败夫差后，范蠡深知狡兔逢死、走狗遇烹，于是急流勇退，携西施归隐，五湖泛舟。遇一渔家夫妇，便以玉酿邀其作歌。待其细思其中味，便彻底埋名隐姓，不知其踪。全剧以"落落淮阴百战功，萧萧云梦起悲风"[13]开篇，赫赫齐王，却最终落得一个三族尽诛，历史荒唐、人生凄凉之意初显。接着，剧目转入对范蠡的描写，"永谢浮华，将从汗漫""扁舟空老去，无补圣明朝"[14]，述其抛千乘之业而托娥眉之游，仿佛在无尽的黄沙漠地吹拂过一阵晚春暖雨，增了一介千帆踏遍后的超然自悠。

《远山戏》又作《京兆记》，取自《汉书·张敞传》，在四个故事中，似乎最为轻松愉悦。记汉宣帝时京兆尹张敞与妻子恩爱有加，下朝后杜门谢客，待内子膏沐妆成，亲自为妻子描画远山眉，二人在后阁楼台赌书泼酿，谈笑风生之事。剧作伊始，"鸣珂春色里，紫宸犹带朝晖"[15]，映入眼帘的便是一抹明媚的亮色。小娘子"含颦独坐无情思，等待郎描初月眉"[16]；郎君更是"可怜颦处似西施"[17]，好一幅双宿双飞，情暖如春。剧作似乎没有点染士子的壮志或失意，而是落脚在夫妻生活的闲情雅致，举案齐眉，斗草为趣，乐而不淫，温情盛盛。

《洛水悲》由曹植《洛神赋》而化之，一个"悲"字便道出了本剧的基调。三国时，甄后本中意曹植，奈何人若草芥，命不由己，嫁与曹丕，死后魂灵缠营洛水，化为洛神。一日思王东归，见洛洲之上姝人翩翩，与甄后面容无异，悲从中来，投之以玉佩，报之以明珠，互道心肠。然人神殊途，洛神亦去，徒留曹植凤思夜念，辗转难寐。剧作之初，"汉水悠悠东到海，繁华总是浮沤"[18]，先是道出人生无常，世事莫测，似乎一切美好都如风中丝，水中线。而后"意未申，神先怆，东流逝水长""丹凤栖，乌鹊桥，应无望，梦魂不断，不断春闺想"[19]，更是倾诉那即便如风丝雨线般触不可及的美好，也竟在世事之火燎中被摧毁、被泯灭，诚如王世懋语："出调凄以清，写景婉而切，读未终而感伤，情思已在咽喉间矣。"[20]

综上，《高唐梦》《洛水悲》借浪漫神人之事，泄命态难握、人世悲凉，朦胧戚戚，若即若离，执着于美好而不得的感伤；《五湖游》在历经世事冷暖后，终得顿化，寻得旷达，似乎是在脱卸了不可得的困惑后，重新寻得了对美好与理想的真谛，如花初绽，心灵愉悦；《远山戏》则似乎与前三者相异，并没有流露出淡淡哀愁，而是避开无可奈何与功名沉浮，通过闲情逸致的温情，表达了对人生美好的礼赞与向往。

（二）感通之路向：似梦似幻之形象

其次，再着眼于感通人心的基本路向，来分析作品中的人物形象。即通过正向、反向与复合等审美感通的路向，把握作品中人应有或本有的形象，以此为钥，来揭开作品情思与主旨的面纱。

《高唐梦》中，楚襄王无疑是主要角色。章华大夫"莫教他留连光景，寒生离玦"[21]，劝君心系霄宸，是"理"的化身；而宋玉"便教他毛嫱西子，总非同列"[22]，则念人之常情，是"情"的代名。而襄王星伴入梦，显然是选择了"情"之一侧，体现了他"占了情场"的普通人的情感愿望。当他凌波飞涉，方见瑶姬，"愿得常巧笑，携手同车归"[23]，倾诉爱慕之情，既问高唐风，又询先王事，情思汹涌，然而"曲终人不见，江上数峰青"[24]，终究天已吐晓，大梦恍惚，徒留襄王一人，落尽感伤与追忆。而巫山神女虽是梦中仙，意中神，但同样鲜活而生动。先是未见其人，但有宋玉所绘，"巧笑工颦，玉质天然奇绝"[25]，已经给人以嫣然倾国之印象。而她的出现，更是"乘风轻捷""霓旌千骑拥龙蛇"[26]，足见仙气飘飘，超凡脱尘。此后，回忆侍先王事，泪语凝噎，"泪滴湘江水几时彻？""望帝春心啼未歇"[27]，倾诉感伤离别。而她最终一边说着愿与襄王永结燕好，一边又感慨神人异途，乘风而去。可见她既有神的一面，也有人的持重、倾慕、犹豫等情感，或许可以说是理想之人的象征。

《五湖游》的主人公理应是范蠡与西施。范蠡辅佐越王灭吴，但知勾践难与虑危，于是放弃功名利禄，携西子隐迹五湖，荡漾水盈盈，品纯鲈正美，可见其不贪千乘之业，深知鸟尽良弓藏之晓理。而在听完渔家夫妻的唱词，感慨人情翻覆，自由无处可得，于是"欲为汗漫之游，使世人莫知踪迹"[28]，表达了一种超脱士人儒风之外的旷达，以无欲，观其眇。值得一提的是，西施曾"侍吴宫"，而他依旧欣喜，"真个强如粉黛三千，何用金钗十二"[29]，仅在时代背景来看，鸱夷子也可称得上胸襟浩瀚。而西施同样也被当作理想女性来塑造，她为了家国，甘愿成为牺牲品，事后也急流勇退，"年华凭落木，生事任孤舟"[30]，将曾经的黼衣黻裳弃置身后。而在湖中泛舟之时，见鸳缠鸯绕，字里行间流露对美好爱情的向往。而最后，她也与陶朱公一起，彻底放下世俗，忘名随心。此外，《五湖游》中绕不过的即渔家夫妇，此可谓本剧的"隐性艺术家"形象。"隐性艺术家"是作者派入作品人物世界的"隐秘使者"，他们相比于其他角色，更具有能动性和创造性，且或显或隐地按艺术思维行事，暗暗引导着作品实现艺术的本质或作家的创作意图。[31]渔翁妇摇船登场，范蠡以美酒易渔歌，渔翁开唱便借宋元公神鬼之典，"禁中曾入君王梦，江上难逃网罟灾"[32]，道出世事如梦，才华反是祸胎之理。尔后，其妇又以诙谐俚句，讲明漏尽钟鸣，行将就木却依旧不知满足，只能陷入苦恼，自取其祸。可以说，正是渔翁妇大盈若冲之白，使范公西子醍醐灌顶，坚定了彻底避世隐居的决心。可谓草色人心相与闲，是非名利有无间。

《远山戏》中最核心的人物无疑是张敞，他置笏板，卸朝装，随即"策马还家""与内子游赏"[33]。妻子在家也是膏沐妆成，懒画蛾眉，"留此以待君耳"[34]，可见这已经成为他们生活的日常。张敞为妻子画眉，一边勾画，一边称赞妻子"试看两山排闼青于洗，争似卿卿翠羽眉"[35]，不仅可见二人感情之笃，情谊之坚，亦可看到张敞对平章风月、弹压江山的生活方式的推崇。画完，妻子也不必道谢，便携随从、女乐一起玩春斗草，其乐融融，也从中可以看出张京兆平易近人，待人亲和。张妻则与张敞性情相通，待"绮疏人睡起"[36]，便也无关慵妆，倚阑而望，沉醉在自然的美感之中，心情舒畅。待画眉之后，则看黄莺并翼，紫燕双栖，好似"景物依稀解人意"[37]，万事万物也都具有了人的心思，足见夫妻关系和闲适生活已将其包裹在幸福和暖意之中。可以说，剧作似乎更多是落脚在了夫妻生活的闲情逸致，表达出对某种自然人性的张扬，也为夫妻恩爱的爱情关系做了辩护。

《洛水悲》的风格与《高唐梦》乍看多少有些相似，而曹植与楚襄王、洛神与巫山女神，既有相似之处，也有各自不同的感伤与哀思。起初洛神上，借其口交代曹植形象，"他是皇家麒麟凤凰""建安辞赋，伊人独擅场"[38]，不仅表明曹植身世，也交代了他才华出众。接着，曹植登场，哀叹"天孙离居自伤，弄机杼含颦凄怆"[39]，自己壮志雄心，想要实现一番宏图，却遭兄长排挤，本想与甄宓长相厮守，怎奈伊人成了兄嫂，世事难料。自己妄攀半路，百事无成，竟不如那沙头闲鸥更有价值。当他遇到曾经心上人投魂的洛神，内心千万思绪顿刹决堤，悲伤成河。两人互诉衷肠，互赠信物，也能从侧面看出曹植的深情。却又奈何大梦一场，日云已暮，洛神还宫。曹植不舍，"才得相逢，安忍遽别"[40]，他终于在洛神这里得到了赏识与肯定，怎奈何只是短暂而见，即将诀别，不禁悲不自胜。一方面，是他对洛神，抑或说曾经的意中人的无限思绪，无限追忆；另一方面，更是他人生失意、空有壮志而无处施展的落寞与悲愤。而甄宓，生前委心于陈思王，自己不幸被害也不忘曹七步，因而步屧渡河，只为再见曹植一面，哪怕没有结果。这也无不体现洛神对于情的推崇，对爱的难以割舍。接着，同样也是借他人（曹植）之口，侧面塑造了她的惊鸿游龙之姿，而这美艳之中，也流露出一种似幻似真、若隐若现的空灵天气，虽则国色天香，但也似水中月，镜中花。待两人相遇，洛神不禁自嗟，哀叹"悲凉人世苦参商"[41]，不仅是因为与仰慕之人天地两隔，更是因为自己倾慕的横溢之才与不凡之仪竟遭为权排挤，也由此可见其惜才以及对命运不公的愤慨。最后，两人不得不离别，她虽贵为神，却依旧依依不舍，道"幸王自爱，永矢不忘"[42]，足可见宓妃的一往情深，矢志不渝，不仅美丽、善良，而且重情、惜才。

楚襄王与曹植皆为皇室，均重情意，大梦后也一同落尽感伤。但襄王梦醒后得"当赠千金"[43]，与他人说，指点山河；而陈思王梦里梦外都落叶萧萧，甚至梦里都比梦外更有暖意。巫女与洛神也都是情字当头，荣曜华茂，虽贵为神，与都有人性的一面，可以说是理想女性的化身。而范蠡西施，则忘掉波澜似的人情翻覆，藏匿功名尘土，将苦闷酿成浆，追寻一种个人生活与心灵的闲适与自由。到了张敞夫妇，则完全不见忧思哀叹，与自然相融，随心而安，进入一种天地有情、人性怡然的大和谐之中。

二、天地眺望的作者之心与现实之思

审美感通学批评强调感通作者之心，结合作者的经历，去剖析其创造思维，采撷其隐含的诗性智慧，赋予作品以新的生命，并在此过程中，"接通历史文化命脉，再植灵根重续慧命"。[44]

（一）感通之心：立道立心之汪道昆

前文写到，汪道昆出生于盐商世家。祖父以贾代耕，善于谋划，成一方富贾，被称"盐业祭酒"[45]。其父崇尚神仙之道，虽不上心于经营，但也没有荒废家业。这无疑会对汪道昆产生潜移默化的影响，如其散文中多为商人立言、正名，或是其文学作品中流露出的那种多多少少的道家思想。

汪家也从道昆开始尝试儒道。他嘉靖二十六年首考即中礼科进士，同榜的还有张居正、王世贞、李春芳等人。相对于这些功绩赫赫的名臣雅士，汪道昆却只是得到了一个义务令。究其原因，原是当时首辅夏文愍知其才，欲招其至门下，而汪道昆不肯巴结权贵，始进不正，遂被外放。可这样，他还是政绩显然，调任京师，但由于受到前兵部尚书许纶的牵连，以擢升之名再次被外放，任襄阳知府。《大雅堂乐府》便是在此时所创作而成。届时，严嵩弄权，朝纲败坏，忠臣名士杨继盛、沈炼相继被迫害致死，惨案震惊朝野。待隆庆三年，杨继盛案得以昭雪，次年汪道昆便创作悼文《杨忠愍公集序》以慰其灵。因而，我们可以合理推测，他始终心系朝政，也非常有可能会将这种悲愤、忧虑、失望之情，以及对仕途官场的体察内化为一种力量，挥洒在创作之中。

晚年，汪道昆由于与张居正政见不合，罢官回家，以心役文，在《太函副墨》《太函集》中写了许多摅愤言志之作。如《孤愤诗》借哀悼冤死的忠臣胡宗宪，揭露朝廷趋炎附势，哀叹"荣华一朝歇，掉臂无相亲。昔为平生欢，今为行路人"。[46]鹤归华表，秋草人情。《善仕论》则以辛辣讽刺之笔，挖苦当朝善于做官之人的丑恶嘴脸，"所憎则尧可非也，所喜则跖可誉也"[47]，无非青红，直管青云步步。《骤进论》则批判"窃钩者诛，窃国者侯"[48]，为痛骂奸贼当道。此外，其《水浒传·序》怒斥蔡京、高俅等"窃国之大盗"[49]，哀叹徽宗北辙之耻，而大为歌颂梁山好汉的侠客之风，文章洋洋洒洒，气度不凡。

而汪道昆的门生，明代著名戏曲评论家潘之恒在《曲余》中有言："《画眉》《泛湖》以自寿，《高唐》《洛浦》以寿襄王，而自寓于宋玉、陈思之列。"[50]而襄王孙朱厚柯也在《大雅堂乐府》的序文中曰："然或谭言微中，其滑稽之流与乃若江汉之间，湘累、郢客之遗，犹有存者。"[51]或许，我们不能简单将大雅堂四剧归为文人之趣，或是祝寿自娱之作，其中必然赋予了作者对历史与现实的关注与思考，对人生与命运的探寻与追索，借彼异迹，郁郁长叹，以发我之忧愤。

（二）隐性诗学：内心与现实之意蕴

结合作者的创作思维和作品的隐性诗学，再回头品位《大雅堂乐府》，便会发现更为丰富的意蕴。《高唐梦》伊始【如梦令】，先以转毂覆鹿之吟，渲染感伤，之后便泽畔哀痛，断肠招魂，"先师屈原，以忠愤死"[52]，宋玉为恩师的悲惨境遇扼腕痛惜，之后联系自己的经历，感叹自己也愿长醉不醒，"且随他下里巴人，品题风月"[53]。我们将汪道昆代入其中，诚如潘之恒所言，"（汪司马）自寓于宋玉、陈思之列"[54]，宋玉即襄阳人，此时汪道昆也正任襄阳知府。或许，作者有意在宋玉身上寄托了自己的情思。待黄歇架空考烈王，宋玉放黜，萧瑟兮草木摇落而变衰，怆恍懭恨，"猛犬狺狺而迎吠兮，关梁闭而不通"[55]，遂作九辩愤贫士之志不平。结合汪道昆的经历，或许无不相似之处，同样是皇天淫溢，朝政不泽，奸权当道，忠义之士相继被害，自己也被排挤外放，原本有宏图之志，也愿长风破浪，扶摇九万，奈何现实纷乱无序，金官玉马，理想也只如不堪一击的泡沫。汪道昆便将这样一种无奈与感伤、不解与怅惘寄托于高唐旧梦，与那子渊瑶姬共品风月，无管什么今夕何夕，似梦非梦，只是忘掉这是非颠倒的世界，临风自嗟。

前文分析可知，《五湖游》看到了"人情翻覆似波澜"，曾经为主公赴汤蹈火，折冲左右，奈何鸟尽弓藏，兔死狗烹，才是祸胎，激流当勇退，明哲保身，可谓"以冷眼写出热心，自是俗肠针砭"[56]。结合当时的时代背景，明代统治者同样也是对有功之臣实行寡恩，蓝玉、胡惟庸之下命若蝼蚁；宠信奸佞者，海瑞、杨继盛等忠臣义士屡遭迫害。如此之下，剧作的现实主义寓意便不言而喻。联系汪道昆，其文章中也多以范蠡自比，如《游城阳山记》中"生平慕鸱夷子"[57]，《冬日山村十首》中"只今飞鸟尽，好为韝良弓""吏迹留三楚，生涯落五湖"[58]，《席上观〈吴越春秋〉有作凡四首》中"翩翩士女侠，匕首双蛾眉"[59]等等，或赞扬西施的才思与胆识，或借陶朱公宣泄不平气，道人情翻覆，叹英雄无奈。从另一个角度引申，创作四剧之值，汪道昆初入仕途，对于官场明灭更多是感受自他者。他自己出身富贾道学之家，成长环境的优越或许会使其未经太多世事艰辛，且具有更为完整独立的精神人格。正如之后与汪道昆一同指挥抗倭的戚继光在《赠御史大夫汪长公序》中指出，"公怡然归田里""言老母病，某便欲弃官归，即以此得罪，无恨"[60]，足以看出汪道昆同范蠡一样，对待功名也是超然得失，洒脱不羁。或许我们可以合理推测，当汪道昆在跋涉途中遇到淤积心中的苦闷或不在己为的挫折的时候，也会选择采菊南山下，垂钓五湖中？事实上，汪道昆晚年也的确是选择陈情养归，文人相酬，文墨自娱。《五湖游》可以说是他的生活理想与情感寄托之作。

至于《远山戏》，看似避开了功名得失、朝政沉浮，以"自寿"为期，以闺中事表达闲情逸致、夫妻偕老的渴盼与寄托。汪道昆于《室中海·兰作花赠内子》中言："同心梁与孟，不问郁金堂。"[61]可见其对妻子情之坚，爱之浓。至于张敞，朝政每每商议大事，其应奏得体，多为宣帝采纳。而其为妻画眉之时，却成为遭人非之的把柄，他也以此不得大位。而汪道昆为政，"警敏过人""征赋立办，辨枉破猾""事无巨细，克期决之"[62]，可以看出其文韬才干，无可指摘，而当时对其非议则也是落脚在"惧内"上。谢肇淛《五杂俎》中写道："（汪道昆）令不行于阃内，胆常落于女戎，甘心以百炼之刚化作绕指也，亦可怪矣。"[63]可见，两者似乎有共通之处。如果我们以此为突破口，或许也能够看到《远山戏》中的用心良苦。汪司马以张敞自比，借其典故，理直气壮地为自己难入时流的个性和夫妻恩爱的生活方式进行辩护，"莫笑闺中儿女慈"[64]，不卑不亢，更是以洒脱不羁的态度流露出个人意识的觉醒和自然人性的复归。此外，在《五湖游》的伴君如伴虎之后，汪道昆一抖笔锋，转入《远山戏》的平章秋月，或许我们也能去说，这亦是作者在看破阑干后的一次心理回归，一次由外而内的过渡与参悟。

《洛水悲》堪似《高唐梦》的一段复音，抑或可以看作是整部组剧的一段始于哀怨终于哀怨的尾声，余音袅袅，愀肠寸断，不绝如缕。剧作表达了陈思王壮志难酬，遭到兄长嫉妒与排挤，郁郁不得志。以汪道昆为代表的当时许多文人忠臣面对严嵩父子拨弄的朝政纷乱，也是有心无力，只得叹惋个人价值的失落与虚妄。"无奈中郎将弄其权柄"[65]，也直言对以权者的激愤与痛恨，现实意义明显。此外，汪道昆与吴氏订下婚契，然吴氏家贫，且恶病缠身，汪道昆毅然决然选择如期婚娶，并为照顾病重的妻子放弃了科考。虽妻子仍不久去世，却也可见其对妻子情深义重。剧中陈思王对甄后的情深深几许，或许也隐约中寄托了汪司马对亡妻的思念。去此之外，这种佳偶不偕，更是对于美好理想事物的追求遭到幻灭，落花流水春去也，往事已成空，还如一梦中，不觉悲从中来，涕泗不休。

纵观四剧，或许可以说，汪道昆通过已古之人之事，来抒发今朝今人之思，或是感叹人生价值的失落，美好理想的破灭，或是揭露朝廷的腐朽，宣泄下层从政者的悲愤与不平，宛如一首首将现实之思与浪漫之情结合的歌，饱含对时下与历史的共情与思索，对生命与世事的体悟与觉察。诚如汪道昆《闵世》中言："嗟乎！生人受命于天，世亡论己。司理起楚，请言其方。汨罗之后，厥有长沙。其一倍世，其一逢世，卒之异世而同放，世无预焉。莫非命也，则亦莫非天也。"[66]

三、以雅为本、以余为美的文人剧诗

最后，我们落脚到《大雅堂乐府》的"感通之境"与"感通之旨"。前者是指作品在审美感通人心的过程中去引导读者逐渐进入到作品的审美境，后者则是于生命境界中去探求作品的艺术灵魂，挖掘作品的内在智慧。[67]

（一）感通之境：情志、炼语、精当之剧诗

鲁迅在《摩罗诗力说》中言："至其杰作，尤在剧诗。"[68]亚里士多德率先将戏剧吸纳进

诗的范畴，在《诗学》中，提出了悲剧的"卡塔西斯"作用以及戏剧创作的必然律与整一化原则。此后，无论是荷拉斯《诗艺》中重申戏剧的内部一致性，还是布瓦洛《诗的艺术》中强调的古典主义三一律、狄德罗《论戏剧诗》中着眼于戏剧情境，都延承着亚氏关于戏剧即诗的文体观念。而至黑格尔，又建立了自《诗学》后的又一戏剧理论高峰，其《美学》以"美是理性的感性显现"[69]而把戏剧诗提升至一般艺术的最高层，主张客观与主体性原则的统一。而后，别林斯基也承袭黑格尔，将叙事与抒情结合而引发的"第三者"（即戏剧诗歌）称为"艺术的皇冠"。[70]

中国古典戏曲中，也往往将戏曲与诗结合，或是以诗歌的评价标准来评论诗歌。如明代沈宠绥《雨村曲话》中言："诗变而为词，词变而为曲。"[71]而王国维《宋元戏曲史》则提出戏曲之妙，"一言以蔽之，曰：有意境而已矣。"[72]可以说，"戏曲意境"说便是直接肇始于诗论。

张庚在西方戏剧诗的传统观点与中国古典戏曲中将戏曲视为诗之衍生的理论传统结合的基础上，提出了"剧诗"的观点。他将"剧"与"诗"由从属关系转换为一种并列关系，不仅戏剧是诗，而且更要用诗性的美学态度来创作戏剧，最终追求一种崭新的诗化的戏剧理论与美学思想。[73]《大雅堂乐府》在某种程度上，可以说是一组具有诗化审美的戏剧，或是具有戏剧章法的案头诗。

张庚提出了"剧诗"的三点理想。首先是剧诗须言"情志"，这也深及古代诗学中"诗言志""诗缘情"的两组最古老的命题。"情志"便是指作者对于其写作题材的价值态度与情感的寄托取向两方面。至于书情志的方式，张庚援引了古典美学中"物感"的理论，主张以物而感，情感于内，即不要空洞地进行情感抒发，而是借助对事物的描写或人物"有物"的对话来萦绕出内在的情感。《高唐梦》中，襄王对神女的爱慕之情，并无直抒，而是通过具体物从侧面引出，如遇到神女，襄王希望"命庖人治具""歌人升歌"[74]而与神女同坐，共此灯烛。待神女离去，则是传旨宋玉，取佳酿，赠千金，"以纪奇遇"[75]。《五湖游》中渔家夫妇的微言大义也是借左右而言之，渔翁将那宋元公神龟之事，内含"以才见杀"的警世；渔妇则以一夜之间夫妻关系的变化，点透那"漏尽钟鸣"的道理。结合当时的时代危机，明代文人群体多有愤懑与感伤。诚如李贽《杂说》所言："且夫世之真能文者……其胸中有如许无状可怪之事，其喉间有如许欲吐而不敢吐之物，其口头又时时有许多欲语而莫可所以告语之处，蓄极积久，势不能遏。"[76]因而，或许汪道昆便以时之流行的剧来寓意抒怀，使其成为宣泄主观情绪的载体。而重抒情、重言志即诗歌的重要特点，于是戏曲成诗的诗剧形式便得以被突出强调，这也符合以汪道昆为代表的文人雅士的审美期待与精神需要。

第二点即文字上要注重"炼语"。张庚在辞律的天平中倾向辞采一方。他提出，"应该要求剧作者尽量发挥他的文学创造性，而无须多去考虑演出的可能性。"[77]主张以声口写性格，以代言体写故事，强调语言的诗化、得体。《大雅堂乐府》的语言鲜明地追求诗化的特点，多典雅清丽，凝练优美。在语言上，一方面四剧多采用各种梦幻纷杂的意象，来创造一种富有浪漫主义的诗歌意境，借物象来抒情言志。如《高唐梦》，开篇即点出屈子抱江，令人叹息，紧接着便使用飞观、流云、银宫贝阙、夜月等自然意象，将虚实的界限消弭，营造一种似梦似幻的迷离境界，从而造成一种朦胧的美感。再如《五湖游》，【新水令】中即是水云深处、木兰舟、春风、歌扇、鹧鸪声，情匿于景，营造出一幅超凡脱俗的画卷，顿觉心情舒畅轻快，而后【渔夫词】中亦是蓼花滩上、杏树坛前，香气遍野，芬芳满庭，在一种春风暖阳般的怡然畅快中阐释微言大义，予人无限遐思。另一方面，杂剧多用典，或化用前词，委婉含蓄，情韵绵绵，同样具有诗的风格。如《远山戏》中张妻【前腔】不仅化用白居易之诗，还融合了李清照的《如梦令》，红肥绿瘦，王孙萋萋，表明了夫妻生活的伉俪情深。接着张敞画眉时，亦是引用苏轼词，淡妆浓抹罢，颦处似西施，自是美不胜收。之后在楼阁斗草玩春，同样借李义山、晏几道之典，文采神韵，斐然啮啮。而《洛水悲》中，洛神携侍女登场，侍女之词即化用曹植五言诗《赠王粲》，并以鸳鸯代洛神，忠贞不渝，望而不及，伤感微起。之后，又以牛郎织女之典，为两人聚合离散渲染了更深一层的悲凉。陈思王见到宓妃后，更是连以《赠白马王彪》《洛神赋》和《关雎》三处化用，表达对洛神的仰慕以及内心的欣喜。两人互换情物，此处用张衡之典，同样是表达了望而不即、爱而不得的怅惘。由此可见，汪道昆将传统诗文融入自己的创作，并以此来书写个人之情韵，增强了作品的主观抒情效果，不仅有诗的辞采，更有诗的意境，含蓄蕴藉，典雅脱俗。

第三点即情节上应"精当"。诗剧与叙事剧不同之处在于前者更注重的是案头剧本，某种程度上轻视了戏剧的舞台呈现，在情节上强调混融一体。《大雅堂乐府》纵览四剧，均是敷衍人们熟知的神话传说、历史典故而成，没有跳脱出故事本身的情节，而是聚焦于其所要传达的情绪与美学精神。楚襄王梦中与巫山神女相会，然后别离；陶朱公携西子五湖泛舟，与渔家夫妇邀酒对歌，参悟生活；张敞为妻子勾勒远山眉，登楼玩春；陈思王亦遇洛女，互赠情思，聊表寸心。由此可见，剧中人物并没有任何戏剧性的行为和激烈的冲突悬念，甚至人物之间的语言也不构成冲突张力，而是向着同样的美学追求娓娓道来。诚如清代文人廖燕所批评，"文人唱曲，岂效优人伎俩，把手拍桌子应腔就是了。"[78]可以说，《大雅堂乐府》确实不适合于舞台呈现，也没有热闹的场面。但是，舞台演出或许也并非作者所求。其弱化情节，注重案头的创作，更多的是为了实现心理的主观抒情，实现精神之我的自洽，以完成一次生命或艺术的孕育和净化。

上述，《大雅堂乐府》借物而感作者之情，言志缘情，寄感于内。而辞采上则以似幻似真的大千意象来营造诗意，以穿越时空的典词追随雅余之美，书写我情，口声我韵。在情节上，同样落脚于主观抒情的表达，聚焦于所要传递的情绪与诗性美学。结合三个方面，可以说

《大雅堂乐府》在追求含蓄典雅的境界和孕育作者主体化的精神世界与思想内涵的神韵中，实现了某种剧诗的美学意涵。

（二）感通之旨：以雅为本、以余为美之文人精神

以诗歌为渊源和基础的中国传统美学，追求的是一种文人精神和文人意境，最为核心的两点即以雅为本，以余为美。以骚雅的风格去激荡久久绕梁的弦外情思，从而构成一种具有文人群体价值表达的异质同构状态，而余味背后则是将士阶层对自我与社会的感性探索融入某种理性思考之中。《大雅堂乐府》便是以一种剧诗的美学形式，渲染看似平淡的生活逸趣或梦幻情绪，看似细微具体，实则物穆无穷。

以雅为本。刘勰《文心雕龙》中标举八体，首推"典雅"。"典雅者，熔式经诰，方轨儒门者也。"[79]刘勰之"雅"首先来自传统观点，有"正""和"之意。此外，又有"情深而不诡""文丽而不淫"[80]等延伸，不仅指情感上的真挚敦厚，还有语言上的清丽隽永，即包含内容与形式的完美统一。[81]《大雅堂乐府》题中便点名了一个"雅"字，汪道昆长期受雅文化的熏陶，并且由于成长和从政的经历，使他始终与下层文化距离较远，自然在诗文中流露出某种雅的特质。前文已经从情志、炼语等角度分析了汪剧的特点，后人对汪剧的评价也承认其雅的一点。如祁彪佳《远山堂剧品》中将诸多杂剧分为六类，而《大雅堂乐府》则被其归为属一类的"雅品"之列，也足以证明其确乎具有某种"雅"的风格。

以余为美。同样，刘勰有言："深文隐蔚，余味曲包。"[82]自古中国古典文化便追求意境，强调象外之象，以有垠、有限进入无垠、无限，所谓"胸罗宇宙，思接千古"[83]。而《大雅堂乐府》在"余"的意味上也同样出彩。如祁彪佳对《高唐梦》的点评，"他人记梦以曲尽为妙，不知高唐一梦正以不尽为妙耳。"[84]剧中神女不见，徒留襄王子身一人生根黯然。《洛水悲》亦是人神短暂相会后便是永别，思念与哀伤只得独自咀嚼回味。《五湖游》中范蠡与西施最终也是拨舟至烟波浩渺尽头，回首此岸，进入无垠。《远山戏》夫妻家侍定格谈笑自有时，任青鸾飞入，光阴缱绻。可谓追思未已，歌声缭绕。

综上，如果以审美感通学批评的视角与方法来剖析《大雅堂乐府》，我们从其意境、人物形象、作者之思等角度解读作品，最终落脚到"雅"和"余"这组关键词上。剧作清丽蕴藉、典雅含蓄的辞采，或淡淡哀愁或温情雅致的意境，以及作者始终远离底层而立道立心的探寻与思索，最终将一种士人的正和真挚与文人的浪漫情思交织融合为一种骚雅的气质，这也是中国古典美学长河中绵延流淌的艺术情感，它是"关关雎鸠，在河之洲"的沉吟远眺，是"此情可待成追忆，只是当时已惘然"的哀怨执拗，是"良辰美景奈何天，赏心乐事谁家院"的怅然无奈，是中国古典文人所展示的繁花逸态、曲径通幽的内心世界。

参考文献

[1]（清）查继佐.二十五别史·明书[M].济南：齐鲁书社，2000：2519.

[2][3][9]（明）吕天成.曲品[G]//齐豫生，夏于全，主编.中国古典文学宝库（第56辑）.延吉：延边人民出版社，1999年：256，256，256.

[4][56][84]（明）祁彪佳.远山堂剧品[G]//郭预衡，主编.中国古代文学史长编（第4卷）.上海：上海古籍出版社，2007：213-214，213，153.

[5]（明）沈德符.万历野获编（卷二十五）[M].北京：文化艺术出版社，1998：486.

[6]（清）钱谦益.列朝诗集小传·丁集上"汪侍郎道昆"[G]//汪道昆.太函集·附录二·传记、交游及评论资料汇集.合肥：黄山书社，2004：2882-2883.

[7]青木正儿.中国近代戏曲史[M].郑震，编译.上海：北新书局出版，1933：140.

[8]郑振铎.插图本中国文学史（中卷）[M].北京：北京出版社，2005：910.

[10]（明）汤显祖.汤显祖诗文集（第三十四卷）[M].徐朔方，笺校.上海：上海古籍出版社，1982：1125.

[11][12][21][22][23][24][25][26][27][43][52][53][74][75]（明）汪道昆.楚襄王阳台入梦[M]//（明）沈泰，编.盛明杂剧初集（卷一）.北京：中国戏剧出版社，1958年影印诵芬室本.

[13][14][28][29][30][32]（明）汪道昆.陶朱公五湖泛舟[M]//（明）沈泰，编.盛明杂剧初集（卷一）.北京：中国戏剧出版社，1958.

[15][16][17][33][34][35][36][37][64]（明）汪道昆.张京兆戏作远山[M]//（明）沈泰，编.盛明杂剧初集（卷一）.北京：中国戏剧出版社，1958.

[18][19][38][39][40][41][42][65]（明）汪道昆.陈思王悲生洛水[M]//（明）沈泰，编.盛明杂剧初集（卷二）.北京：中国戏剧出版社，1958.

[20]（明）王世懋，于明，沈泰.盛明杂剧初集（卷二）[M].北京：中国戏剧出版社，1958.

[31]汪余礼.论莎士比亚四大悲剧中的隐性艺术家形象——兼论"隐性艺术家"与"隐含作者"的差异[J].戏剧艺术，2018（02）：28-34.

[44][67]汪余礼.审美感通学批评的四条路径[J].四川戏剧，2022（05）：4-9.

[45][46][47][48][57][58][59][61][66]（明）汪道昆.太函集[M].合肥：黄山书社，2004：919，2257，1731，1734，1492，2300-2301，2245，2366，1758-1759.

[49]（明）天都外臣.水浒传序[G]//朱一玄，编.明清小说资料选编.天津：南开大学出版社，2012：273.

[50][54]（明）潘之恒.曲余[M]//汪效倚，辑注.潘之恒曲话.北京：中国戏剧出版社，1988：13，13.

[51]徐朔方.晚明曲家年谱（第三卷）[M].杭州：浙江古籍出版社，1993：24-25.

[55]（战国）宋玉.九辩[M]//屈原，辑.楚辞.哈尔滨：北方文艺出版社，2018：103.

[60]（明）戚继光.止止堂集·横槊稿中[G]//（明）汪道昆.太函集·附录二·传记、交游及评论资料汇集.合肥：黄山书社，2004：2838.

[62]（清）嵇曾筠.浙江通志·卷一百五十五本传[G]//四库全书.北京：商务印书馆，1986.

[63]（明）谢肇淛.五杂俎[M].上海：上海书店出版社，2001：150.

[68]鲁迅.鲁迅全集（第1册）[M].北京：人民文学出版社，1958：217.

[69]黑格尔.美学[M].朱光潜，译.北京：商务印书馆，1997：142.

[70]别林斯基.别林斯基选集（第三卷）[M].满涛，译.上海：上海译文出版社，1980：76.

[71]（明）沈宠绥.雨村曲话·弦索辨讹[G]//中国戏曲研究院，编.中国古典戏曲论著集成（卷八）.北京：中国戏曲出版社，1959：7.

[72]王国维.宋元戏曲史[M].上海：上海古籍出版社，1998：99.

[73]程嘉琪.张庚剧诗理论探究[D].武汉大学，2021.

[76]（明）李贽.焚书[G]//赖咏，主编.中国古代禁书文库（第8卷）.北京：大众文艺出版社，2010：3436.

[77]张庚.张庚戏曲论著选辑[M].北京：文化艺术出版社，2013：104.

[78]（清）廖燕.柴舟别集四种·诉琵琶剧本[G]//郑振铎，编.清人杂剧.北平图书馆藏书抄，1934.

[79][80][82]（南朝）刘勰.文心雕龙[M].北京：商务印书馆，1936：91，6，119.

[81]王承斌.《文心雕龙》之"典雅"论[J].齐齐哈尔大学学报（哲学社会科学版），2009（05）：5-8.

[83]叶朗.说意境[J].文艺研究，1998（01）：16-21.

弘扬长江文化的新路径：红岩精神数字化传播的"时度效"探赜①

张　莹

内容提要： 红岩精神是中国共产党人精神谱系的重要组成部分，是长江文化中红色革命文化在重庆的具体体现，蕴含丰富的理论价值和育人资源。长江文化同红岩精神具有高度的价值耦合，传承红岩精神，是新时代弘扬长江文化的重要一维。数字化时代，红岩精神的传播面临着数字化转型的方法困局，亟须科学方法论的指导。"时度效"作为宣传工作的重要原则，是检验红岩精神数字化传播成效的重要指标，对于与时俱进传承红岩精神具有重要实践意义和方法论的借鉴意义。因此，本文以数字化传播为着力点，从时间维度、方法维度、目标维度厘清数字化赋能红岩精神传播的实践路径，助力新时代红岩精神传播工作，为擦亮重庆"长江文化"名片提质增效。

关键词： 红岩精神；长江文化；数字化传播；时度效

作者简介： 张莹，重庆大学研究生，研究方向为思想政治教育。

Title: A New Path to Promote the Yangtze River Culture: An Exploration on the "Time, Degree, and Effectiveness" of Digital Communication of Red Rock Spirit

Abstract: The Red Rock spirit is an important work of the spiritual pedigree of the Chinese Communists, and is the concrete embodiment of the red revolutionary culture in Chongqing in the Yangtze River culture, which contains rich theoretical value and educational resources. The Yangtze River culture and the Red Rock spirit have a high value coupling, and the inheritance of the Red Rock spirit is an important dimension for promoting the Yangtze River culture in the new era. In the digital era, the dissemination of the Red Rock spirit is facing the dilemma of digital transformation and is in urgent need of the guidance of scientific methodology. As an important principle of propaganda work, "timeliness" is an important indicator to test the effectiveness of the digital communication of the Red Rock spirit, and has important practical significance and methodological reference for keeping pace with the times and inheriting the Red Rock spirit. Therefore, this paper focuses on digital communication, clarifies the practical path of digital empowerment of Red Rock spiritual communication from the time, method and goal dimensions, helps the Red Rock spiritual communication work in the new era, and improves the quality and efficiency of Chongqing's "Yangtze River Culture" business card.

Key Words: Red Rock Spirit; Yangtze River culture; Digital Communication; Time , Degree and Effectiveness

About Author: Zhang Ying, a graduate student at Chongqing University, specializes in the field of Ideological and Political Education.

长江文化以长江流域特殊的自然地理和人文背景为基础，凝结了中华优秀传统文化、革命文化和社会主义先进文化三大精神内涵，积淀起"和谐共生、求同存异、革故鼎新、自强不息"[1]的文化基因，是中华民族的宝贵精神财富。红岩精神，是以周恩来同志为代表的南方局老一辈无产阶级革命家、共产党人和革命志士在抗战大后方、长江文化重要发源地重庆错综复杂的政治环境和尖锐对立的政治斗争中形成的革命精神，其精神特质体现为"坚如磐石的理想信念、和衷共济的爱国情怀、不折不挠的凛然斗志、坚贞不屈的浩然正气"[2]，是长江文化中红色革命文化在重庆的具体体现。习近平指出："长江造就了从巴山蜀水到江南水乡的千年文脉，是中华民族的代表性符号和中华文明的标志性象征，是涵养社会主义核心价值观的重要源泉。要把长江文化保护好、传承好、弘扬好，延续历史文脉，坚定文化自信"[3]。长江文化同红岩精神具有高度价值耦合，要弘扬长江文化，擦亮重庆"长江文化"名片，就要做好红岩精神的传播工作。随着5G、互联网、大数据、云计算、人工智能、虚拟现实等信息技术的迅猛发展，数字化已经成为当今时代信息传播的主要方式。2013年8月19日，习近平首次提出了宣传思想工作的"时度效"要求，强调宣传思想工作的"关键是要提高质量和水平，把握好时、度、效，增强吸引力和感染力"[4]。习近平关于宣传思想工作"时度效"的理论，为红岩精神的数字化传播提供了科学的方法论指导。

一、因"时"而动：红岩精神数字化传播的时间之维

红岩精神是在特定时空环境下的产物，其形成与党在长江流域的革命斗争密切相关，随着时代的进步，其精神内涵会有不同的时代价值。推动红岩精神数字化传播，要因"时"而动，在"因事而化、因时而进、因势而新"[5]中挖掘红岩精神与新时代的耦合之处，并掌握红岩精神传播的有利条件，从而增强红岩精神数字化传播的指导性、预见性、主动性。所谓因"时"而动，主要包含把握微观"时机"、紧扣宏观"时代"两个层面，这是红岩精神数字化传播的基本点。

（一）微观层面：把握红岩精神数字化传播的"时机"

"来而不可失者，时也；蹈而不可失者，机也。"[6]"时机"是对有效时间点的把握，是影响事物发展的关键节点，多指带有时间性的客观条件和有利机会。推动红岩精神数字化传播可以突破时空的局限，实现对传统传播模式在时间维度上的重构。因此，抓住有利的时间节点，利用数字化传播手段速度快、范围广、互动性强等优势，找准传播切入点和着力点，可进一步增强红岩精神数字化传播的及时性。

其一，要充分利用重大节日和纪念日的传播效应，把握建党节、国庆节、清明节、烈士纪念日、"11·27"烈士殉难纪念日等的传播时机。特殊时间节点具有特殊的时代背景，承载着与红岩精神高度相关的红色文化记忆，在培育理想信念、提升精神境界、培养人格力量等方

面具有独特的教育功能。红岩精神的数字化传播要把握这些有利时机，结合长江文化的历史底蕴，通过数字化手段展示其与长江文化的紧密联系，及时发挥重大节日和纪念日的文化记忆功能，激发爱国情怀，唤醒公众的红色血脉。在"11·27"烈士殉难74周年之际，重庆红岩革命历史博物馆以缅怀革命先烈、传承红岩精神为主题，通过线上知识竞答、网上云祭扫、研学直播课、线上留言互动等数字化手段生动再现了红岩英烈的英雄史诗，利用数字信息技术以更加生动、直观的方式传递信息，增强了红岩精神的传播效果。其二，要及时捕捉和响应社会热点及与长江文化相关的重大事件，如长江生态保护、长江文化旅游等，将其与红岩精神的传播相结合，形成具有时效性和针对性的传播内容。当前，我国经济社会处于全面加速转型期，社会热点事件、重大舆论事件频繁发生，加之互联网以其传播范围广和速度快的特点使重大社会热点事件持续发酵，影响着网络舆论走向和公众思想动向。与传统传播方式相比，数字化传播为用户提供了广泛参与和互动的机会，使网络舆论的传播和反馈更加迅速。因此，传播红岩精神，要把握重大社会热点事件发生后的教育引导时机，通过数字化手段监测和分析与红岩精神相耦合的网络舆情和热点事件，如英雄模范人物的先进事迹、革命遗址的保护与利用等，迅速制作和发布相关内容，确保在第一时间将红岩精神传播给公众，把握事件传播的"首因效应"。用重大社会热点事件赋能红岩精神传播的同时，还要发挥红岩精神的反哺作用，引领重大事件舆论的正向发展。

（二）宏观层面：紧扣红岩精神数字化传播的"时代"

列宁指出："只有了解某一时代的基本特征，才能在这一基础上去考虑这个国家或那个国家的更具体的特点。"[7]"时代"是指历史上以经济、政治、文化等状况为依据而划分的某个时期，是能影响人的意识的客观环境的总和。每一种革命精神都是特定时代的产物，是历史性和时代性的有机统一。推动红岩精神的数字化传播，要把牢红岩精神历史性和时代性的适度张力，使红岩精神与时代精神充分耦合，让红岩精神活在当下，成为新时代的历史镜鉴。

其一，要树立时代观念，紧扣特定时代凝炼的红岩精神的本质和特色。红岩精神是在真实历史基础上孕育的伟大精神，是在长江地域文化归属感的基础上形成的机制共识和精神自觉，其本质和特色都是特定时代凝聚的产物，具有相对稳定性。在数字化时代，对红岩精神进行数字化保存、数字化传播和数字化重构的同时，必须把握红岩精神的本质和特色"不变味""不变色"。红岩精神本质上是共产主义世界观、人生观、价值观，在"中国共产党人精神谱系中，红岩精神与其他革命精神相比，最鲜明的标识就是长期在国民党统治区革命斗争中形成的革命精神"[8]。推动红岩精神数字化传播，要运用数字技术还原国民党特务统治下白色恐怖的历史场景，凸显共产党人在纸醉金迷的国民党统治区进行艰难斗争的精神特质，从而构建、还原具有红岩精神特色的网络虚拟话语空间，在真实历史的基础上提升红岩精神的数字传播力和思想影响力。其二，要立足新时代视野，与时俱进，赋予红岩精神新的时代价值。一切革命精神，包括红岩精神，都具有跨越时空的时代价值，其精神本质和特色内涵会随着时代的要求焕发新的光彩。红岩精神的数字化传播实现了革命精神传播方式的转型升级，要进一步彰显红岩精神的时代价值，还要实现传播内容的守正创新。推动红岩精神数字化传播，要深入挖掘红岩精神与实现中华民族伟大复兴的中国梦、社会主义核心价值观等时代主题的内在联系，把握其与长江文化的耦合关系，将其融入国家发展和社会进步的伟大实践中。例如，以坚如磐石的理想信念应对新时代赋予的使命任务，以和衷共济的爱国情怀汇聚民族复兴的磅礴伟力，以不折不挠的凛然斗志应对新时代的风险考验，以坚贞不屈的浩然正气应对党面临的"四大考验"和"四大危险"。如此，便能在紧扣"时代"中把牢红岩精神数字化传播的时代性，让红岩精神活在当下，永放光芒。

二、张弛有"度"：红岩精神数字化传播的方法之维

在哲学中，"度"是指"保持事物质的稳定性的数量界限，是质和量的统一"[9]，超过了"度"，事物的性质就会发生改变。推动红岩精神数字化传播，要坚持"适度原则"，做到张弛有"度"，在保证红岩精神本质规定性和学理高度的基础上，通过平台搭建、技术改进、市场支持、制度完善等措施不断增强红岩精神的"广度""精度""力度""高度"，并结合长江文化的特点，确保传播内容符合长江文化的传承和发展要求，实现传播频度、措施力度和受众接受程度的统一，这是红岩精神数字化传播的关节点。

（一）建设全媒体传播体系，拓展红岩精神数字化传播的"广度"

随着数字信息技术的迅速发展，数字化传播领域日益成为中西方意识形态交锋的重要战场。"大量事实证明，思想文化阵地，马克思主义、无产阶级的思想不去占领，各种非马克思主义、非无产阶级的思想甚至是反马克思主义的思想就会去占领。"[10]主流思想文化要在数字化传播领域占领主导权，则要"加强全媒体传播体系建设，塑造主流舆论新格局"[11]。因此，要使红岩精神的传播在网络时代提升实效，就要做好平台搭建工作，在建设全媒体传播体系中拓展红岩精神传播的"广度"。

其一，要打造全媒体传播矩阵，优化红岩精神数字化传播的"媒介版图"。当前，报、台、网、微、端、屏并驾齐驱，传统媒体与新兴媒体齐头并进，构成了多元化的信息传播体系。红岩精神要在信息爆炸的全媒体舆论场赢得话语权，亟须打造数字化传播矩阵，利用微博、抖音、B站、微信、微视频等数字化媒体，发挥其速度快、覆盖范围广、信息容量大的数字化传播优势，激活红岩精神的数字资源，形成多样化、多平台、全方位的全媒体传播格局。这种多媒体终端的数字化传播矩阵，可以实现物理空间、社会空间、数字空间的深度融合，形成跨时空、跨地域的红岩精神智慧教育资源，从而全面展示红岩精神的深厚意蕴。其二，要促进媒体融合，打破红岩精神数字化传播的"信息壁垒"。在红岩精神数字化传播的过程中，传

统媒体各自为政，内容僵化；新兴媒体各自为营，形式单一。要提升红岩精神传播效果，实现信息一次采集、多种生成、多元传播格局，需要增强媒体之间的互动和融合。首先，要推动传统媒体之间、传统媒体与新兴媒体之间及新兴媒体之间的融合发展，实现信息内容、技术应用、管理手段的互融互通，形成高效整合的强大传播体系。其次，要发挥网内网外同频共振的"集群效应"，借助AR、VR、3D影像等虚拟现实技术打造如"红岩文物多维信息展示平台"等线下数字文物展示形式，并利用VR全景游、虚拟展览等数字技术，结合长江文化的特色，开发具有长江文化元素的红岩传播产品，如"红岩＋"长江文化旅游线路、"红岩＋"长江文化主题展览等，使受众在线上线下交互式传播中增强参与感和体验感。

（二）构造智能算法，细化红岩精神数字化传播的"精度"

"算法推荐是人工智能技术的重要形态，能够在海量网络信息中精准识别和推送网络用户所需要的信息。"[12]利用智能算法技术推进红岩精神数字化传播，能够及时识别和反馈用户需求以调节红岩精神传播的内容和形式，实现红岩精神内容供给和用户需求的顺利调配和精准对接。因此，提升红岩精神数字化传播的效率，要做好技术赋能工作，在构造智能算法中细化红岩精神传播的"精度"。

其一，要完善红岩精神数字化传播的技术架构，依托智能算法分析用户信息。毛泽东曾指出："共产党员如果真想做宣传，就要看对象，就要想一想自己的文章、演说、谈话、写字是给什么人看、给什么人听的。"[13]可见，深入了解目标受众的特点和需求，确保传播内容能够引起他们的认同和共鸣，是实现红岩精神有效传播的前提。实现对红岩精神受众对象的深度分析，要用机器学习深度分析红岩连线网站、红村网等官方网站和红岩博物馆的各社交媒体平台的用户数据，通过点赞、评论、转发、弹幕等数据信息分析用户的价值取向、兴趣爱好、个人需求，最终绘出用户的立体画像，赋能红岩精神数字化传播的内容供给的有效推送。例如，针对共产党员，可以推送南方局领导周恩来撰写的《我的修养要则》，引导党员不断加强党性修养。其二，要健全红岩精神数字化传播的反馈机制，根据用户信息定制传播内容。红岩精神意蕴丰富，蕴含"坚如磐石的理想信念；对党忠诚的政治品质；和衷共济的爱国情怀；艰苦卓绝的凛然斗志；百折不挠的浩然正气"[14]等多方面的独特内涵，发挥其传承长江文化功能，要结合长江文化的历史背景和文化内涵，对红岩精神进行深入解读和阐释。因此，根据用户信息优化内容供给，是红岩精神实现分众化、差异化传播的关键环节。同时，利用智能算法技术通过大数据反馈机制掌握用户的认知情况和个性偏好，便能调试红岩精神的供给内容与分发机制，实现红岩精神的分众化和精准式传播。这种传播方式实现了供需的顺利调配和精准对接，使红岩精神的信息传播由"覆盖式"转变为"精准式"，用户的信息获取由"点餐式"转变为"送餐式"，提升了红岩精神数字化传播内容的精准度和吸引力。例如，2024年4月4日，重庆红岩革命历史文化中心依据青少年的兴趣爱好、个人需求创造的思政动画片《小萝卜头》在渝首映，这种将真实史料和数字技术相结合进行的艺术创作使革命先烈的事迹活化起来，是"送餐式"传播的生动体现。

（三）打造数字品牌，增强红岩精神数字化传播的"力度"

党的二十大报告强调要加快实施国家文化数字化战略。红岩精神作为最具辨识度的重庆精神标识，是重庆文化不可或缺的重要一维。传播红岩精神，要顺应文化数字化战略，借助资本市场的活力，推动数字技术与红岩文化、文旅、文产深度融合，擦亮重庆"长江文化"名片，开发有长江文化元素的特色传播产品，打响重庆城市文化品牌，在提升数字文化产业效能中增强红岩精神传播的"力度"。

其一，要构建资源网络，优化红岩精神数字品牌的内容供给。内容是打造红岩精神数字品牌的核心，资源是优化内容供给的基础，打造红岩精神数字品牌必须注重资源的整合和内容的优化。要以虚拟场景为依托，通过数字技术将红岩精神革命遗存、革命人物、历史故事、文艺作品等转化为文字、图片、音频、视频等数据资源，重构并整合形成红岩精神"数字资源库"，持续升级"不朽的红岩网""中国红村网"及网上《红岩情》等数字博物馆，形成红岩精神的资源网络。将红岩精神的人、地、物、事等数字资源关联起来，并结合长江文化相关资源库，转化为可感知、可推广、可复制的文创、影视、游戏等数字项目，以数字驱动"让红岩人物活起来""让历史人物动起来"，在不断外拓IP边界中让红岩精神在数字化平台上焕发新的生机。其二，要推动产业融合，提升红岩精神数字品牌的产业效能。使红岩精神成为富有竞争力的数字品牌，要结合长江文化特色，打造具有长江文化元素的传播品牌，并借助产业融合提升红岩精神的传播力度。一方面，推动红岩精神与旅游产业融合，开发智慧旅游品牌。在线下旅游场域利用数字技术更新博物馆的叙事空间，为游客提供更多如《周恩来和他的朋友们》数字展示交互平台的智慧旅游服务。线上则通过建设智慧旅游平台，打通红岩精神的云空间旅行通道，运用全息技术等数字化手段打造红岩时空隧道等跨越时空的智慧旅游项目。另一方面，要推动红岩精神与影视、出版、动漫等文化产业协同合作，结合同重庆长江文化历史变迁、城乡风貌相关的文艺创作，利用数字化手段和艺术化表达风格实现对红岩精神的内涵扩容、价值转换和形象重塑，形成优质的数字文化IP以缓解公众对红岩精神"硬性"灌输的抵抗心理，增强红岩精神传播的"力度"。

（四）强化质量意识，提升红岩精神数字化传播的"高度"

"红岩精神同其他革命精神一样，是中国共产党人世界观、人生观和价值观的鲜明体现，是中国共产党人精神风范、人格理想的集中彰显"[15]。红岩精神是南方局革命实践的产物，是中国共产党人精神谱系的重要组成部分，具有极强的科学性、政治性和意识形态性。推动红岩精神数字化传播，必须强化质量意识，既要科学认识红岩精神的深刻内涵，又要提高政治站位，在内容把关上提升红岩精神传播的"高度"。

其一，要凸显主流价值，强调红岩精神的方向性。当前，多种社会思潮交织激荡，历史虚无主义不断蔓延，冲击着我国意识形态建设工作。红岩精神的数字化传播必须避免"重历史，轻政治"的叙事方式，将红岩精神的政治性放在首位，发挥红岩精神的党性教育功能，突出红岩精神的意识形态性。此外，在互联网场域，不断涌现着新闻媒介因利益驱动而恶意歪曲红岩精神历史事件和英雄人物、有意混淆红岩精神政治立场的现象。要保证红岩精神数字化传播的正确方向，必须要加强对网络媒体的监管工作，落实党管好用好互联网的政治责任，形成良好的网络生态，提高红岩精神的政治站位。其二，要坚持实事求是，强调红岩精神的科学性。"红岩精神是在真实历史基础上孕育的伟大精神，不是凭空捏造的虚幻概念，更不是通过文艺创作可以产生的作品。"[16]传播红岩精神，必须坚持实事求，将红岩精神的宣传建立在科学研究的基础上，否则就会混淆概念，"任人拿捏"。因此，推动红岩精神数字化传播，要以真实的革命历史为基础对红岩精神的本质内涵进行深层次解读和立体化阐释，并利用数字技术推动红岩精神回到鲜活的历史环境中去，在保证红岩精神的科学性和思想性的过程中使红岩精神的形象生动起来。

三、务实求"效"：红岩精神数字化传播的目标之维

"效"的获得是红岩精神数字化传播适"时"有"度"的必然结果，也是推动红岩精神数字化传播的最终目的与归宿。红岩精神数字化传播的"时""度"能否得到正确把握，最终由"效"来衡量。要使红岩精神的数字化传播落到实处，亟须在净化舆论生态、整合红色资源、推进技术创新、优化育人质量上下功夫，在提升传播"效能"、增加传播"效率"、提高传播"效益"、增强传播"效果"中务实求"效"，这是红岩精神数字化传播的落脚点。

（一）净化舆论生态，提升红岩精神传播"效能"

"网络舆论生态不同于自然生态，它是一个复杂的'人造生态'，也有别于前网络媒体时代的舆论格局，是一个主要由政府—网民—媒体三维互动形成的舆论场。"[17]健康向上的舆论生态可以促进思想共识凝聚，反之，则会操纵公众情绪，消解社会主流价值的传播。推动红岩精神数字化传播，可以强化舆论引导，净化舆论生态，提升红岩精神传播"效能"。

其一，要让红岩精神占领数字化场域，强化主流思想的舆论引导。在海量信息鱼龙混杂、多种社会思潮交织激荡的网络舆论场域，正确的世界观、价值观不去占领，错误的世界观、价值观就会肆虐蔓延。消解历史虚无主义等极端思潮对红岩精神的影响，要加强红岩精神的理论回答和故事叙说，亟须发挥红岩精神在网络舆论场上的影响力和引导力。因此，要结合时代特征加强对红岩精神的理论研究，依托数字平台宣传红岩精神与时俱进的理论成果，讲好红岩精神的人物、故事，直面消极社会思潮对红岩精神的冲击和诘难，营造风清气正的舆论生态。其二，要加强网络媒体监管，防止媒介伦理道德失范。"媒介伦理道德失范源于消费主义

文化的盛行"[18]，体现在红岩精神的传播上就表现为传播媒体受到利益的驱动而恶意抹黑、歪曲历史事件或英雄人物，严重削弱红岩精神作为主流价值的引领性。习近平指出："过不了互联网这一关，就过不了长期执政这一关。"[19]净化红岩精神传播的网络舆论场域，就要落实各级党组织管好用好互联网的政治责任，完善各个网络平台的监管机制，在营造清朗网络空间中提升红岩精神传播"效能"。

（二）推进技术创新，提高红岩精神传播"效率"

习近平指出："要适应社会信息化持续推进的新情况，加快传统媒体和新兴媒体融合发展，充分运用新技术新应用创新媒体传播方式，占领信息传播制高点。"[20]当前，新兴媒体与传统媒体在红岩精神的传播版图上"平分天下"，共同影响着红岩精神的传播效率。推动红岩精神传播，要增强数字技术赋能，推动传播方式革新，在数字传播场域增强红岩精神的意识形态话语权，于跨媒介传播中提高红岩精神传播"效率"。

其一，要增强对传统媒体的技术赋能。报纸、杂志、广播、电视等传播红岩精神的传统主流媒体，在当前依然发挥着权威性、引导性的作用。但传统媒体单一、陈旧的传播方式，以及时空限制大、可视性差、画面平实的传播缺陷，冲击着红岩精神在数字化传播时代的影响力和话语权。因此，要加强对传统媒体的技术赋能，积极利用前沿技术，如人工智能、大数据、物联网等数字技术优化传统媒体的呈现方式和传播内容，推进"数字技术＋传统媒体"创新传播方式，形成红岩精神传播的"叠加效果"。其二，要推动新兴媒体数字技术升级。数字报纸、数字广播、手机短信、移动电视、网络等新兴媒体，通过其广泛的覆盖范围、高度的互动性、多维度的呈现方式及个性化的传播策略为红岩精神的传播提供了全新的渠道和方式。在信息爆炸的舆论场上，利用新兴媒体传播红岩精神，依然存在流量不足、趣味不高、吸引不强的问题。为此，需增加技术研发投入，通过数字技术复活红岩精神文物，使红岩文物活灵活现地展现在观众面前，需推进技术应用、加强媒体融合，让红岩精神活起来，提高红岩精神传播"效率"。

（三）整合红色资源，增加红岩精神传播"效益"

习近平强调："要用好红色资源，传承好红色基因，把红色江山世世代代传下去。"[21]红岩精神的红色资源包括以"红色三岩"为代表的众多红色遗址遗迹和革命文库，相关的历史文献、文件、回忆录及与红岩精神相关的艺术作品、影视作品等。这些红色资源铭刻着南方局老一辈无产阶级革命家、共产党人和革命志士抗战斗争的光辉历程，是红岩精神的重要物质载体。推动红岩精神数字化传播，将红色资源搬上"云端"，可以整合和利用红色资源，提升红岩精神传播的"效益"。

其一，搭建红色资源数字平台，助力红岩精神时空延展化。资源是红岩精神数字化传播的"源头活水"，专门的数字平台，如红岩连线、红村网等数据云端，可以将红岩精神的革命博物馆、纪念馆、烈士陵园等相关资源进行整合，包括革命遗存、历史事件、人物传记、文献资料等，呈现出红岩精神全方位的传播图景。这种数字资源整合范式将感性资源与理性资源相结合，使红岩精神的传播图景由"碎片化"转化为"整体式"，既在数字资源中体现着红岩精神的本质内涵，又展现着滋养红岩精神的鲜活历史环境，使红岩精神的形象生动起来，推动公众在知情意的统一，强化公众对红色资源的认知，增强公众对红岩精神的认同度。其二，转变红色资源呈现方式，推动红岩精神形象立体化。传统的红色资源呈现方式以文字和图像的二维展示为主，让人难以产生身临其境的感受。将红色资源搬上"云端"，能够运用元宇宙技术突破感官局限，利用VR、AR等数字技术让红岩精神可视化，实现集图文声像一体化的立体式传播，让红岩精神从课本的故事、档案里的数据中走出来，呈现出可感可知的立体样态，使参观者在线上便能得到沉静式的感官体验，从而将红岩精神传播得更广、更深、更远，提升红岩精神传播的"效益"。

（四）落实育人目标，增强红岩精神传播"效果"

红岩精神作为一种共产主义价值观，在数字化生存时代要发挥育人效果、实现育人目标，需要像空气一样融入数字传播场域的方方面面。推动红岩精神数字化传播，可以最大限度地放大红岩精神的传播力、影响力，增强红岩精神传播"效果"。

其一，提升公众对红岩精神的认知，增强红岩精神传播"效果"。推动红岩精神数字化传播，可以充分发挥数字传播媒介生产、加工、存储、传播，互动交流的功能，以更生动、直观的方式展示红岩精神的形成背景、历史进程、本质内涵、鲜明特色，提升公众对红岩精神的整体认知。与此同时，可以综合运用互联网、社交媒体、数字电视、数字音乐、数字游戏等数字媒介，扩大红岩精神的宣传力度，在网络空间弘扬正能量、唱响主旋律，引导公众将红岩精神的价值观"内化于心，外化于行"，增进对红岩精神的内化认同。其二，提升公众对党和国家的认同，增强红岩精神传播"效果"。作为"中国共产党人唯一在国民党统治区培育形成的革命精神"[22]，红岩精神承载着独特的党史素材和内涵意蕴，红岩精神的人、事、物都是独特的党性和爱国主义教育资源。数字化传播可以将红岩精神的抽象概念还原为具体的人、事、物，将抽象的理论说教转变为鲜活的党史故事、历史情境、人物画面，增加公众对红岩精神的体验性和启发性，潜移默化地影响公众的知、情、意、信、行，提升公众对党和国家的认同感，增强红岩精神传播"效果"。

四、结语

重庆是长江文化的重要发源地，也是红岩精神的孕育摇篮，是共产党人进行革命斗争的重要场所。红岩精神植根于重庆的历史文化和光荣传统，凝结着长江文化的历史底蕴，其精神内涵与长江文化中蕴含的英雄气概和民族情怀等不谋而合，二者在塑造民族精神、推动文化发展、增强民族凝聚力等方面有着高度耦合。凝练"重庆城市精神"，擦亮重庆"长江文化"名片，首先就要做好红岩精神的传播工作。数字技术的飞速发展，使得文化生产和文化传播实现了颠覆性转变，也为红岩精神的传播工作带来新契机。"时度效"则为红岩精神的数字化传播提供了整体式的方法论指导，其中"时"为基本点，解决红岩精神数字化传播的时机、时局等前提问题；"度"是关节点，解决红岩精神数字化传播的方法论问题；"效"是落脚点，是红岩精神数字化传播的最终目的与归宿，是传播工作是否"审时度势"的衡量标准和基本保证。红岩精神与长江文化在价值层面上存在着显著耦合关系，研究红岩精神数字化传播的"时度效"方法，既为红岩精神传播工作提供了理论指导，也为长江文化的弘扬提供了方法借鉴，对于擦亮重庆"长江文化"名片，共同塑造重庆城市形象具有重要指导意义和实践价值。

注释

①基金项目：2022年度国家社会科学基金项目"新时代党的历史决议凝聚思想共识研究"（项目编号：22CKS021）。

参考文献

[1]曹劲松.长江文化的时代价值与文明形态[J].南京社会科学，2024（06）：130-138+148.

[2]陈国栋，卞立成.传承弘扬红岩精神为新时代新征程新重庆建设凝聚强大力量[N].重庆日报，2023-04-25（3）.

[3]求是网.长江文化源远流长、一脉相承[EB/OL].(2024-11-27)[2024-11-30].https://baijiahao.baidu.com/s?id=1816861893066637080&wfr=spider&for=pc.

[4]习近平.习近平谈治国理政：第1卷[M].北京：外文出版社，2018：453.

[5]习近平.习近平谈治国理政：第2卷[M].北京：外文出版社，2017：378.

[6]习近平.习近平在第六轮中美战略与经济对话和第五轮中美人文交流高层磋商联合开幕式上的致辞[N]..经济日报，2014-07-09（2）.

[7]中共中央马克思恩格斯列宁斯大林编译局.列宁专题文集：论资本主义[M].北京：人民出版社，2009：92.

[8]潘洵，刘军.与时俱进深化对红岩精神及其现实价值的认识[J].西南大学学报（社会科学版），2022，48（04）：12-22.

[9]徐光春.马克思主义大辞典[M].武汉：崇文书局，2017：34.

[10]江泽民.江泽民文选（第3卷）[M].北京：人民出版社，2006：97.

[11]习近平.习近平著作选读：第1卷[M].北京：外文出版社，2023：36.

[12]骆郁廷，肖天乐.算法推荐视域下的网络思想政治教育创新[J].思想理论教育导刊，2023（10）：109-117.

[13]毛泽东.毛泽东选集：第3卷[M].北京：人民出版社，1991：836.

[14]王建斌.红岩精神的独特内涵和时代赓续[J].理论视野，2022（07）：68-73.

[15]崔健.红岩精神：革命精神与民族精神的共铸及其在新时代的价值[J].探索，2019（02）：162-170.

[16]周勇.40年来红岩精神研究综述[J].探索，2019（02）：143-151.

[17]上官酒瑞.网络舆论生态治理的认识论分析[J].求实，2018（06）：36.

[18]覃元理.全媒体背景下红岩精神传播的价值旨归、现实困境与优化策略[J].中学政治教学参考，2023（44）：72-75.

[19]习近平.习近平著作选读：第1卷[M].北京：外文出版社，2023：453.

[20]习近平.习近平关于社会主义精神文明建设论述摘编[M].北京：中央文献出版社，2017：31.

[21]习近平.用好红色资源，传承好红色基因，把红色江山世世代代传下去[J].当代兵团，2021（10）：6-9.

[22]周勇.周恩来与红岩精神[J].重庆社会科学，2016（07）：101-108.

高校"思政课程"与"课程思政"协同育人研究

——以弘扬长江文化为例①

邹　新　陈林凤

内容提要：随着社会的不断发展和经济全球化的加速，高校教育面临着新的挑战和机遇。在新时代，高校思政课程与课程思政相辅相成，相得益彰，思政课程与课程思政协同育人是加强高校思想政治工作的新要求，也是全课程育人的新要求。长江文化传承了中华优秀传统文化的精神命脉，凝结着革命文化的红色基因，蕴含着鲜活生动的思政资源。因此，在"大思政"育人格局下，我们要大力弘扬长江文化，推动思政课程与课程思政耦合联动同向同行协同育人。

关键词：思政课程；课程思政；协同育人；长江文化；文化认同感

作者简介：邹新，重庆理工大学副教授，研究方向为马克思主义理论与中国现实问题。陈林凤，重庆理工大学硕士研究生在读。

Title: Research on the Collaborative Education of "Ideological and Political Courses" and "Morality Cultivation" in Colleges and Universities — Take Promoting the Yangtze River Culture as an Example

Abstract: With the continuous development of society and the acceleration of economic globalization, higher education is facing new challenges and opportunities. In the new era, the ideological and political courses in colleges and universities and the morality cultivation complement each other and reinforce each other. The collaborative education of ideological and political courses and morality cultivation is a new requirement for strengthening ideological and political work in colleges and universities, as well as a new requirement for education in all courses. The Yangtze River culture inherits the spiritual lifeline of excellent traditional Chinese culture, condenses the red genes of revolutionary culture, and contains vivid ideological and political resources. Therefore, under the "big ideological and political" education pattern, we must vigorously promote the culture of the Yangtze River and promote the coupling and linkage of ideological and political courses and morality cultivation and work together in the same direction to educate people.

Key Words: Ideological and Political Courses; Morality Cultivation; Collaborative Education; the Culture of the Yangtze River; Cultural Identity

About Author: Zou Xin, associate professor of Chongqing University of Technology, mainly engaged in the Research of Marxist Theory and Chinese Reality Problems. **Chen Linfeng**, postgraduate of Chongqing University of Technology.

习近平总书记指出："要用好课堂教学这个主渠道，思想政治理论课要坚持在改进中加强，提升思想政治教育亲和力和针对性，满足学生成长发展需求和期待，其他各门课都要守好

一段渠、种好责任田，使各类课程与思想政治理论课同向同行，形成协同效应。"[1]思政课程和课程思政都是高校教育的重要组成部分，对于培养具有社会主义核心价值观的时代新人具有重要意义。然而，当前高校思政课程与课程思政在协同育人上也存在缺乏协同、教育内容单一、教学方法陈旧等问题，这在一定程度上影响了教育效果。因此，探讨高校思政课程与课程思政协同育人具有重要意义。

一、高校思政课程与课程思政协同育人的重要意义

在当前的教育形势下，高校思政课程与课程思政协同育人不仅是对传统教育模式的有效补充，而且是推动高等教育向纵深发展的重要力量。这一模式通过将思政教育与专业教育紧密结合，有助于实现全方位、多维度的育人目标，因而具有深远的意义。

（一）有利于提升思想政治教育的实效

在当代高等教育体系中，思想政治教育作为培养全面发展的社会主义建设者和接班人的重要途径，其重要性不言而喻。然而，传统的思政教育模式由于其相对孤立的教学方式，往往难以达到预期的教育效果。在这种背景下，协同育人模式应运而生，成为提升高校思政教育实效性的有效途径。

高校"思政课程"与"课程思政"协同育人能够将专业教育和思政教育紧密结合起来，从而实现教育资源的优化配置和全面整合。这种模式通过在专业课程中融入思政教育元素，让大学生在掌握专业知识的同时，自然而然地接受思政教育的熏陶。这一模式不仅拓宽了思政教育的渠道和方式，而且更加符合大学生的学习习惯和心理特点，能够更有效地激发大学生的学习兴趣。同时，不同于传统模式下单一的思政课教学，协同育人模式通过多角度、全方位的教育方式，让大学生在不同的学习场景中都能接触到思政教育内容。使思政教育渗透到大学生的日常学习和生活中，无论是在专业课程学习、实习实践，还是在校园文化活动中，大学生都能感受到思政教育的存在。这样的全覆盖式教育模式大大增强了思政教育的覆盖面和渗透力，提高了思政教育的实效性。

（二）有利于实现全面育人

随着我国社会发展进入新时代，高等教育的任务不仅是传授专业知识，更重要的是培养具有全面素质的复合型人才。协同育人模式正是高等教育为适应这一时代要求而做出的重要创新。通过这一模式，高等教育有效地促进了大学生的思想道德素质、专业知识技能以及社会实践能力的全面发展。

在协同育人模式下，高校通过整合思政教育与专业教育资源，将二者融合于大学生的日常学习中，使大学生在学习专业知识的同时，也能够不断接受思想道德的熏陶和社会实践的锻炼。这种教育模式打破了传统教育中专业教育与思政教育相分离的局面，实现了学科知识与思

想政治教育的有机结合，为大学生提供了全面成长的平台。一是培养良好的思想道德素质，在协同育人模式下，高校可以通过课程设计、主题讲座、社团活动等多种方式，将社会主义核心价值观、良好的道德风尚等融入大学生的日常学习和生活中。通过这些活动，大学生不仅能够学到专业知识，还能够深入理解和掌握正确的价值观和道德观，形成健全的人格。二是提升专业知识技能，协同育人模式鼓励高校在专业教育中融入思政教育元素，同时也强调专业知识的深入学习。高校可以通过改革教学内容和方法，引导大学生将专业学习与社会需求相结合，鼓励大学生进行科学研究和技术创新，不断提升自身的专业技能和实践能力。三是强化社会实践能力，社会实践是提升大学生综合素质的重要途径。高校可以通过组织实践活动、服务学习项目等形式，鼓励大学生走出校园，参与到社会实践中去。通过社会实践活动，大学生能够增强解决实际问题的能力，做到学以致用，知行合一。

（三）有利于推动高校教育的改革与创新

当前，高校思政课程与课程思政协同育人不仅代表了一种新的教育理念，更是对高等教育体系的一种深刻变革。这种模式要求高校在课程设置、教学方法、评价体系等多个层面进行创新和改革，从而推动高校教育的改革与创新。

首先，课程设置的改革要求高校跳出传统学科教育的框架，向跨学科、综合性教育转型。这种转型不仅能够为大学生提供更加丰富、多元的学习内容，还能够增强大学生对知识的综合应用能力。例如，将思政教育内容与专业课程的实际案例相结合，可以让大学生在解决专业问题的同时，培养正确的价值观和道德判断能力。其次，教学方法的创新是协同育人模式实施的关键。传统的填鸭式教学方法已经不能满足当前高等教育的需求。高校需要采用翻转课堂、项目式学习、情景模拟等参与性较强的教学方法来促进大学生的主动学习，激发大学生的创新思维和解决问题的能力。最后，评价体系的改革也是推动教育质量和效率提升的重要途径。传统的以课程考试成绩为主的单一评价标准，忽视了对大学生综合素质的评价，不利于大学生的全面发展。因此，高校需要建立更加全面、科学的评价体系，不仅考核大学生的知识掌握情况，也要评价大学生的思想政治素质、创新能力、实践能力等，以更全面地反映大学生的学习成果和个人发展状况。

（四）有利于增强大学生的社会责任感和使命感

协同育人模式通过将思政教育内容与专业学习紧密结合，使得大学生在掌握专业知识的过程中，自然而然地接触到社会责任、道德伦理。企业使命等相关议题。教师在讨论专业课题时，通过有意识地引入这些议题，鼓励大学生展开思考和讨论。在这种模式下，思政教育不再是简单的政治宣传，而是坚持知识传授与价值引领相结合，实现二者的相互促进。这种教学方法也使得思政教育更加生动、实用，更能引起大学生的共鸣。例如，在商科课程中，教师可以引入企业社会责任的概念，讨论企业在追求经济效益的同时，如何平衡环境保护和社会福祉的责任。通过这样的讨论，大学生不仅掌握了专业知识，而且能够更深刻地理解社会的复杂性和多样性，可以思考并认识到自己所从事专业的社会责任和使命。

二、高校"思政课程"与"课程思政"协同育人的现实困境

高校"思政课程"与"课程思政"协同育人，旨在将思政教育与专业教育紧密结合，以全面提升大学生的素质和能力。然而，在实际操作过程中，这一模式也面临着不少挑战，影响了其效果的发挥。

（一）协同机制不健全

实现高校思政课程与课程思政的有效融合，需要建立健全的协同机制。然而，现实情况是，许多高校在这一过程中遇到了不少障碍，主要表现在三个方面。第一，缺乏系统的规划和协调。有效的协同育人模式需要有系统的规划和协调作为支撑。然而，一些高校在这方面做得不够，没有形成全校范围内的统一规划，导致课程设置很多时候是各自为政，课程内容在目标、内容和方法上无法实现有效对接，教育资源无法得到最优配置和利用。这种缺乏规划和协调的状况，使得思政教育与专业教育的融合变得零散和被动，难以形成合力。第二，教学资源分配的不均衡。在教学资源的分配上，部分高校存在明显的不均衡问题。这不仅体现在物质资源上，如教学设施、实验室等，也体现在人力资源上，比如优秀师资的配置。缺乏有效的协同机制，使得资源往往集中于某些特定的专业或课程，而思政课程和部分专业课程资源不足，影响了教学质量和效果。第三，教师协作的缺失。教师协作是实现课程融合的关键，但在现实操作中，不同背景的教师之间往往缺乏有效的沟通和协作平台。特别是思政课程教师与专业课程教师之间，由于专业背景、教学理念和方法的差异，很难实现深层次的交流和合作，更遑论推进协同育人。

（二）专业知识与思政教育的融合不足

在高校思政课程与专业课程协同育人的实践中还存在着专业知识与思政教育融合不足的问题，这也直接影响了协同育人模式的实施效果和质量。一方面，部分专业课程教师对思政教育的重要性认识不足，认为思政教育内容与专业知识无法或难以融合。这种观念导致他们在教学过程中，未能有效地将思政教育内容融入专业课程中，这不仅减弱了思政教育的影响力，也使得大学生难以在专业学习中体会到思政教育的价值和意义。另一方面，思政教育内容与专业知识融合不深，导致思政教育内容与专业知识之间的内在联系未能得到充分挖掘和应用。在某些情况下，思政教育内容被简单地"附加"在专业课程上，而不是与专业知识深度融合，形成互补和互促的关系。这种表面上的融合往往缺乏深度和吸引力，难以激发大学生的学习兴趣和思考，从而降低了教育效果。例如，仅仅在专业课程中增加一些思政教育的概念或案例，而未能深入探讨这些概念或案例与专业知识之间的联系，使得大学生难以理解和吸收。

（三）教师队伍的素质差异

教师队伍的素质差异是高校思政课程与课程思政协同育人面临的重要挑战之一。一方面，思政课教师的专业知识掌握程度不够。思政课教师通常在思想政治理论方面拥有深厚的知识储备，但可能缺乏与大学生专业领域相关的背景知识。这导致他们在试图将思政教育内容与专业课程内容融合时面临困难，难以有效地将思政教育理念和内容与专业知识相结合，从而使教学内容显得脱节，影响大学生的学习兴趣和效果。另一方面，专业课教师的课程思政素养和能力有待提升。部分专业课教师虽然在自己的领域内具有专业的教学能力，但可能对思政教育的具体方法和内容不够熟悉，并且缺乏将思政元素融入专业教学中的意识和能力。这种情况下，即使他们愿意尝试融合，也可能因不熟悉思政教育的特点和要求而难以做到有效融合。

这种教师队伍的素质差异对协同育人模式的实施构成了明显的挑战。一是思政教育的深度和广度可能受到影响，难以全面渗透到大学生的专业学习中。二是大学生可能感受到教学内容之间的断裂和不一致，影响他们对教育内容的接受和吸收，从而影响整体的教学效果。

（四）大学生参与度和接受度不一

在实施高校思政课程与课程思政协同育人模式的过程中，大学生的个体差异显著影响了教育的成效。

大学生的个人兴趣和价值观在很大程度上决定了他们对课程的接受程度。对于那些本就对思政教育有较高兴趣的大学生来说，他们认为思政教育有助于他们形成正确的价值观和世界观，因而能够更加积极地参与到融合了思政教育内容的专业课程中，体现出较高的学习热情。相反，那些对思政教育持怀疑态度或不感兴趣的大学生，他们可能会对融合思政教育内容的专业课程持有抵触情绪，对相关教学内容不够重视，甚至产生排斥心理。这种情绪和态度上的差异，导致了大学生在学习行为和成果上的个体差异。

教学方法和内容的吸引力对大学生的接受度同样有着显著影响。具有创新性和互动性的教学方法，如小组讨论、案例分析、角色扮演等，往往更能够调动大学生的学习积极性，从而提升大学生的参与度。一般而言，当教学内容紧密联系大学生的生活实际和未来职业发展时，大学生更能感受到学习的意义和价值，从而提高他们对课程的接受度和参与热情。这种个体差异对教师提出了更高的要求，教师需要根据大学生的不同特点采取更加灵活多样的教学策略，以提高所有大学生的参与度和接受度。这要求教师不仅要有扎实的专业知识和思政理论基础，还需要具备灵活应对大学生多样化需求的教学能力。

三、提升高校"思政课程"与"课程思政"协同育人实效性的实践路径

高校思政课程与课程思政协同育人对于促进大学生的全面发展具有重要的意义，长江文化是培育时代新人的宝贵财富和力量源泉。因此，高校应进一步加强对思政课程与课程思政协

同育人的研究与实践探索，采取有效措施，优化协同育人模式，大力弘扬长江文化，为"思政课程"与"课程思政"耦合联动同向同行提供更加有力的支持。

（一）提升教师队伍的思政素养，增强协同育人能力

习近平总书记指出："教师不能只做传授书本知识的教书匠，而要成为塑造学生品格、品行、品味的'大先生'。"[2]因此，要通过培训不断提高教师的育人意识和本领，扭转教师重知识传授、轻价值引领的观念，提升教师的思政素养和实践能力，引导广大教师既当经师，也为人师。专业课教师在教学过程中要善于挖掘和提炼专业课程所蕴含的思政元素，去粗取精，去伪存真，做到不离专业讲思政，在知识传授中融合价值目标。此外，还应注重挖掘在地文化、校情校史等本地化课程资源，将其有机融入教学之中。

同时，高校应该建立完善的协同育人机制，鼓励广大教师积极参与到协同育人模式的探索和实践之中。要加强顶层设计，建立思政课程与课程思政的协同机制，设立专门的机构或团队来负责课程融合的推进和监督。要搭建沟通平台，促进思政和专业课程教师之间的密切协作。通过双方共同设计课程、共同探讨教学方法，从而在课程内容和教学手段上真正实现"思政课程"与"课程思政"耦合联动同向同行协同育人。

（二）创新思政教育方式方法，提升思政教育技能

创新思政教育方式方法是推动思政课程与专业课程的深度融合的关键手段，高校应创新教育方式方法。案例教学和项目式学习等教学模式能够让大学生在参与和探索的过程中，将抽象的思政理论与具体的专业知识相结合，深化理解，增强学习的实践性和趣味性。通过这种方式，大学生能够在真实或模拟的社会实践中，直观地感受和理解思政教育的核心价值和意义，从而在专业学习的同时，加强道德修养和社会责任感的培育。为了应对社会发展和专业领域的新趋势，教师需不断更新课程内容，引入新的教学资源和工具，探索更加适合大学生学习特点和需求的教学方法。高校应鼓励教师进行教学创新，采用翻转课堂、在线学习平台等新型教学模式，以增强课堂的互动性和大学生的学习积极性。通过建立这样一个循环反馈和持续优化的教学环境，高校可以有效提升教学质量，更好地实现思政教育与专业教育的深度融合，培养出具有良好思想政治素养和专业能力的高素质复合型人才，满足社会对优秀人才的需求。

同时，要大力提升教师课程思政教育技能。在"三全育人"的理念下，教师不再是单向传授知识的讲述者，而是变成了引导者、协助者和参与者，他们需要根据大学生的具体情况，科学设计教学内容和方法，引导大学生主动探索和学习。这种教学方式的转变，要求教师不仅要精通自己的专业领域，还要深入理解思政教育的内涵，掌握灵活多样的教学方法，能够在教学过程中根据大学生的反馈及时进行调整。在课程思政的具体实施过程中，要结合所授课程，巧妙设计课程思政融入的方式和方法，避免出现生搬硬套，为"思政"而"思政"的现象。"这就需要专业课教师深度挖掘所授课程的思政元素，做好教学设计，隐性而自然地实现育德树人目标。"[3]

（三）完善教学质量监控和评估机制，凸显价值引领目标

在实施高校思政课程与课程思政协同育人模式的过程中，构建和完善一个科学合理的评价机制至关重要。要落实"坚持科学有效，改进结果评价，强化过程评价，探索增值评价，健全综合评价"[4]的总要求。在课程建设、课堂教学、教改项目立项、教学成果评奖中，将价值引领功能作为首要因素和重要监测评价指标，从源头、目标和过程上全方位全流程实现所有课程融入课程思政理念。在制定课程评价标准时要努力做到"课程注重建设性、教学注重形成性、大学生注重发展性。"[5]高校需定期对课程思政的教学效果、课程内容的实时更新、教学方法的创新性等方面进行综合评估，并将评估结果及时向教师进行反馈，促进教师对课程思政教学内容和方法持续进行改进和优化。

（四）增强校内外协同，打造开放式育人环境

习近平总书记提出："'大思政课'我们要善用之，一定要跟现实结合起来。"[6]社会是个大课堂，"要高度重视思政课的实践性，把思政小课堂同社会大课堂结合起来，在理论和实践的结合中，教育引导学生把人生抱负落实到脚踏实地的实际行动中来，把学习奋斗的具体目标同民族复兴的伟大目标结合起来……"[7]高校应注重社会参与，增强校内外协同。高校要与政府部门、企业建立广泛的合作关系，利用校外的丰富资源为大学生提供广泛的实践学习和社会服务的机会，通过建立校企合作平台，为大学生提供实习、实训机会，让大学生在实际操作中应用所学知识，以提高大学生的动手和实操能力。高校还可以引入外部的专家学者参与课程的建设和教学活动中，为大学生带来更加多元化的学习体验和更广阔的知识视野。此外，高校还可以与社会组织合作开展各类社会服务项目，让大学生广泛参与到社区服务、理论宣讲、乡村振兴、社会公益等活动之中，增强其社会责任感和使命感。

通过增强校内外的协同合作，高校能够为大学生营造一个综合性、开放性的育人环境，不仅有利于大学生专业技能和思政素质的双重提升，而且能够培养大学生的综合素质，从而实现知识与能力、理论与实践的有机结合，为他们未来的全面发展奠定坚实的基础。

（五）大力弘扬长江文化，推进文化育人创新

长江文化作为中华民族文化的重要组成部分，承载了中华民族悠久的历史和深厚的文化底蕴。见证了中华民族的兴衰更替和文明演进，是中华民族共同记忆和精神家园的重要载体。为大学生思想政治教育提供了丰富的历史素材和文化资源，有助于培养大学生的历史意识和文化自觉，增强对中华文化的认同感和自豪感。一方面，高校要不断挖掘长江文化育人的思想资源。长江文化中蕴含着丰富的思想资源，如百折不挠、自强不息的民族品格；勤劳勇敢、和衷共济的价值观念；开放包容、创新创造的精神特质；天人合一、和谐共生的生态智慧。因此，培育时代新人必须充分挖掘长江文化以德润心、以文化人的育人价值，通过思想政治教育，将

长江文化的思想精髓内化为学生的精神追求和自觉行动。另一方面，高校要不断创新长江文化育人的方法手段。将长江文化有机融入高校专业课程和思政课程之中，积极开发长江文化相关的课程、教材和教学资源，建设长江文化课程思政资源数据库，打造长江文化育人的学术共同体，通过课堂教学、田野调查、文化活动等多种形式，讲好长江故事，增强学生的文化自信和文化认同感。同时，利用现代信息技术，如虚拟现实（VR）、增强现实（AR）等，创新长江文化的呈现方式，提升长江文化育人的吸引力和有效性，引导大学生深刻理解长江文化的精神内涵，培养和造就有担当、有责任、有情怀的时代新人。

注释

①基金项目：教育部人文社科基金项目"网络公共讨论中理性的生成路径与培育机制研究"（项目编号：18YJC710111）；重庆理工大学一对一高等教育教学改革研究项目：经济类专业"思政课程"与"课程思政"耦合联动同向同行协同育人研究"（项目编号：0120239086）；重庆理工大学一流本科课程建设项目"马克思主义基本原理"（项目编号：2023053）；重庆理工大学研究生教育教学改革研究项目"《自然辩证法概论》课程专题式教学改革与实践"（项目编号：2017yjg213）。

参考文献

[1]习近平.把思想政治工作贯穿教育教学全过程 开创我国高等教育事业发展新局面[N].人民日报，2016-12-09.

[2]刘军涛.习近平首次点评"95后"大学生[N].人民日报，2017-01-03.

[3]邱伟光.课程思政的价值意蕴与生成路径[J].思想理论教育，2017（07）：10-14.

[4]中华人民共和国国务院.深化新时代教育评价改革总体方案[N].人民日报，2020-10-14.

[5]陆道坤.课程思政评价的设计与实施[J].思想理论教育，2021（03）：25-31.

[6]党波涛.在社会生活中讲好"大思政课"[N].人民日报，2021-04-14.

[7]习近平.思政课是落实立德树人根本任务的关键课程[M].北京：人民出版社，2020：20.

产教融合背景下长江文化融入职业院校校园文化研究①

冯 松 陈 双 周 权 佘慧娟

内容提要： 本文探讨如何将长江文化融入职业院校校园文化，以提升教育质量和学生综合素质。具体措施包括：在校园环境中融入长江文化元素，如设置文化主题景观；在教学中引入长江文化内容，通过课程和案例教学提升学生认知；通过校园活动和社团推广长江文化，增强学生文化认同感；提升教师对长江文化的认知和教学能力。这些措施不仅能丰富校园文化，提升教育质量，还能促进学生的全面发展，并助力地方经济和文化的繁荣。

关键词： 产教融合；长江文化；融合策略；职业院校；校园文化

作者简介： 冯松，湖南有色金属职业技术学院副教授，研究方向为高职教育。陈双，湖南有色金属职业技术学院助教，研究方向为高职教育。周权，湖南有色金属职业技术学院副教授，研究方向为高职教育。佘慧娟，湖南有色金属职业技术学院副教授，研究方向为高职教育。

Title: Research on the Integration of Yangtze River Culture into Vocational College Campus Culture under the Background of Industry Education Integration

Abstract: This article explores how to integrate the Yangtze River culture into the campus culture of vocational colleges, in order to improve the quality of education and the comprehensive quality of students. Specific measures include: integrating elements of Yangtze River culture into the campus environment, such as setting up cultural themed landscapes; introducing Yangtze River culture content into teaching and enhancing students' cognition through curriculum and case studies; promoting the Yangtze River culture through campus activities and clubs to enhance students' cultural identity; enhancing teachers' understanding and teaching ability of Yangtze River culture. These measures can not only enrich campus culture and improve the quality of education, but also promote the comprehensive development of students and contribute to the prosperity of local economy and culture.

Key Words: Integration of Industry and Education; Yangtze River Culture; Integration Strategies; Vocational Colleges; Campus Culture

About Author: Feng Song, associate professor of Hunan Non-ferrous Metals Vocational and Technical College, mainly engaged in Higher Vocational Education. **Chen Shuang**, teaching assistant of Hunan Non-ferrous Metals Vocational and Technical College, mainly engaged in Higher Vocational Education. **Zhou Quan**, associate professor of Hunan Non-ferrous Metals Vocational and Technical College, mainly engaged in Higher Vocational Education. **She Huijuan**, associate professor of Hunan Non-ferrous Metals Vocational and Technical College, mainly engaged in Higher Vocational Education.

一、引言

在建设中华民族现代文明新的历史进程中，保护好长江流域的文化资源、传承好长江文化的历史文脉、弘扬好长江文化的时代精神，对于传承与赓续中华文明，激发中国特色社会主义先进文化的时代创造，持续扩大中华文化的传播力和影响力有着重要意义[1]。长江文化，作为中国历史悠久的地域文化体系，体现了地域多样性和经济文化的双重特征。这种文化不仅对地方经济和社会发展起到了重要的推动作用，还为职业教育提供了丰富的文化素材和灵感。在中国式现代化进程中，职业教育作为培养应用型人才的重要途径，其质量和方向愈发受到重视。尽管职业院校在硬件设施方面取得了显著进展，但在校园文化的内涵和特色方面仍显不足。校园文化活动往往侧重形式，缺乏深度和系统性的规划，未能有效促进学生的全面发展。职业教育进入新的历史发展时期，深化职业教育产教融合的时代使命在于优化职业教育类型定位、激发职业教育办学活力以及推动职业教育实现高质量发展[2]。产教融合是现代职业教育发展的必由之路[3]，随着"产教融合"政策的实施，职业院校被要求在提升教育质量的同时，还需紧密结合行业需求，培养具备专业技能和企业素养的高素质人才。在这一背景下，将具有深厚历史底蕴的长江文化融入职业院校的校园文化建设中，将为职业教育注入新的活力。通过系统地融合长江文化，职业院校不仅能提升校园文化的深度和内涵，还能激发学生的文化认同感，促进他们的综合素质提升。这种文化融合的实践将有助于培养出更具创新精神和文化自信的应用型人才，为未来的社会和经济发展做出积极贡献。

二、长江文化与教育的关系

（一）历史文化资源的教育价值

长江流域作为中国文明的发源地之一，拥有丰富的历史遗产和文化积淀。长江流域的古城、古迹、传统民居、民族文化等都是不可多得的历史文化资源。这些文化遗产不仅为现代教育提供了鲜活的教学素材，也为学校的课程内容注入了丰富的地域特色。诸如大禹治水等历史故事与武汉盘龙城遗址，可以融入历史和地理课程中，通过实地考察、图片视频资料等方式，增强学生的感官体验与学习兴趣。

这些历史文化资源帮助学生更加立体地理解中华文明的发展脉络，尤其是在基础教育中可以通过实地考察、课外实践等形式，使学生对文化遗产有更加直观的感受。同时，长江流域的文化多样性（如巴蜀文化、吴越文化等）为学生提供了探索多元文化的机会，丰富了教育内容，有助于培养学生的文化包容性。特别是在全球化背景下，通过对长江流域文化的学习，学生可以在比较中加深对本土文化的认同感和自豪感，进而增强其爱国主义情感和社会责任感。

（二）文化创意产业与教育的结合

长江文化的现代传播形式，如文艺作品、影视剧、非物质文化遗产展示和文化旅游等，为地方经济和文化繁荣注入了新活力，也为学校的文化教育提供了丰富的实践平台。在现代教育体系中，将文化创意产业与教育有机结合，既能够增强学生的文化理解能力，又能够培养他们的艺术创作力与创新思维。例如，学校可以与文化创意企业合作，开发长江流域特色的文化艺术课程，结合影视制作、文艺创作、工艺设计等内容，让学生不仅从书本中学习文化，还能够通过亲身参与创意活动，体验文化传承与创新的过程。

文化创意产业不仅能为学生提供艺术创作的素材，还能通过创意设计比赛、校园文化节等活动，激发学生对文化产业的兴趣和热情。与此同时，结合文化产业与教育，学校还可以开设与文化旅游相关的实践课程，如带领学生走进长江沿岸的历史文化名城，体验当地的风俗文化。这种跨学科、跨领域的教育模式，可以提升学生的实践能力，使其更好地理解文化与经济的互动关系，也为未来职业选择提供了新的方向。

（三）文化自信与教育的互动

长江文化的深厚积淀和丰富多样性为增强学生的文化自信提供了强大支持。文化自信不仅是民族自信的根本，也是现代教育的重要使命之一。通过长江文化的传承与弘扬，教育系统可以有效培养学生对本土文化的认同感，帮助他们在全球化的时代保持文化自信。在教育中，学校可以通过多种形式，如历史讲座、文化展览、传统节日庆祝等，让学生深入了解长江流域的文化底蕴和历史贡献。例如，通过学习长江流域曾孕育的楚文化、吴越文化等丰富的地域文明，学生可以认识到中华文化的多样性和包容性，增强文化认同。

与此同时，教育系统还可以通过与国际文化的对比，激发学生对本土文化的自豪感。特别是在全球化的今天，文化的多样性与本土文化的传承变得尤为重要。通过长江文化的学习，学生不仅可以深入理解中华文化的独特魅力，还能够在世界文化的舞台上展现出自信和自豪，增强中华文化的国际影响力。此外，随着国家大力推动文化"走出去"战略，教育系统可以引导学生思考如何更好地在国际上传播长江文化，培养其在国际文化交流中的使命感和责任感。

三、职业院校校园文化现状分析

近年来，职业院校在硬件设施方面投入大量资源，建设步伐加快，但在校园文化建设和内涵发展上相对滞后，这导致了软实力的不足，影响了学生核心素质的全面培养[4]。职业院校的校园文化是指在职业教育过程中形成的具有特定教育理念、价值观和行为规范的文化氛围。它不仅包括学校的物质文化和精神文化，还涵盖了师生的行为习惯和校园风貌。校园文化的建设对于职业院校的教育质量和学生的综合素质发展起着至关重要的作用，是实现职业教育目标的关键环节。

（一）职业院校校园文化的现状

近年来，职业院校在硬件设施方面取得了显著进展，包括教学设备的更新、校园环境的改善以及基础设施的完善。这些改进为提升教育质量和学生学习体验提供了良好的基础。然而，在校园文化建设方面，职业院校仍然面临一些挑战。一方面，虽然许多院校在提升专业技能教育上投入了大量资源，但校园文化的内涵和特色塑造仍显不足。现有的文化建设更多地关注于硬件设施和表面形式，忽视了文化的深层次构建和长远规划，导致校园文化的形成和发展未能达到预期的效果。

（二）校园文化建设中的主要问题

1.对校园文化建设的重视程度不足

很多职业院校尚未设立专门的校园文化建设部门，或在已有部门中未明确其具体职责和目标。这种状况使得校园文化建设常常被视为次要任务，没有纳入学校的整体发展战略中。缺乏专职团队和资源支持，导致校园文化的规划和实施缺乏系统性和连贯性，难以形成有效的推动力量。

2.校园文化特色不明显

目前，一些职业院校的校园文化建设多停留在形式上，如基础设施的建设和简单的活动安排，未能深入挖掘和体现校园文化的内涵。由于缺乏系统的文化理念和个性化特色，校园文化未能形成独特的品牌，导致学生对校园文化的认同感和归属感不足。这种情况使得校园文化活动的影响力和持久性受到制约。

3.文化活动的有效性和影响力不足

校园文化活动往往以节日庆典、主题演讲等表面化形式存在，活动的内容和形式缺乏创新和针对性。这些活动虽然能在短期内引起关注，但未能有效激发学生的参与热情，也未能对学生的全面发展产生深远影响。由于活动缺乏系统性规划和文化内涵的支撑，无法有效地促进学生价值观的形成和职业素养的提升。

（三）校园文化建设的必要性

校园文化建设对于职业院校的整体发展具有重要意义。首先，良好的校园文化能够提升学校的整体氛围，增强师生的凝聚力和归属感。通过文化活动和精神文明建设，能够营造积极向上的校园环境，促进师生之间的相互理解和支持。校园文化不仅塑造了学校的独特气质，还对学生的日常行为和学习态度产生潜移默化的影响。其次，系统化的校园文化建设有助于学生综合素质的提高。通过融入价值观教育和行为规范的塑造，能够培养学生的职业素养、社会适应能力以及团队协作精神。校园文化不仅关注学生的学术成长，更注重学生的个人发展和社会责任感，使其在未来的职业生涯中能够更好地应对各种挑战。最后，校园文化的建设也有助于提升职业院校的社会形象。一个具有鲜明文化特色和良好文化氛围的学校，能够在激烈的教育市场中脱颖而出，吸引更多优质的生源和合作机会。职业院校的文化品牌效应将进一步增强学校的竞争力，为学校的长远发展奠定坚实的基础。通过不断优化和创新校园文化建设，职业院校能够实现教育质量的提升和学生综合素质的全面发展。

四、长江文化与职业院校校园文化的融合

在产教融合的背景下，将长江文化融入职业院校的校园文化，具有丰富校园文化内涵、提升学生文化素养和综合能力的作用。长江文化作为中国历史悠久的地域文化，其独特的历史背景和多样的地域特征，为职业院校提供了丰富的文化资源。通过系统化的融合策略，可以从多个方面促进职业院校的教育质量和学生的全面发展。

（一）长江文化在校园环境中的体现

1.校园环境设计

在校园环境设计中，可以融入长江文化的独特元素。例如，设立长江流域自然景观的主题区域，如山水画廊、湖泊景观等，通过景观设计还原长江的自然美景。同时，可以建造历史遗址的微缩模型，如古代的长江桥梁和建筑，展示长江的历史文化。这些文化景观不仅提升了校园的视觉美感，还能在学生的日常学习和生活中潜移默化地传递长江文化的精神。在校园内创建专门的长江文化主题区域，如文化走廊、历史长廊等。这些区域可以通过展板、互动装置和多媒体展示等形式，详细介绍长江流域的历史沿革、地理特色和民俗风情。通过这些精心设计的空间，学生能够在校园环境中深刻体验长江文化的独特魅力和丰富内涵。这种融合不仅使校园更具特色和吸引力，还为学生提供了一个了解和传承长江文化的生动课堂，激发他们对本土文化的热爱和认同感。

2.文化展示与宣传

利用校园内的宣传栏、电子屏幕和信息显示系统等现代传媒工具，展示长江文化的历史和特色，可以极大地提升校园文化的可视性和互动性。通过设置专门的展览区，展示长江流域的自然景观、历史遗迹和文化艺术，以图片、视频和互动展示等形式，使学生和教职工能够更直观地了解和欣赏长江文化的丰富内涵和独特魅力。同时，定期举办以长江文化为主题的讲座、研讨会和展览活动，邀请专家学者、文化工作者和地方历史专家，深入介绍长江文化的多维度内涵和现代应用。这些活动不仅丰富了校园文化生活，还通过专家的权威讲解和互动交流，提升了师生对长江文化的认识和理解，增强了他们的文化自信和认同感，为文化融入校园的长期发展奠定了坚实的基础。

（二）长江文化在教学活动中的应用

1.课程设置

在职业院校的课程体系中，开设专题课程是将长江文化融入教育的重要手段。这些课程不仅详细讲解长江流域的历史背景、经济发展和文化艺术，还通过课堂讲授、案例分析和专题讨论等多种教学方式，深入挖掘长江文化的丰富内涵，激发学生的学习兴趣与探索欲望。结合

长江文化的实际案例进行课堂讨论，能够有效地促进学生对理论知识的实际应用能力，增强他们的实践能力和文化认知。同时，将长江文化相关内容融入现有的学科课程中，如在历史课程中介绍长江流域的历史变迁，在经济课程中分析长江流域的经济发展模式，通过跨学科的整合，帮助学生在掌握专业知识的同时，深入理解文化与专业知识的内在联系。这种综合性的课程设置不仅提升了学生的文化素养，还增强了他们的综合能力，使他们能够在多元化的知识背景下更好地应用所学知识，提升职业素养。

2.教学案例

实际案例分析和项目合作是将长江文化融入职业院校教育的重要方式。在实际案例分析中，利用长江流域的实际案例，如长江经济带的开发与保护项目，可以开展项目实践和实训活动。这些案例不仅提供了丰富的教学资源，还能帮助学生将理论知识与实际问题结合起来，通过参与实际项目，如生态保护、环境治理等，提升他们的实践能力和解决问题的能力。此外，组织学生参与与长江文化相关的项目合作，如地方文化调研和历史遗址保护，通过在真实工作环境中的参与，学生能够更深入地应用所学知识，提升实践经验和文化理解，同时培养创新能力和团队合作精神。这种实际参与的方式，不仅增强了学生的文化认同感，还为他们的职业发展提供了宝贵的实践经验和技能。

（三）长江文化在师资队伍建设中的作用

1.教师培训

教师培训是确保长江文化有效融入职业院校校园文化的关键环节。定期举办针对长江文化的培训活动，可以采用讲座、研讨会和实地考察等多种形式，帮助教师深入了解长江文化的核心内容和丰富内涵。这不仅提升了教师对长江文化的认知，也为他们提供了在课堂上融入这些文化元素的实践经验。同时，通过系统的教学资源开发培训，教师可以学会如何创建和利用与长江文化相关的教学资源，如课程教材、教学案例和互动活动。这种培训能够丰富课堂内容，提高教学的趣味性和互动性，使学生在学习过程中更好地理解和欣赏长江文化，从而提升他们的文化认知和综合能力。通过这样的综合培训，不仅加强了教师的文化素养，也为学生提供了更为生动和有深度的学习体验。

2.校企合作

校企合作是提升教师文化素养和实践能力的重要途径。通过与长江流域的企业和文化机构建立紧密合作关系，职业院校可以为教师提供宝贵的文化交流机会。这些合作不仅包括定期举办的文化交流活动和培训课程，还可以通过与企业联合开展的文化项目，为教师创造实地考察和文化体验的机会。这种深度参与能够使教师更加全面地理解长江文化的实际应用和发展，增强他们的文化敏感性和教学能力。此外，组织教师到长江流域的企业和文化机构进行实习和实践，使他们能够在真实的文化环境中获得第一手的经验，这种实践经历有助于将长江文化知识有效融入课堂教学中，提升教学效果，从而更好地促进学生的文化认知和综合素质。通过这种校企合作，教师不仅能丰富自身的文化背景，也为学生提供了更为生动和真实的文化学习体验。

五、长江文化融入职业院校校园文化的实施路径

要实现长江文化的有效融入，职业院校可以从以下几个方面着手：

（一）提高对校园文化建设的重视程度，建立专门的文化建设机构

要有效地将长江文化融入职业院校校园文化建设，首先必须提高对校园文化建设的重视程度。职业院校应设立专门的校园文化建设部门，明确其职责和目标，确保文化建设纳入学校的整体发展战略。该部门应专注于文化研究、活动策划和资源配置，将长江文化资源系统性地融入学校的日常管理和教学中。

此外，学校领导层应加强对校园文化建设的支持，包括资源投入、政策引导和人员培训，确保校园文化建设有充足的资源和团队支持。通过专职团队的精心策划和持续推进，长江文化将不再是孤立的元素，而成为学校整体文化建设的重要组成部分。

（二）挖掘长江文化特色，塑造独特的校园文化品牌

职业院校应深入挖掘长江流域丰富的文化资源，结合学校自身的专业特点，打造独具特色的校园文化。例如，长江文化中的水利工程、航运文化、工艺美术、非物质文化遗产等内容，与许多职业院校的专业课程高度契合。通过将这些文化元素有机融入教学和校园生活中，可以提升校园文化的内涵与独特性。

学校还可以与当地的文化机构、博物馆、文创企业等合作，开展长江文化主题的展览、讲座和文化体验活动，增强师生对长江文化的认识与理解。通过将长江文化融入校园日常生活，打造独具长江特色的文化活动和校园氛围，职业院校能够提升学生的文化认同感和归属感，从而形成具有地方文化特色的校园文化品牌。

（三）创新校园文化活动形式，增强活动的影响力与教育性

在文化活动的设计和实施上，职业院校应突破传统的节日庆典和主题演讲等单一形式，创新活动内容，将长江文化的元素融入日常的教育活动中。例如，学校可以组织长江文化主题的艺术创作比赛、戏剧表演、工艺品设计等实践活动，增强学生的动手能力和创新意识。

同时，学校可以开发基于长江文化的专题课程或活动模块，将长江流域的历史、地理、艺术、工匠精神等文化内容融入教学中，增强活动的文化深度和教育性。这种方式不仅能提升文化活动的参与度，还能通过潜移默化的方式帮助学生树立正确的价值观，提升他们的职业素养。

（四）将长江文化与职业素养培养相结合

长江流域的文化内涵丰富，既包含创新精神、工匠精神，也蕴含了坚韧不拔、团结合作等传统美德。职业院校应将这些文化精神与职业教育的核心目标相结合，通过长江文化的学习和体验，培养学生的职业素养和文化认同感。例如，通过组织长江文化专题学习，探讨长江流域著名的工匠精神案例，培养学生对专业技能的敬畏感和精益求精的态度。

此外，学校还可以通过参观长江流域的历史文化遗产地、与行业专家对话等方式，让学生在实地学习中感受到长江文化的魅力，增强他们对所学专业的热情和使命感。这样，文化建设不仅仅是培养文化认同，更能有效促进学生职业素养的提升，增强他们在未来职业道路上的竞争力。

（五）建立长效机制，确保文化建设的持续性和系统性

职业院校应建立长效机制，确保长江文化融入校园文化建设的持续性和系统性。这包括制定长江文化融入校园文化的中长期规划，将文化建设作为学校发展的重要组成部分。学校应定期对文化建设的成果进行评估和反馈，调整文化活动和课程的内容，确保其符合学生的需求和社会的发展趋势。

同时，学校应建立师生共同参与的机制，鼓励学生通过学生会、社团等渠道积极参与校园文化的规划和实施，增强他们的主人翁意识。这不仅能提升校园文化建设的活力，还能使学生在参与文化活动的过程中获得自我成长和技能提升。通过全校上下的共同努力，长江文化融入职业院校的校园文化建设将形成一种良性循环，确保其具有持久的影响力。

六、结论

源远流长、内容丰富的长江文化是一种文化资本，不仅使长江流域的居民受益千年，在今天也成为城市产业振兴的重要源泉。产教融合是推进职业教育现代化发展过程中的核心内容，其地位和作用受到广泛关注。在产教融合的背景下，将长江文化融入职业院校校园文化，是提升职业教育质量和培养高素质人才的重要途径。通过对校园环境、教学活动、校园文化活动和师资队伍的综合运作，职业院校可以有效地将长江文化融入校园文化建设中，丰富学生的文化素养，增强其综合能力，为学生未来的职业发展奠定坚实的基础。同时，长江文化的融入也有助于提高职业院校的办学水平和社会影响力，为地方经济和文化的繁荣做出贡献。这不仅能促进学生全面发展的教育理念，而且能通过文化的力量激发学生的学习热情和创新精神，使他们在更广阔的文化背景下理解和应用所学知识，从而培养出兼具专业技能与文化素养的高素质复合型人才。

注释

①基金项目：2022年湖南省职业教育教学改革研究项目"基于协同理论的高职教育产教融合机制及优化策略研究"（项目编号：ZJGB2022642）；2023年度湖南省社会科学成果评审委员会课题《"八个相统一"视域下新时代高校思想政治理论课教学研究》（项目编号：XSP2023FXC023）；2024年度株洲市社会科学成果规划评审委员课题《智慧教室环境下的高校精准教研服务体系构建研究》（项目编号：ZZSK2024089）；2024年度株洲市社会科学成果规划评审委员课题《新时代高职学生职业价值观发展特征及教育对策研究》（项目编号：ZZSK2024093）。

参考文献

[1]曹劲松.长江文化的时代价值与文明形态[J].南京社会科学，2024（06）：130-138+148.

[2]潘海生，程欣.新时代职业教育产教融合治理体系和治理能力现代化的现实内涵和行动路径[J].中国职业技术教育，2021（12）：68-74.

[3]高秀春.基于产教融合的职业教育工作手册式教材开发机制创新[J].当代职业教育，2024（04）：71-78.

[4]张兴科.产教融合背景下企业文化融入职业院校校园文化研究[J].教育教学论坛，2023（08）：185-188.

武汉文化与文学传统优势论

邹建军

内容提要： 武汉，作为中国内陆的核心城市，其重要性在经济、科技、文化、军事、文学、教育及艺术等多个维度均有显著体现，尤其是在文学与艺术领域，其优势尤为突出，即便与周边城市相较亦不遑多让。本文旨在从七个维度深入剖析并阐述武汉本地文学与文化的独特性与优势，以此作为申报"世界文学之都"的有力支撑，并展望其在不远的将来能够成功获此殊荣。

关键词： 武汉市；文化与文学；独特性与优势；"世界文学之都"

作者简介： 邹建军，华中师范大学文学院教授，研究方向为比较文学、文学地理学。

Title: A Discussion on the Advantages of Wuhan's Cultural and Literary Traditions

Abstract: As the core city in China's inland, Wuhan is of great importance in many dimensions, including economy, technology, culture, military, literature, education and art. Especially in the fields of literature and art, its advantages are particularly prominent, even compared to surrounding cities. This article aims to deeply analyze and elaborate on the uniqueness and advantages of Wuhan's local literature and culture from seven dimensions, as a strong support for applying for the "World Literature Capital" title, and to look forward to its success in winning this honor in the near future.

Key Words: Wuhan City; Culture and Literature; Uniqueness and Advantages; "World Literature Capital"

About Author: Zou Jianjun, professor of the School of Literature of Central China Normal University, research direction is Comparative Literature, Literary Geography.

在探讨"世界文学之都"的语境下，"文学"这一概念超越了纯文学的范畴，涵盖了文学、艺术与文化等多个方面，构成了一个综合性的"大文学"概念。联合国教科文组织在评选世界文学之都的相关文件中，同样采用了这一广义的"文学"定义。唯有基于这样的理解，我们才能全面把握武汉本地文学与文化的优势，深刻理解其深远的文学与文化传统及其独特之处，特别是这些传统优势的形成历史与方式，以期对全球其他地区的文学传统构建提供有益的启示。

武汉不仅被誉为"汽车之城""交通之城""钢铁之城""科技之城"和"教育之城"，而且是一座底蕴深厚的"文化之城"与"文学之城"。这座城市不仅坐拥89所高等院校，还拥有20余个国家重点研究机构，以及上百家文学馆、艺术馆、图书馆、美术馆与博物馆，私人博物馆与收藏馆更是星罗棋布。武汉由武昌、汉口、汉阳三镇组成，是中国中部地区的最大城市，现被视为中国内地的新一线城市，甚至被誉为中国的"第五城"。传统上，武昌被视为"文化区"，汉口被视为"商业区"，汉阳则是"工业区"，但这种划分自20世纪50年代起便需辩证看待。首先，汉阳的"工业区"身份已不复存在，且同样拥有丰富的文化底蕴；汉口的商业地位日益增强，同时亦是文化底蕴深厚的"文化区"。我们主张整个武汉均为"文化区"，因为汉口设有众多军事院校，汉阳亦有多所重要大学。其次，所谓"武汉三镇"的传统划分已难以涵盖当今的武汉，其范围已扩展至黄陂区、江夏区、新洲区、蔡甸区、东西湖区、汉南区等远郊区域，这些地区同样成为武汉文化与艺术的有机组成部分。我们认为，每个区域在文学与文化上均形成了独特的风格与优势，同时又统一于整体的武汉文化与文学之中，共同构成了本地丰富、完整且系统的文化传统与文化符号体系。

关于武汉市文化传统与文学传统的独特性与优势，可概括为以下七个方面。

一、悠久的城市文化与文学历史

武汉是一座拥有深厚历史文化底蕴的城市，其建城历史可追溯至至少3500年前的商代盘龙城遗址。秦汉时期，武汉已成为中国内陆的重要水路枢纽；唐宋年间，随着商品经济的繁荣，武汉成为中国东西南北的交通要冲，与佛山、扬州、朱仙镇并称为四大名镇，是长江沿岸的重要商品集散地。近代，武汉成为中国内陆的重要通商口岸之一，西方多国在此设立租界和领事馆，进一步推动了商业的繁荣与发展。张之洞在此创办的汉阳兵工厂与两湖书院，标志着中国历史的新篇章。进入现代，武汉成为中华民国的经济与文化重镇，汉口一度成为国民政府的特别行政区；抗战时期，武汉更是中国的政治、经济与文化中心之一，一度成为国民政府的临时首都；新中国成立后，武汉成为中国中部最大的中心城市，在工业、商业、教育、文化等多个领域均占据举足轻重的地位。武汉的历史、文化与传统，虽以三镇各有特色，但作为一个整体，无论在哪个方面，都在中国具有极其重要的战略地位。中国近代以来的许多重大历史事件，均与武汉息息相关。尤其是1911年的武昌起义，推翻了中国长达两千多年的封建帝制，在中国首次建立了共和体制，开创了中国历史的新纪元。[1]因此，武汉是中国现代化历史进程中不可或缺的策源地之一，无论在政治、经济还是商业贸易方面均如此；同时，武汉在世界历史上亦占有重要地位，中国的许多城市难以望其项背。春秋战国时期，楚国作为最重要的诸侯国之一，拓地五千里，延续八百年，在思想、政治、文化与艺术方面创造了诸多辉煌成就，被誉为"东方的希腊"。因此，位于楚国核心区域的武汉，拥有深厚的历史积淀与悠久的文化传统。在中国南方城市中，似乎难以找到第二个能与武汉相提并论的城市。中国古代最伟大的诗人之一屈原、重要的辞赋作家宋玉，似乎都与武汉有着深厚的联系；唐代最伟大的诗人李白、孟浩然与崔颢，亦与武汉有着千丝万缕的关系，在此留下了流传千古的佳作。虽然武汉并非多朝古都，但其历史悠久、传统深厚，古老的楚国文化与文学多半与武汉相关。楚国的中心江陵（今荆州）与武汉的自然山水、人文传统亦是一体化的存在。钟子期与俞伯牙之间的高山流水故事，楚庄王三年不鸣、一鸣惊人的传奇，花木兰代父从军的故事，不仅在武汉家喻户晓，亦在中国文化传统中占有重要地位，产生了深远而广泛的影响。

二、武汉文化历史底蕴深厚，文学艺术创作高度繁荣

武汉的文学与艺术领域历来展现出高度的繁荣景象，其深厚的历史传统在中国南北各大城市中无疑是名列前茅的。追溯至春秋战国时期，中国古代首位伟大诗人屈原曾在此地活动，其足迹至今在东湖畔的行吟阁遗址中得以缅怀；与此同时，杰出的辞赋家宋玉亦在江汉平原这片土地上创作了诸多光照千古的文学佳作。步入唐代，伟大诗人李白、孟浩然等相继踏足江汉，留下了大量脍炙人口的山水诗篇，其中李白因崔颢题诗黄鹤楼而不再续写的佳话，更成为流传广泛的民间美谈。黄鹤楼，作为江南三大名楼之一，因历代文人墨客的题咏而愈发彰显其"文学之楼"的璀璨光芒。

地处中国大陆腹心地带的江汉地区，自古以来便是南北交通的咽喉要道，无论在国家统一还是分裂时期，均吸引了无数诗人作家南来北往、东下西上。许多诗人作家在此居留多年，如苏轼、黄庭坚等诗词大家，在此留下了丰富的书法墨迹及重要的文学作品。明代，江汉地区涌现出著名的"公安派"与"竟陵派"，以及"江夏画派"的诸多名家，还有"江夏七贤"之说，他们及其作品在中国文学史上留下了深刻的印记。

抗战时期，武汉成为中国文化的中心，众多诗人作家汇聚于此，以笔为剑，为国家命运与民族前途呐喊高歌，一时之间，文学创作达到了前所未有的高度。进入当代，武汉更是孕育了众多杰出的作家，如姚雪垠、徐迟、骆文、碧野、曾卓、绿原等，他们的作品在文坛上产生了广泛影响。此外，众多文学大家的出生地或祖居地亦与武汉紧密相连，如现代文论大家王元化出生于荆州，著名戏剧作家曹禺祖居潜江，文学理论家胡风生于蕲春，哲学家熊十力则诞生于团风。

新时期以来，武汉涌现出了一批又一批一流作家，包括小说作家方方、池莉[2]、陈应松等，诗人车延高、谢克强等，以及散文作家田野、徐鲁，戏剧作家与表演艺术家沈虹光、夏菊花等。这些作家群体的创作成果丰硕，多次荣获鲁迅文学奖、茅盾文学奖等国内重要奖项，在当代文坛占据重要地位。值得注意的是，这还未包括那些从武汉走出去、在全国或国外生活并产生重要影响的作家。

相较于全国其他城市，武汉在文学与艺术领域的地位尤为突出，其文化传统与文学创作方面的优势显而易见，甚至在某些方面超越了同类城市，成为难以替代的存在。[3]或许仅有南

京能与武汉在文学创作上相提并论，但在诸多其他方面，南京亦难以与武汉匹敌。尽管武汉是一座后起之秀，但其在文学与艺术方面的历史积淀与创作成就，即便是作为国家首都的北京，亦难以全面超越。武汉以其鲜明的地域特色与巨大优势，在中国文学与艺术版图上独树一帜。

三、图书出版与报刊媒体的高度繁荣

武汉历来被视为图书出版与报刊媒体的重要枢纽，其地位在全国范围内显著突出。在平面媒体领域，武汉拥有诸如《湖北日报》《长江日报》《楚天金报》《武汉晚报》及《楚天都市报》等传统权威媒体，这些媒体不仅在当地具有广泛影响力，在全国范围内亦占据重要地位。此外，武汉还孕育了《知音》《幸福》《今古传奇》《中国故事》及《中华文学》等传媒集团，这些集团发行的平面媒体与综合性文学期刊在全国范围内同样享有盛誉。

在纯文学刊物方面，武汉的《长江文艺》《长江丛刊》《芳草》及《中国诗歌》等刊物，无论是从其悠久的历史背景还是从其广泛的社会影响来看，均在全国纯文学领域中占据举足轻重的地位。同时，武汉还拥有一系列文学评论与文学研究刊物，如《语文教学与研究》《文学教育》《长江学术》《外国文学研究》《写作》《华中学术》《世界文学评论》《长江文艺评论》及《文艺新观察》等，这些刊物在推动文学研究、文学教育及文学传播方面发挥了重要作用。

尤为值得一提的是，长江文艺出版社作为中国文艺出版领域的佼佼者，其每年出版的文学艺术图书在全国图书市场上占据重要地位。此外，华中师范大学出版社、武汉大学出版社、华中科技大学出版社、中国地质大学出版社、武汉理工大学出版社、湖北教育出版社、武汉出版社及崇文书局等，亦是中国文学图书出版的重要力量，共同推动了武汉乃至全国文学图书出版业的繁荣发展。

图书业与报刊媒体的高度繁荣为文学的发展创造了良好的外部环境与重要条件。[4]图书、报纸与杂志作为文学艺术的重要载体，无论是在网络普及之前还是进入网络时代后，均发挥着不可替代的作用。尤其对于规模较大的文学与艺术作品而言，网络平台的承载能力相对有限，因此，武汉众多而发达的图书报刊成为了文学艺术产生与发展的重要平台，并发挥了巨大的作用。

在此基础上，武汉的多个大型传媒集团经过20年的快速发展，已成为中国传媒领域的佼佼者。这些集团旗下拥有众多报刊平台与多媒体平台，共同构成了中国文化与艺术传媒最为集中、最为显著的地域之一。例如，《中国诗歌》原由人民文学出版社出版，但近20年来，该刊物已逐渐成长为中国诗坛的重要刊物之一；每年举办的闻一多诗歌奖与汉诗歌节，更是成为了以诗歌为中心的文学艺术节的重要组成部分，进一步彰显了武汉在文学与艺术传媒领域的卓越地位。

四、文艺设施完备且文学遗产保护得当

武汉市在文化艺术设施的建设方面展现出了高度的完备性，其中部分设施不仅在国内首屈一指，甚至在亚洲范围内也占据领先地位。这些设施大多具备现代化水平，如琴台大剧院、湖北剧院、武汉歌舞剧院及湖北省歌舞剧院等，它们在华中地区乃至全国均享有盛誉，堪称一流。此外，湖北省艺术馆、湖北省美术馆、湖北省群众艺术馆、武汉市群众艺术馆、民众乐园、武汉客厅及卓尔书店等，亦是重要的文化地标与艺术展览场所，常年举办各类演出与艺术展览，为市民提供了丰富的文化享受。

湖北省图书馆作为中国内地的重要图书馆之一，其旧址位于武昌蛇山南坡，原为张之洞创办的两湖书院旧址，至今保存完好。新建的湖北省图书馆则坐落于沙湖边的公正路上，以其庞大的面积与丰富的藏书量，成为中国面积最大、藏书最多的图书馆之一。该馆每日对外开放，为读者提供阅读服务，其主办的"长江讲坛"在引领全民阅读与思考方面发挥了重要作用。

位于武昌三官殿的湖北省博物馆，馆藏丰富，其中包括世界闻名的战国编钟、越王勾践剑及楚国古墓出土的文物等，这些珍贵文物在博物馆内得到了全方位的保护与展示，每日免费向公众开放，成为展示湖北独特文化的重要窗口。值得一提的是，"三官殿"这一地名的由来，据研究与战国时期的伟大爱国诗人屈原有着直接而重要的联系，进一步增添了该地区的文化底蕴。

汉口近代以来的租界建筑，以其独特的西洋特色与完整的保存状态，成为了重要的文化遗产。而古老的"汉阳树"，据称已有2000年的历史，至今仍绿意盎然，因唐代诗人的描绘，与"鹦鹉洲"一同成为了汉阳地区的重要文学景观。此外，武汉市周边如黄陂的二程故里及"双凤亭"、江夏的谭鑫培公园及宏伟戏楼、金口的钟山舰遗址公园及纪念园等，亦是举世无双的文化遗产，它们不仅构成了重要的文化景观与文学景观，还成为了外地游客来汉的必游之地。

武汉市政府高度重视这些文化与艺术设施的保护与修复工作，每年投入大量资金，并定期进行修复与维护，这一现象在全国各大城市中实属罕见。过去，人们或许更多地将武汉视为商业或工业重镇，然而经过数十年特别是改革开放以来的发展，武汉已逐渐转变为文化中心与艺术中心，尤其是文学与学术的重镇，其地位或许仅次于南方的广州。

五、璀璨如星的杰出作家与作品

武汉市，无论是在悠久的历史长河中，还是在当代文学的发展进程中，均孕育并持续产出了一大批卓越的作家及其作品，这些文学瑰宝不仅赢得了全国的瞩目，更令世人刮目相看。武汉各区域在历史上均涌现出重要的作家与作品，其中不乏成为中国文学史上的标志性成就，被历代读者所珍视与传颂。

以武昌为核心，其周边卫星城市同样展现出较为发达的文化底蕴，历代以来培育了众多杰出的作家与艺术家。江夏，古称纸坊，其东西贯通的纸坊大街至今仍存，见证了该地区造纸术的高度发展。江夏现有谭鑫培公园，以近代京剧艺术大师谭鑫培命名，彰显了此地作为京剧艺术发源地之一的重要地位，亦是京剧谭派艺术的摇篮。[5]在明代，江夏还是"江夏画派"的诞生地，以吴伟为代表的画家群体，尽管部分成员在外地从事文化艺术活动，但其画作仍以江夏为名，吴伟作为江夏土地堂人，更是为这一画派增添了浓厚的地域色彩。江夏的安山乡新窑村还曾有"七贤堂"，纪念明代以熊廷弼为首的七位贤达，尽管建筑已不复存在，但他们的名声在本地依然显赫，且多数留有著作传世。此外，江夏还孕育了当代诗人刘益善、王新民、熊明泽等文学新星。

黄陂同样文化底蕴深厚。宋代理学大师"二程"即诞生于此，为纪念他们而建的"双凤亭"历经风雨，依然屹立不倒，成为当地的文化地标。黄陂还涌现出绿原、彭邦桢、胡秋原等当代著名诗人与作家，他们的文学影响力跨越全国，乃至世界，其故居亦得到了一定程度的保护与传承。

蔡甸同样人文荟萃。当代评论家赵国泰、诗人管用和、谷未黄等文学名家均出自此地，使得蔡甸成为一片充满人文气息的土地。

武汉市内出现的众多重要作家及其相关文物与文献，已成为宝贵的文化资源。东西湖区图书馆的中国当代作家代表作陈列馆，尽管规模不大，却珍藏了众多作家的手稿与照片，成为本地的一大文学景观。当我们回顾与总结武汉的文学发展时，不难发现其作家与作品的数量与质量，在当代中国各城市中实属罕见，即便是西安、成都、重庆、长沙等文化底蕴深厚的城市，与之相比亦显逊色。这既与武汉的体量相关，更与其深厚的历史传统与独特的文化环境密不可分，展现了武汉在文学领域的独特优势与悠久传统。

六、群众性文学艺术活动的规模化与高层次性

武汉本的文学艺术活动呈现出极为活跃的态势，并已形成了显著的规模与传统。众多大型文学活动在固定的时间与地点定期举办，部分活动已延续数十年之久。例如，每年于珞珈山举办的樱花诗会，以及在桂子山举行的"1·29诗会"。各大高校亦纷纷举办各具特色的文学活动，这些活动不仅参与者众多，且规模宏大。自2014年起，湖北知名民营企业——卓尔集团更是出资赞助并成功举办了武汉诗歌节及与文学艺术紧密相关的啤酒节等，产生了深远的社会影响。此外，武汉地区还曾主办多项重要文化节，包括中国戏剧节、中国园艺博览会、湖北省艺术节、中国艺术节、大学生艺术博览会（大艺博）、武汉图书节、武汉期刊交易博览会等。特别是期刊交易博览会，吸引了来自中国各地及世界各国的参与者，笔者亦曾数次参与其中，留下了深刻印象。与法兰克福书展、莱比锡书展等国际知名书展相比，尽管规模尚未达到同等

水平，但影响力已相当可观。这些重要的文化艺术节不仅成为了重要的艺术交流平台，更吸引了大量民众参与，产生了广泛的社会影响。在此方面，或许仅有成都可与之相提并论。作为西南地区的中心，成都不仅是经济中心，亦是文化中心；然而，诸如"樱花诗会""南湖诗会"等大规模文学活动，在成都各高校中亦难以匹敌。

七、文学教育的高度发展

武汉地区的文学教育呈现出高度发展的态势，以各高校为主体的文学教育与传播，不仅成为中国当代文学史上的奇观，亦在世界文学史上堪称罕见。武汉地区不仅是中国传统文化与文学的保存地，而且是当代文化传播与文学教育的重镇。众多重要作家与艺术家在此生活与创作，为文学教育提供了强大的生力军。作为世界上大学生人数最多的城市之一，在武汉常年求学的大学生人数约160万。尤其是武昌地区，集中了多所部属高校及军事院校，以及数十所国内有影响力的各级各类高校。这些高校中，许多人将文学视为终身事业，创作出重要的作品，成为当代杰出的作家与诗人。高校中的名师高手常年对学生的文学活动进行悉心指导，致力于培养文学人才。如华中师范大学的晓苏、方方、王泽龙、邹惟山、剑男、魏天无，武汉大学的陈建军、荣光启，江汉大学的周昕、庄桂成等诗人作家，在学生中享有极高威望。大学不仅是文学活动的聚集地，亦是文坛新生力量的不竭源泉。文学教育已成为武汉地区文学发展的重要途径，众多学者与高校教师，在培养学生的同时，亦培养出一批批诗人与作家，他们在各级文学活动中屡获大奖。例如，华中师范大学文学院的两位研究生赵目珍和赵鹏旭，多次在全国文学比赛中获得重要奖项，充分证明了本地文学教育的成效。中南民族大学亦涌现出众多来自国内数十个少数民族的文学创作爱好者，在李庆福、杨彬、罗义华等教师的指导下，五色土、玫瑰园诗社的成员常年坚持创作，在高校中产生了广泛影响。文学教育不仅是文学创作的摇篮，亦是文学批评与研究的实验场地。武汉地区文学教育历史悠久，众多学者经验丰富，部分学者已进行总结，如武汉市文联组织编写的《大学文学创作史》（樊星教授主编），便是重要尝试之一，亦彰显了文学教育取得的显著成果。

综上所述，武汉地区在历史上所形成的以上七个方面的特点与优势，为申请"世界文学之都"提供了坚实的基础与重要条件。尽管有观点认为其他大城市亦具备类似的优势，但实则不然。上海虽文化传统深厚，却难以与古老的楚文化相提并论，且作为近代发展起来的城市，其文化与西方文化的传入密切相关。同时，上海高校数量亦不及武汉，且缺乏贯通南北东西的交通优势。广州作为岭南文化发源地，其文化历史显然不如楚文化博大精深。成都虽文化传统亦深厚，特别是"三星堆文化遗址"的发现填补了古代文化发展的空白，但其在国内外的影响远不及楚文化传统；同时，成都的文学创作活跃度及一流作家与作品的丰富多样性亦不及武汉。因此，充分认识并发挥武汉文化与文学的优势，建立文化自信，对于开创新的文化与文学局面至关重要。我们相信，作为当代中国的文学重镇及东方楚文化的发源地，武汉完全具备成为东方另一个"世界文学之都"的潜力。本文对于武汉市文学艺术传统优势的概括与总结虽未必全面科学，但期望能引起更多学界同仁的关注与兴趣，共同发掘、发扬本地的文化与艺术特色，而且部分特色或需重新认识、重新建构、全面发展。这是一项系统性工程，亦是一个历史性过程，需全体人员共同努力，方能取得更加显著的成效。

参考文献

[1]张实.盛宣怀与武昌起义的"蝴蝶效应"[J].档案记忆，2024（03）：42-45.

[2]周俞伶.池莉武汉文学地图研究[D].中南民族大学，2022.

[3]高洁宇，张文熙，王亿杰.武汉城市文化元素在轨道交通公共空间设计中的转译与应用研究[J].家具与室内装饰，2022，29（12）：106-111.

[4]刘言.洪山出版擘画百亿产业集群[N].中国出版传媒商报，2023-02-24（050）.

[5]汪人元.谭鑫培的意义——为武汉音乐学院"谭鑫培戏曲艺术研究中心"而做的专题讲座[J].黄钟（武汉音乐学院学报），2023（03）：43-50+90+167.

从长江流域到"胡焕庸线"以西地区就业的心理层面思考

——基于无边界生涯理论分析

李 鹤

内容提要： 近年来，随着国家政策的引导和区域经济的协调发展，越来越多的长江流域毕业生选择到"胡焕庸线"以西地区就业。基于长江流域和"胡焕庸线"以西地区的自然差异和人文差异，跨越"胡焕庸线"生活和就业的人们需要重新认识"人与世界""人与他人""人与自我"的关系，具备应对复杂多变的社会生涯能动性，以及处理文化互动问题的能力。

关键词： 长江流域地区；无边界生涯理论；胡焕庸线；跨区域流动；心理层面

作者简介： 李鹤，山西大学讲师，研究方向为生涯教育。

Title: Thinking on the Psychological Level of Employment from the Yangtze River Basin to the West of the "Hu Line"— An Analysis Based on the Theory of Boundaryless Career

Abstract: In recent years, with the guidance of national policies and the coordinated development of regional economy, more and more graduates from the Yangtze River Basin choose to work in areas west of the Hu Line. Based on the natural and cultural differences in the Yangtze River basin and the areas west of the "Hu Line", people living and working across the "Hu Line" need to re-understand the relationship between "people and the world", "people and others" and "people and themselves", and have the initiative to cope with complex and changeable social careers, as well as the ability to deal with cultural interactions.

Key Words: Yangtze River Basin Region; Boundaryless Career Theory; Hu Line; Cross-regional Flows; Psychological Dimension

About Author: Li He, lecturer of Shanxi University, mainly engaged in Career Education.

党的十九大报告提出："实施区域协调发展战略，推进西部大开发形成新格局。"[1]2018年，中共中央、国务院发布了《关于建立更加有效的区域协调发展新机制的意见》，提出要推动国家重大区域战略融合发展，统筹发达地区和欠发达地区发展。[2]在我国的历史上，著名的划分区域的研究无疑是"胡焕庸线"，就其"破与不破"的问题学术界展开了激烈的讨论，多在社会学、历史学和地理学等宏观领域中研究。提出"胡焕庸线"或将成为区域协调发展战略的直接发力点和政策核心关注点，[3]但从微观心理层面讨论还存在很大空间。新中国成立70余

年来，越来越多的人突破地域的限制生活和就业，尤其是从西部地区到东部地区的人口流动，被誉为"一江春水向东流"。[4]近年来，随着"西部大开发""一带一路"和"兴边富民"政策的实施，"胡焕庸线"以西地区成为国家的发展重点区域，逆向跨越"胡焕庸线"生活和就业的人也越来越多，基于长江流域地区和"胡焕庸线"以西地区的自然差异和人文差异，人们如何处理文化差异所带来的心理变化？面对国际化和信息化的新时代，人们要具备什么样的心理资本来提高就业竞争力？通过无边界生涯理论探讨这些问题能够引起人们的关注，并在应对复杂的社会环境时能够得到相应的发展建议与反馈，并有意识地培养自身的文化素养和就业竞争力。

一、长江流域地区与"胡焕庸线"的关系

早在1935年，胡焕庸就以"瑷珲—腾冲线"作为中国人口分布的分界线，被称为"胡焕庸线"。他指出，自然环境、经济发展水平、社会历史条件的不同是造成中国人口分布失衡的三大原因。"胡焕庸线"本质上反映了中国人口分布与自然地理、气候环境之间高度的空间耦合性，即中国西北侧山地多且寒旱而人口稀疏，东南侧山地少且温暖湿润而人口密集。中国人类活动强度、气候和资源的相对稳定性与人口分布"西疏东密"的特征密切关联。其意义是解释了中国资源环境基础的区域差异特征，还反映了人地关系。这种东西方向上的不均衡性主要受到自然条件、社会历史、人口流动与国家政策等因素的影响。[5]

长江流域地区正处在"胡焕庸线"的东南侧，这一地区气候湿润、降水充沛，为农业和文明的发展提供了有利条件，也形成了长江文化，长江文化的吸引力使得更多人口向这一区域聚集，从而进一步强化了"胡焕庸线"两侧的人口分布差异。长江文化区域的经济繁荣不仅促进了当地的经济增长，还通过贸易、投资等方式带动了周边地区的经济发展。这种经济上的联动效应在一定程度上也影响了"胡焕庸线"两侧的经济格局。长江文化作为中华文化的重要组成部分，其开放性和包容性使得不同文化之间的交流更加频繁。这种文化交流不仅限于长江文化区域内部，也扩展到"胡焕庸线"的西北侧及其他地区，促进了文化的多样性和融合发展。"胡焕庸线"本身是一条描述中国人口地理分布特征的线，而长江文化则是一种地域文化现象。两者之间的关系主要体现在长江文化区域的人口、经济、文化特征对"胡焕庸线"所描述的人口地理分布格局的影响上。然而，这种影响并不是单向的，"胡焕庸线"所反映的人口地理分布特征也在一定程度上塑造了长江文化的地域特色和发展轨迹。

关于"胡焕庸线"破与不破的讨论，首先要解决的是人口问题，人口不均是我国的基本国情，尹德挺和袁尚新（2019）结合GIS等软件平台发现新中国成立70年来"胡焕庸线"两侧人口占比维持"东多西少"的格局没有改变，且两侧人口比值的降幅由大转小，政策性人口向西迁移是一定历史时间内"胡焕庸线"两侧人口比值下降的主要原因。[6]但人口不均是自然生

态的结果，不能为了追求平衡而突破，西北侧的自然承载人口的能力本身较低，要想改善"胡焕庸线"以西国土空间资源环境承载能力，在人口和经济承载能力较强的地区发展与环境相适应的产业，以产业吸纳人口，将有效提升"胡焕庸线"以西地区人口承载能力。那么，第二个要考虑的问题就是经济，随着我国对西部一系列战略政策的推进，中国市场由以东向为主变为东西双开的局面，也将引导相关产业向西转移，进一步加大西部地区经济和人口比例，进而促进我国东西部协调发展。[7]但我国人口重心的变动滞后于经济重心且变动幅度较小，主要受到经济、社会风俗、民族文化、政策等影响。[8]人力资源的培养不仅靠当地教育的发展，也可以依赖人才引进。但目前，我国高强度人口活动的空间范围并不大，全国83.34%的国土上人口活动强度较低，约99%的高强度人口活动集中在"胡焕庸线"以东地区。[9]这就产生了长江流域地区的城市"抽水现象"，这与"一江春水向东流"的现象是相伴而生的。或许促进自然环境与经济环境能够承载的人口逆向跨越"胡焕庸线"是解决这些问题的突破口。

近年来，随着国家政策的引导和区域经济的协调发展，越来越多的长江流域地区毕业生选择到"胡焕庸线"以西地区就业。由"胡焕庸线"西侧向长江流域地区的迁移已经广泛被讨论，由长江流域地区向"胡焕庸线"以西地区迁移的问题被关注的较少，但这在新中国70年的发展历程中并不少见。新中国成立初期优先发展重工业对人口向北、向西移动产生了基础性影响，2000年以后西部大开发、新型城镇化及区域协同发展战略促进了人口区域聚集度的缓解及"小聚集、大分散"分布模式的出现，加快了中国人口空间分布的均衡发展，未来中国人口分布变化在很大程度上取决于"一带一路"建设西向拉力与东部城市群发展东向拉力的力量对比。[10]本文关注由长江流域地区向"胡焕庸线"以西地区流动的心理层面。经济发展趋势与生涯心理是相辅相成的，"无边界"的概念被广泛推广了"区域优势"模型的适用性。[11]在我国，突破"胡焕庸线"的"边界"进行流动的人们，适应文化差异或者处理多元文化的问题已经成为当今人们必须具备的能力，运用无边界生涯理论的思想能够将文化与个人进行综合思考。

二、无边界生涯理论

从字面意思来说，边界是指标记区域、领土等界限的线，也可以表示一种限制。"无边界生涯"（The boundaryless career）可以扩展到领域没有限制的生涯，或者至少没有明确的界限或障碍标记。"无边界"一词是与"有边界的"或组织生涯区分开来。无边界生涯是"旅程"生涯隐喻的一种变形。随着越来越多的开放式生涯轨迹出现，相对有目的性的"旅程"可能正在演变为更加开放的生涯"旅行"概念。"无边界"具有与对象和生物体的具体世界有关的字面含义，这些对象和生物体出于解释和想象力的作用而应用于抽象概念的"生涯"，就象征意义而言，无边界的概念可能会让人联想到不受限制的生涯形象。[12]早期将无边界生涯定为超越单一就业环境的工作机会，在概念的阐述过程中，跨越边界是因为人们有跨越边界的意愿和个人资源，同时强调"跨越"必须以动机和个性（"知道为什么"）、技能和经验（"知道如何"）、关系和声誉（"知道谁"）的形式积累可交易的"生涯资本"。[13]因此早期的无边界生涯的"边界"，更多的是指组织、职业、行业、部分、层级和地理界限，也可以指工作与家庭之间的界限，这些是"有形的边界"。这是我们探讨由长江流域地区跨越"胡焕庸线"时生涯问题的基础，而后期的无边界生涯的定义逐渐倾向于"无形的边界"，个人的主观能动性成为讨论的新热点。接下来就两种不同"边界"的无边界生涯理论进行讨论。首先是"有形的边界"的讨论。在人们日常生活中常见的是职业资格证书的认定和跳槽现象可以体现有形边界的存在。无边界生涯的特征体现在心理上和身体上的流动性，但在讨论物理流动性时涉及工作、公司、职业、地域之间的流动。然而，在实践中，"无边界生涯"的标签往往是具有特定类型的边界，例如就业环境或公司的边界。相关研究主要集中在无边界生涯是组织间的生涯。[14]也就是说在无边界生涯中，删除的关键边界被认为是组织周围的边界，这样的边界也受到行业和地理位置的限制，符合本文要讨论的跨越地理上的分界线。生涯界限是无处不在的，当人们跨越边界时，界限不会消失。对于跨越"胡焕庸线"旅居就业的人们来说，更是突破了家庭的界限来到不熟悉的环境。因此严格来说，我们不应谈论无边界的生涯，而应谈论跨越边界的生涯。

在无边界的生涯中，不断增加的跨界可能是边界渗透性增加的结果，或者是跨界者积极主动的行为的结果，或者两者兼而有之。仅考虑有形的边界是很受局限的，因此，研究者还需要关注"无形的边界"。无边界生涯既涉及客观特征（例如流动性），也涉及无边界的主观态度，也就是人们跨越边界的心理支撑。例如，当人们谈论"走出我的舒适区"时，这个舒适区就好像有一条想象出来的线，大多数人都能毫无困难地跨越，也有人觉得这是不可逾越的障碍。跨越边界可能会有积极和消极两种心理因素，积极的心理是人们主动跨越的生涯主观能动性和自我肯定，消极的心理是被迫跨越的无能力感和被边缘感。[15]因此，首先需要考虑应该跨越哪种边界以及以何种方式跨越。在我国的历史故事中，最能代表无边界生涯的可能是孙悟空，他可以一个跟头十万八千里，毫不费力地移动到任何想去的地方，但他选择守护唐僧克服路上的重重困难，也因此成为人们心中守护神的代表。那么我们就可能会思考孙悟空为何会这么做，他从不情愿到心甘情愿的过渡过程中，心理发生了哪些变化？因此探索无边界生涯重要的是关注的跨越边界的主观因素，也就是"无形的边界"。学者们逐渐开始重新定义成功的标准，心理上的成功不仅基于组织定义的主流标准（如晋升和经济报酬），与家庭、朋友和社区的关系，以及个人发展的主观标准也很重要。[16]这种观点证实了生涯不仅受外部环境变化的影响，也会受到心理因素的影响。生涯取决于个人定义的标准，而不是受组织认可的标准，也就是个人偏好会决定个人如何探索生涯道路。在文化背景下对生涯的研究中挑战了关于生涯能动性不受任何限制的观念，[17]生涯可能受到自我完善、持续学习和个人责任感的影响，可靠的人际关系源于主观上认为有意义，这些都可能会影响生涯选择，也可能会影响生涯流动性。[18]人们在社会中具有社会角色，生涯能动性可能更多是通过社会来构建的。因此，需要更加关注无边界生涯研究中主观能动性的研究。对生涯能动性的研究可以通过跨学科的研究进行分析，比如在社会学方面，经济环境是人们生涯架构的参照，这种变化的社会结构也是强大推动力，人们如何在不断变化的经济中生存和发展是研究的重点，[19]但社会学研究没有更深层次探讨能动性的问题，所以要结合心理学的角度，心理学的微观视角对研究能动性提供了很多支持，将能动性与个人的个性发展和适应能力联系起来，并探讨人们的自我指导、价值观和个人能力的来源。[20]这类研究尝试把心理依赖从组织生涯研究中独立出来，并指出生涯能动性的意义建构、自我实现和潜力激发。[21]还试图帮助人们认识到生涯能动性源于终身学习和个性发展。[22]虽然心理学的方法对研究生涯能动性的主观方面有更微观的作用，但是仅从心理学角度研究生涯还是有局限性的，对其环境参与的过程和实践提供的贡献较少。所以需要进行跨学科的综合考虑。在思考我国国情的基础上，如何激发个人跨越具体的"胡焕庸线"和抽象的"心理界限"还要关注生涯能动性的研究。

从上述讨论可以表明，无边界生涯的建构不能独立于文化背景之外，也需要在研究无边界生涯的主观能动性方面提供多学科的视角，将多学科的研究重点进行融合。在瞬息万变的工作环境中，生涯转变是由触发状态或幻灭的事件引起的，是"寻找合适"过程的重要组成部分。事业成功的结局是由一系列混乱因素共同决定的：机会、计划外事件以及非线性的结果。[23]无边界生涯研究未来将关注全球社会动态、不确定和复杂的领域对生涯的挑战。塔姆斯（S.Tams）和亚瑟（M.B.Arthur）提出了生涯能动性的六个互补特征，即生涯能动性的个体差异、社会参照、实践、结果、背景和学习，这些特征强调了独立性与互相依存性，并能够在不断变化的无边界生涯领域中应用。[24]这些研究推动了生涯研究中关于生涯能动性的探讨，为无边界生涯提供了多种互补的观点，比如采用心理学视角的人更强调在机构中的个人生涯差异，采用社会学视角的人对社会文化变迁有了新的理解。因此，从以上6个方面探讨无边界生涯中的生涯能动性，能够更有效地讨论社会变革中我国生涯指导建构的关注点。

三、新时代背景下突破"边界"需要认识的三个关系

在新时代的背景下，社会文化也在发生着变化，这使由长江流域地区跨越"胡焕庸线"的人口流动情况有了新的社会背景和发展趋势。但也存在制约经济的因素，例如自然结构、运输距离、教育和文化水平等。关注跨越"胡焕庸线"的心理层面需要结合社会发展情况认识人与自我、人与他人、人与世界的关系，无边界生涯理论则是启发我们结合社会文化培养人们的生涯能动性。

（一）"人与自我"的关系

人们能够了解自我，才能更好地观察世界，进而做出适合于自己的生涯决策。了解自我可以从两方面入手，即从内部入手和从外部入手。从内部入手，就需要人们了解自己的人格、认知、情感、期望、动机等心理情况，这些是会对生涯能动性产生作用的。从外部入手，就是人们的学习和实践过程，会受到个人经验、知识、专长、个人反思能力、行为适应力、文化互动胜任力和生涯决策的影响。这些综合起来就是个人的行动方式和解决问题的策略，在人们求职、生涯转换、生涯自我管理的过程中都有体现。在全球化和信息化的社会发展背景中，人们越来越需要处理复杂、动态、不可预测和不确定的事务的能力，包括有效地思考、规划、解决问题、情绪评估、创造力、整体思维、协同思维、感知灵活性、想象力、可视化等非线性的思维模式，这就需要超越运用规则进行理性分析、逻辑推理和因果预测的线性思维方式。[25]非线性思维方式和线性思维方式是需要结合使用的，创造性地突破定势思考问题也是当下社会亟须的能力，人们需要通过测量来认识并提高思维方式的灵活性，并获得相应的发展反馈。人们的成长是在不断认识自我的过程中，而并不是所有人都能够清楚地认识到自己的能力和人格特质，这就需要专业指导帮助人们认识自我，并通过教育的手段培养人们的公民意识、提升能力、提高自我决策能力、构建整体思维等，由此帮助人们积累文化资本。我国教育发展迅速，相比于长江流域地区的教育水平，"胡焕庸线"以西地区的教育就亟待发展的，一些文化资本较弱的群体非常有必要提升教育水平。教育和文化水平的发展仍是一个渐进的过程，但人口流动会带动教育水平的提高，长江流域地区和"胡焕庸线"以西地区之间的人口流动对流出和流入地的人口素质会起到一定的双向提升效应。[26]因此，能够处理好"人与自我"的关系，需要教育的助力，而西北半壁教育水平的发展，需要放眼于区域协调发展的战略发展之中。

（二）"人与他人"的关系

人们需要掌握信息化时代的脉搏并重新定义"人与他人"的关系。信息时代让人们能够更加快捷地获取信息，也可能会产生很多新型的产业和就业机会，并重新定义人际关系，这是全球共同面对的社会发展趋势。新时代的人们若对信息化的方式很陌生，在生涯规划的道路上将遇到诸多阻碍。有学者提出信息化可以推动贸易发展、知识溢出，并进行模拟。[27]信息化或许是第三地理本性（第一地理本性为自然环境，第二地理本性为交通和人口—产业聚集），可以借助信息化手段推动西北半壁发展，[28]对全国经济一体化进程也起到了推动作用。人们的生涯决策需要结合信息化社会的方式，并能够认识在信息化社会下人与人交往的新的形式，并重新定义"人与他人"的关系。首先，信息化的方式增加了人们直接接触的机会。例如以往由于地理距离的原因，"胡焕庸线"两侧的人们直接接触的机会很少，而如今发达的网络可以使人们更容易认识到来自遥远地区的人，增加了直接接触的机会。其次，信息化的方式可以使人际交往更迅捷。以往的书信来往的等待已经可以缩短到以秒来计算的时间，信息的快速和便捷，增加了人们交流、交往的机会。再次，信息化的方式可以促进更广泛的群体进行交流。人们是很容易聚类的，这里所指的聚类，不仅是从外部的特征来聚类，也可以从内部的心理类型来划分。信息化可以帮助人们突破同质群体的壁垒，了解其他群体的特质。

（三）"人与世界"关系

在理解"人与自我""人与他人"的关系之后，人们需要掌握社会的发展动向并理解"人与世界"的关系。要认识社会变迁，包括国际与国家的发展动向。人是不能独立于社会之外而生活的，所以关于生涯的探索离不开社会文化背景，人们需要学会在社会浪潮中把握机会做出适合自己的生涯选择的能力。国际上对东南半壁的影响主要在沿海地区，由于更容易接受全球信息以及新改革的传播，科学技术基础更加国际化，也具有强有力的区域创新优势。对于"胡焕庸线"以西地区来说，政策会对当地社会和经济发展起到促进作用，而让"胡焕庸线"以西地区突破地域限制并与欧亚大陆形成联合发展趋势的无疑是"一带一路"倡议。随着"一带一路"建设，我国实施了京津冀协同发展战略、长江经济带发展战略，到2030年以后"胡焕庸线"以西地区才能更多地获得中国经济核心地区溢出带来的益处，逐步完全融入全国经济一体化进程的步伐。[29]因此有学者提出，或许我国未来经济发展趋势是全国经济经过从长江流域地区向内陆、整个大陆的空间扩张过程。[30]若这种假设成立，由东向西跨越"胡焕庸线"的人口数量将会增加。根据第六次人口普查，东部人口年均增长率下降，中部和"胡焕庸线"以西地区则提高，按照这种趋势发展，"胡焕庸线"以西地区的人口占比转降为升并非没有可能。[31]这是我国当下及未来的发展趋势，沿用上一辈的经验已经很难满足当下社会的要求，因此需要改变固有思维，打破认知壁垒，重新思考个人在社会浪潮中的定位，进而规划生涯。

四、关注突破"边界"的心理层面

通过对跨越"胡焕庸线"的社会背景的探讨，可以发现人口流动的趋势已经在发生变化，由东向西跨区域流动的趋势已见端倪，这对我国实施区域协调发展提供了人力保障。但双向流动都会面对文化差异所带来的问题，关注心理层面的问题，一方面是流动前的能力储备与意向态度，一方面是流动后的心理适应与生涯规划。

（一）突破"边界"前的心理

关于能力储备。能力储备不仅包括个性发展和潜力激发，在新时代背景下还需要培养文化互动胜任力（Intercultural Competence）。联合国教科文组织、欧洲理事会等国际组织倡导并详细阐述了文化互动胜任力的概念、模型及培养过程，PISA测试中也将全球胜任力（Global Competence）新增到测试内容中。因对文化的关注，因而选择"文化互动胜任力"的概念，即指拥有适当的关于特定文化的相关知识，以及关于不同文化的成员互动时的问题类型的一般知识，拥有与不同的他者建立和维持联系的接受性态度，以及当与来自不同文化的他者互动时利用知识和态度所需的技能，还指出文化互动胜任力包含意识、态度、技能、知识四个维度。[32]
文化互动胜任力也是日渐复杂多变的文化环境的产物，其重要作用在于会有意识地进行跨文化
的知识和技能的学习，并进而转化为能够在全球市场中就业的竞争力，在应对我国人口流动的
新趋势带来的人才需求也极具价值。因此，在教育过程中培养文化互动胜任力可以帮助人们更
好地处理跨文化就业和生活时可能遇到的问题，并提高人们跨文化就业和生活的生涯能动性。
在我国，探讨人们从长江流域地区向"胡焕庸线"以西地区就业生活的问题是无边界生涯的一
种形式，更多地关注在文化互动胜任力与个人生涯能动性所发挥的作用。促进人们利用信息化
的方式培养文化互动胜任力，对生涯发展是具有重要价值的。

关于意向态度。人们的生涯意向会受到家庭、地域、薪资水平等多个层次因素的影响，
人们的态度也会受到接触程度、媒体、受教育程度等因素的影响，这些因素构成了人们的意义
建构和自我实现，与社会文化背景也息息相关。人们可能会因情感性因素和工具性因素选择跨
越"胡焕庸线"就业和生活，越是不具备文化资本的群体，文化互动的意识越薄弱，可能更加
被动地选择生涯。在东南半壁的人们，可能缺乏对"胡焕庸线"以西地区的认识而忽略了该地
区在当下及未来于我国发展的重要地位，信息化的方式可以帮助人们增加了解和接触，从而将
跨越"胡焕庸线"就业和生活列入生涯规划的范畴。信息化时代具有突破认知壁垒的功能，通
过更多的直接接触和间接接触的方式打破陌生感，突破生涯选择的地域限制并降低生涯能动性
的心理限制。因此，政府或学校可以搭建信息化平台，建立"胡焕庸线"以西地区与长江流域
地区的合作共享机制，这样可以增加文化互动的频率，打破人们心中的"边界"。也可以利用
迅捷的方式实现优质教育资源的共享，解决部分地区心理教师短缺的困境，进行在线辅导和教
学，打破地域边界和组织边界，实现教育资源薄弱地区与外部互联、与内部互通的关键枢纽。

（二）突破"边界"后的心理

关于心理适应。学校需要帮助学生缩短跨亚文化就业与生活的心理适应过程。学校需要
重视对知识和技能的培养，相对忽视对可能遇到的新文化形式的事先准备和计划，对未来可能
会发生的跨文化就业与生活的适应过程缺乏准备和训练。在日常生活中，刚刚进入于自身成长
环境文化不同环境的人会遭遇种种问题，因为他们不熟悉当地通行的规则、社会规范和文化习
俗，因此常常感到不安。在这种心境下形成应对社会交往所需的知识和技能，这可能会延长
适应过程。那么心理适应问题必须融入文化适应问题中，需要考虑到由外显因素（如饮食、自
然环境等）和内隐因素（如人际交往、价值观等）造成的心理适应问题。在生涯指导中关注文
化的因素，正向引导人们走出过渡期。

关于生涯规划。人们是需要进行终身学习的，在学习中不断完善个人的生涯规划并进行
实践，而学习是具有文化性的。首先，生涯规划要将文化作为资源与工具。生命的前进始终与
生物钟和文化规范息息相关，个人生涯的建构不能独立于制度和文化背景之外。当人们受到不

同文化影响时，从文化中获取资源进行学习也是必备的能力，那么就要学会认识文化的特性，将文化作为资源与工具。从个人学习的角度来讲，学习是社会建构的过程，人们通过社会化和关系学习逐渐融入外部现实当中。我国具有悠久的历史文化，随着社会的发展，文化也在悄然变化，文化会塑造人们的价值观、信仰及社会认同，但生涯指导或生涯教育对文化的关注还不够，人与文化如何互动，进而探索生涯发展的研究也乏善可陈，所以生涯需要关注文化。其次，生涯规划要具有应变性。个人的生涯目标和标准会以群体、组织、社会、文化为参考，这些参考项目都是个体的外部现实，这样的外部环境是多层次的，包括微观层面和宏观层面，并且随着时间的推移而发生变化，那么就要求人们不能沉浸在既定道路上，而是要不断根据社会文化新的变化而创造性地调整生涯道路。信息化时代的特点就是老一辈的经验已经很难满足新一代的发展，例如网络作为社会新的运作方式会改变人们的实践方式，从而在个人行为和决策方面也受到影响。再次，生涯规划要具有创造性。是否能够在实践过程中跳出原有的社会参考，创造性地或以多个运作方式共同参与到生涯决策当中，这就需要生涯能动性起作用。人们的生涯能动性会产生个人生涯成就，包括主观的（例如满意度、决策）和客观的成就（例如工作流动性、收入和地位），由此产生了一系列的成果——集体成果、组织成果、实地成果和社会成果，例如产业创造。文化也是建构的过程，文化所包含的生命力会体现在人们的个性中，人们的主观能动性也可能会改变文化的发展，这就是人与文化互动的结果。

从长江流域向"胡焕庸线"以西地区的人口流动趋向增加是我国当下与未来的趋势，也是人们逐渐认识到了"胡焕庸线"以西地区是我国重要发展基地，在生涯规划时需要面对更加多元的社会和文化背景，因此无法避免文化的因素。从主观上打破"边界"，创造性地规划人生道路，这是我国发展的现实需求。

参考文献

[1]《党的十九大报告辅导读本》编写组.党的十九大报告辅导读本[M].北京：人民出版社，2017.

[2]新华社.中共中央、国务院关于建立更加有效的区域协调发展新机制的意见[EB/OL].（2018-11-29）[2024-05-10]. http://www. gov.cn/zhengce/2018-11/29/content_5344537.htm

[3]吴传清，郑雷，黄成."胡焕庸线"假说及其新发展：基于学说史视角的考察[J].贵州社会科学，2018（12）：137-144.

[4]朱宝树.我国人口迁移大势和胡焕庸线思考[J].南方人口，2016，31（1）：1-8.

[5]吴瑞君，朱宝树.中国人口的非均衡分布与"胡焕庸线"的稳定性[J].中国人口科学，2016（1）：14-24+126.

[6]尹德挺，袁尚.新中国70年来人口分布变迁研究——基于"胡焕庸线"的空间定量分析[J].中国人口科学，2019（5）：15-28+126.

[7]吴传清，郑雷，黄成."胡焕庸线"假说及其新发展：基于学说史视角的考察[J].贵州社会科学，2018（12）：137-144.

[8]杨宇，李小云，董雯，洪辉，何则，金凤君，刘毅.中国人地关系综合评价的理论模型与实证[J].地理学报，2019，74（6）：1063-1078.

[9]吴传清，郑雷，黄成."胡焕庸线"假说及其新发展:基于学说史视角的考察[J].贵州社会科学，2018（12）：137-144.

[10]尹德挺，袁尚.新中国70年来人口分布变迁研究——基于"胡焕庸线"的空间定量分析[J].中国人口科学，2019（5）：15-28+126.

[11]Porter M. The comparative advantage of nations[M]. New York: Free Press, 1990.

[12]Arthur M B, Rousseau D M. The boundaryless career: A new employment principle for a new organizational era[M]. Oxford University Press, Oxford , 1996: 3-6.

[13]Inkson K, Arthur M B. How to be a Successful Career Capitalist[J]. Organizational Dynamics, 2001(1): 48-61.

[14]Becker K H, Haunschild A. The impact of boundaryless careers on organizational decision making: An analysis from the perspective of Luhmann's theory of social systems[J]. International Journal of Human Resource Management, 2003, 14 (5): 713-727.

[15]Cadin L, Bailly-Bender A F, De Saint-Gieniez V. Exploring boundaryless careers in the French context M. Peiperl, M.B. Arthur, R. Goffee, N. Anand (Eds.), Career creativity: Explorations in the re-making of work[M]. Oxford University Press, Oxford, 2000: 228-255.

[16] Mirvis P H, Hall D T. Psychological success and the boundaryless career[J]. Journal of Organizational Behavior, 1994, 15:365-380.

[17]Tams S, Arthur M B. Studying careers across cultures: Distinguishing international, cross-cultural, and globalization perspectives. Career Development International, 2007, 12: 86-98.

[18]Mainiero L A, Sullivan S E. Kaleidoscope careers: An alternate explanation for the 'Opt-out' revolution[J]. Academy of Management Executive, 2005, 19: 106-123.

[19]Eby L T, Butts M, Lockwood A. Predictors of success in the era of the boundaryless career[J]. Journal of Organizational Behavior, 2003, 24: 689-708.

[20]Briscoe J P, Hall D T. The interplay of boundaryless and protean careers: Combinations and implications. Journal of Vocational Behavior, 2006, 69: 4-18.

[21]Sullivan S E, Baruch Y. Advances in career theory and research: A critical review and agenda for future exploration[J]. Journal of Management, 2009, 35: 1542-1571.

[22]Hall D T, Chandler D E. Psychological success: When the career is a calling[J]. Journal of Organizational Behavior, 2005, 26: 155-176.

[23]Peake S, McDowall, Almuth. Chaotic careers: a narrative analysis of career transition themes and outcomes using chaos theory as a guiding metaphor[J]. British Journal of Guidance and Counselling, 2012, 40(4): 395-410.

[24]Tams S, Arthur M B. New directions for boundaryless careers: agency and interdependence in a changing world[J]. Journal of Organizational Behavior. 2010, 31(5): 629-646.

[25]Siggelkow N, Rivkin J W. Speed and search: Designing organizations for turbulence and complexity. Organization Science, 2005, 16(2): 101-123.

[26]朱宝树.我国人口迁移大势和胡焕庸线思考[J].南方人口，2016，31（1）：1-8.

[27]吴静，王铮.2000年来中国人口地理演变的 Agent 模拟分析[J].地理学报，2008，63（2）：185-194.

[28]陆大道，王铮，封志明，等.关于"胡焕庸线能否突破"的学术争鸣[J].地理研究，2016，35（5）：805-824.

[29]赵作权.西北半壁如何不再遥远：加快中国经济重心西移进程[J].西北半壁论坛，2019，29（1）：64-70.

[30]赵璐，赵作权.中国经济空间转型与新时代全国经济东西向布局[J].城市发展研究，2018（7）：18-33.

[31]朱宝树.我国人口迁移大势和胡焕庸线思考[J].南方人口，2016，31（1）：1-8.

[32]UNESCO.Intercultural competences: conceptual and operational framework[M].Paris: UNESCO, 2013.

基于文化创意视野的湖北省长江水文化保护研究

朱　涛　贺娜娜　张文熙

内容提要： 长江水文化是中华文化和民族精神的重要组成部分。本文在前人研究的基础上采用文献研究法和案例分析法搜集并整理当前长江中游段水文化保护现状，围绕湖北省水文化的构成及内涵，阐述了目前湖北水文化发展的优势和存在的问题，基于文创的视野探索水文化保护的具体措施。从文化创意角度提出了长江中游水文化保护的有效路径，为长江中游城市群的经济建设提供理论和实践参考。

关键词： 湖北省长江水文化研究；文创视野；长江大保护；长江中游；长江经济带

作者简介： 朱涛，三峡大学艺术学院，教授，研究方向为视觉品牌与文化研究。贺娜娜，三峡大学艺术学院，研究生在读，研究方向为视觉品牌与文化研究。张文熙，澳门理工大学，博士在读，研究方向为中西文化与文遗保护研究。

Title: Research on the Protection of Yangtze River Water Culture in Hubei Province from the Perspective of Cultural Creativity

Abstract: The Yangtze River water culture is an important component of Chinese culture and the national spirit. Building on previous research, this article employs literature review and case analysis methods to collect and organize the current status of water culture protection in the middle reaches of the Yangtze River, focusing on the connotations and components of Hubei Province's water culture. It discusses the advantages and problems in the development of Hubei's water culture and explores specific measures for water culture protection from a cultural and creative perspective. The article proposes effective pathways for the protection of water culture in the middle reaches of the Yangtze River from a cultural creativity standpoint, providing theoretical and practical references for the economic construction of the city cluster in the middle reaches of the Yangtze River.

Key Words: Hubei Province Yangtze River Water Culture Research; Cultural and Creative Perspective; Yangtze River Protection; Middle Reaches of the Yangtze River; Yangtze River Economic Belt.

About Author: Zhu Tao, China Three Gorges University, Professor, mainly engaged in Visual Branding and Cultural Studies. **He Nana**, China Three Gorges University, Postgraduate Student, mainly engaged in Visual Branding and Cultural Research. **Zhang Wenxi**, Macao Polytechnic University, Doctoral Candidate, mainly engaged in Research on Chinese and Western Cultures and Heritage Conservation.

近年来，水文化被提到前所未有的高度，水文化保护研究的快速发展，使水利史研究领域得到了极大拓展，服务社会经济发展能力显著增强、途径明显拓展[1]。长江作为中华民族的母亲河，是中华民族发展的重要支撑[2]。长江流域是指横跨中国东部、中部、西部三大经济区，融汇干流和众多支流流经区域的广大区域，是我国重要的生态安全屏障，更是子孙后代永续发展的重要支撑[3]。其中长江中游横跨湖北、湖南、江西三省，长955千米，流域面积68万平方千米，占长江流域总面积的37.6%，是我国水资源最为丰富的区域。其承东启西，对于推动长江经济带的发展、促进中部地区的崛起以及巩固"两横三纵"城镇化战略格局具有重要意义[4-5]，在我国经济社会发展格局中扮演着关键角色。

当前，对长江水文化保护研究已经取得一定进展，郑晓云[6]对长江水文化概念作了系统性、整体性阐述，使"长江水文化"成为代表长江流域水文化的整体性符号。胡蝶[7]总结了长江中游地区发展现状，为中游地区水文化发展路径探索了可能性。朱媛媛等[8]运用定性定量相结合方法，总结出长江中游"水文化"的共同特征。汪峰[9]从历史维度纵向梳理了长江中游人居景观的历史演进过程，提出了长江中游人居景观文化整合途径，生态保护和旅游开发路径。夏日新[10]对湖北省水文化进行试探性的研究和讨论，为湖北省水文化的旅游发展提供了参考。

前人对长江水文化已经有一个整体、系统的认识，然而区域水文化的挖掘和研究依然薄弱，对长江不同流域水文化的具体分析还较为缺乏，不同区域水文化的形成与当地的风俗民情密不可分，具有不同的地域特色，需要结合当地水文化特征，因地制宜的开发和利用。目前，湖北省作为长江大保护的重要省份，对其水文化的研究和运用并不深入，也尚未形成一个系统的体系。长江水文化不仅是湖北省独特的文化底蕴之一，也是中华文化的重要组成部分[11]。夏日新[12]着重讨论了发展水文化对旅游业的影响，对湖北水文化自身的保护和发展存在一些空缺。本文以湖北省长江水文化的物质文明为基础，深入挖掘湖北段长江水文化的精神内涵，结合当下时代发展趋势，进行多方面创造性转化。研究湖北段长江水文化不仅有助于开发湖北省的本土文化资源和旅游资源，促进长江中游经济带建设的可持续发展，还可以不断丰富"中国水故事"，为长江水文化发展注入内生活力，对民族团结、实现中华民族伟大复兴的中国梦凝聚精神力量，为长江大保护提供新的路径。

一、湖北长江水文化的构成

长江是中国最长的河流，对于湖北省的地理、文化和历史都有着深远的影响。湖北长江水文化的构成包括长江文化遗产、长江流域的风土人情、长江流域的传统习俗等，展现了长江文化的多样性和独特性。湖北长江水文化构成十分复杂，主要集中体现在以下几个方面：

（一）物质文化

湖北省长江物质文化主要体现在物质遗产与水利工程两个方面。湖北早期与水相关的物质遗产代表是位于湖北省荆门市江汉地区的屈家岭文化遗址（如图1所示），屈家岭遗址考古项目负责人陶洋在作专题汇报时称，屈家岭遗址考古队会同年代学、环境考古、航测等众多领域专家，对遗址进行了系统勘探和多地点解剖，有了新的突破，发现了熊家岭、郑畈等多处史前水利系统。中国社会科学院考古研究所研究员何努称，屈家岭遗址发现的水利系统，初步推测用于稻田灌溉，表明屈家岭先民对于治水的理念已从被动防御转变为主动调控，部分实现了从适应自然到改造自然的飞跃，较早迈进史前"水利社会"，助力屈家岭发展成为中国农耕文明发祥地之一[13]。此外，这里还出土大量新石器时代的石器和陶器，其中的蛋壳彩陶、壶形器和带谷壳的红烧土都具有很高的研究价值。在水利工程的建设上，1952年，湖北人民为了抗洪，开始了新中国成立后第一个大型防洪枢纽水利工程——荆江分洪工程。1971年，为了解决电力严重短缺的问题，开始修建万里长江第一坝——葛洲坝。1973年，在湖北的西北部建成亚洲最大的人工湖——丹江口水库，也成了国家南水北调中线工程的水源地[14]。1994年，集防洪、发电、航运、水资源利用等为一体的世纪工程——三峡大坝正式开工建设，也成为当今世界最大的水力发电工程。这一系列的水利成就为湖北水文化奠定了坚实的物质基础。

图1　实地考察屈家岭博物馆

（二）精神文化

随着时代的发展，人民群众对于水的需求从物质层面逐渐转向精神层面，因此，在物质文化的基础上深入挖掘长江水的精神文化，不仅可以满足人们日益增长的物质文化需求，还可以凝聚中华儿女的精神共识，也是提升民族凝聚力有效的方式之一。湖北长江水精神文化主要体现在：（1）道教文化。对于湖北省水文化体现最早可以追溯到楚国先祖鬻熊在《鬻子》中提出："上下相亲谓之和。"（《鬻子·道符五帝三王传政甲第五》）强调"和"的本质是人与人的相亲相爱，主张"上善若水""与善仁"，即人与人相处应像水一样善良仁爱，恩泽万物，润物无声。2000多年前，老子在《道德经》中再次提到："上善若水，水善利万物而不争。"意指美好的品德就像水一样，能够广泛地给予利益而不会去竞争。因此，"水"的美好使它成为"道"的代名词；（2）名人文化。千百年来，屈原、李白、杜甫等无数名人都与湖北的"水"有着深厚的缘分。2000多年前，屈原在长江三峡地险山奇的环境中写下了《离骚》。而后，被流放于江南，自沉汨罗江而死，生于湖北水乡的屈原又回归水中。著名诗人李白曾流放三峡，并为其创作无数佳作，最代表的有《上三峡》，"巫山夹青天，巴水流若兹。巴水忽可尽，青天无到时。"生动地描绘了长江三峡的巫山险峻、山回水转的意境。而后被赦免，又创作了脍炙人口的诗篇《早发白帝城》，其中，"朝辞白帝彩云间，千里江陵一日还"为我们呈现了长江三峡的朝霞彩云。（3）水相关的神话传说。在涉水活动中产生的水文化不仅体现出了中华民族独特的精神气质，其丰富的神话传说和相关的祭祀活动所形成了社会生活的习俗，还构成了多彩而丰富的水文化现象[15]。例如，位于宜昌西陵峡南岸的黄牛岩，坐落有黄陵庙，原名黄牛庙。相传大禹治水时，至此遇重山阻塞河道，有神牛以犄角触裂高山，疏通江流，后化为山岩，后人在此立祠祭祀。国家也拨专款对其进行了维修，在这里不仅有禹王殿，还有屈原殿、武侯祠、大佛殿，另有山门、戏楼等[16]。（4）艺术节日风俗文化。在文化艺术方面，长江水文化的主题经常出现在文学、绘画、音乐和舞蹈等艺术作品中，为文化艺术增添了独特的魅力，最有代表性的就是《峡江号子》；在饮食文化中，也能看到长江水文化的痕迹，例如以长江鱼为主要食材的菜肴。此外，还体现在水节日习俗。例如，每年的端午节，当地居民会举行龙舟竞渡活动，长江渔火、长江渔鼓等传统活动，这些民俗活动承载了湖北人民对长江的热爱和对传统文化的传承。这些元素共同构成了湖北省长江水文化的多样性和独特性，深刻影响了湖北省的历史发展和文化传承。

（三）制度文化

在物质文化和精神文化的基础上，长江流域形成了关于水管理的制度文化。制度文化是人类为了满足自身生存和社会发展的需要而创制出来的有组织的制度规范以及教育体系。其内容主要包括国家的行政管理体制、人才培养选拔制度、法律制度以及民间的礼仪俗规等[17]。2019年，最高人民检察院发布了《关于长江经济带检察机关办理长江流域生态环境资源案件加强协作配合的意见》，建立检察机关生态环境修复跨省协同工作机制，建立长江经济带全域和区域性多层级检察长联络机制。随后，2020年1月，农业农村部在官网发布了关于长江流域重点水域禁捕计划，开始实施长江十年全面禁止生产性捕捞。2021年3月1日，我国首部流域法——《长江保护法》正式颁布实施，通过顶层设计，为长江大保护建立起强有力的硬性约束。共抓大保护，从此有法可依。《长江保护法》的出台，具体规定了建立长江流域协调和监管机制，确定流域协同治理的责任主体，促进了流域高质量协同发展，全面提高岸线资源利用效率，大力推进岸线资源保护和修复[18]。

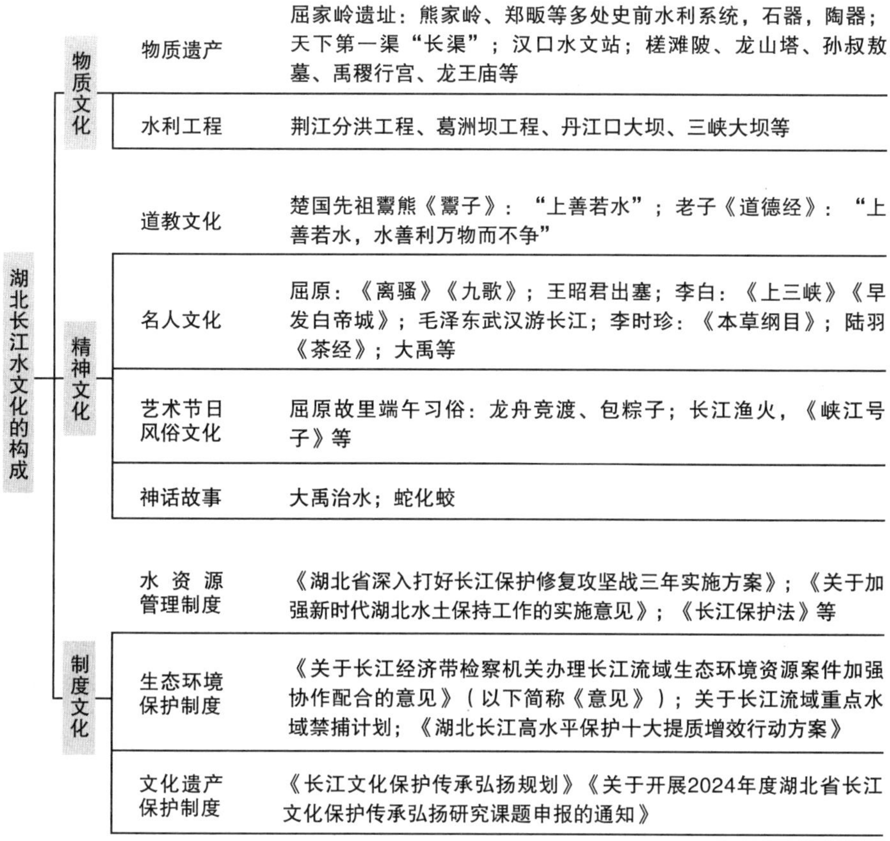
湖北长江水文化的构成
物质文化
物质遗产
屈家岭遗址：熊家岭、郑畈等多处史前水利系统，石器，陶器；天下第一渠“长渠”；汉口水文站；槎滩陂、龙山塔、孙叔敖墓、禹稷行宫、龙王庙等
水利工程
荆江分洪工程、葛洲坝工程、丹江口大坝、三峡大坝等
精神文化
道教文化
楚国先祖鬻熊《鬻子》：“上善若水”；老子《道德经》：“上善若水，水善利万物而不争”
名人文化
屈原：《离骚》《九歌》；王昭君出塞；李白：《上三峡》《早发白帝城》；毛泽东武汉游长江；李时珍：《本草纲目》；陆羽《茶经》；大禹等
艺术节日风俗文化
屈原故里端午习俗：龙舟竞渡、包粽子；长江渔火，《峡江号子》等
神话故事
大禹治水；蛇化蛟
制度文化
水资源管理制度
《湖北省深入打好长江保护修复攻坚战三年实施方案》；《关于加强新时代湖北水土保持工作的实施意见》；《长江保护法》等
生态环境保护制度
《关于长江经济带检察机关办理长江流域生态环境资源案件加强协作配合的意见》（以下简称《意见》）；关于长江流域重点水域禁捕计划；《湖北长江高水平保护十大提质增效行动方案》
文化遗产保护制度
《长江文化保护传承弘扬规划》《关于开展2024年度湖北省长江文化保护传承弘扬研究课题申报的通知》

图2　湖北长江水文化构成思维导图

二、湖北长江水文化的内涵和特点

随着长江大保护政策的持续推进，长江流域文化的地位也日益提升。2023年10月12日，习近平总书记在进一步推动长江经济带高质量发展座谈会上提出了深入发掘长江文化的时代价值，推出更多体现新时代长江文化的文艺精品。积极推进文化和旅游深度融合发展，建设一批具有自然山水特色和历史人文内涵的滨江城市、小城镇和美丽乡村，打造长江国际黄金旅游带[19]。习近平总书记的以上论述不仅肯定了长江文化的经济价值，也为长江水文化创新性发展提供了根本遵循和科学指引。深入挖掘水文化的精神价值，将长江水文化保护好、传承好、弘扬好，对于坚定文化自信有重要价值[20]。

水是有机生命的源泉，而文化由人这一高级有机体创造出来的，因此，水是文化生成的必备条件[21]。那么，何谓水文化？根据水利部编写组编写的《深入学习贯彻习近平关于治水的重要论述》所描述：水文化是以水为特征展现在人们面前的一种文化形态，其特殊性主要表现在是与水有关的文化，是以水和水事活动为载体形成的文化现象，是文化中以水为轴心构成的文化的集合体[22]。湖北大学郑晓云教授[23]结合历史和当代的发展现实对于长江水文化给出了进一步定义：长

江水文化是人类和长江水环境长期互动过程中所形成的文化现象。并且对其水和水事活动进行了具体阐述，长江水文化是长江流域各民族人民在感悟和适应水状态、利用水资源、改造水环境、依水构筑自己的生计模式和生存家园过程中所形成的以水为核心的文化、是长江不同流域段水文化的聚合体和整体概念。湖北水文化作为长江水文化的重要组成部分之一，是湖北省人民和长江水长期互动过程中所形成的文化现象，是长江湖北段水文化的聚合体和整体概念。

作为长江中游干线流经最长的省份，湖北长江水文化内涵丰富多样，涵盖了长江的历史、文化、民俗等诸多方面。首先，湖北省总面积达18.59万平方千米，位于长江中游地区，南临洞庭湖，地处长江流域的中心位置，交通枢纽地位突出。同时，湖北省是连接东西两大区域的天然纽带、是长江干线流经里程超过千公里的唯一省份、是南水北调中线工程的水源区、是国家"两型社会"综合配套改革试验区，以及世界上规模最大的水电站（三峡水电站）所在地[24]——因此，湖北在水文化上有着得天独厚的地理优势，更体现了水文化的保护对于湖北省有着重要地位，也是其不可推卸的责任和使命。其次，湖北省长江水文化融合了多元的地域文化。全省包括13个地级行政区和103个县级行政区，其中有39个市辖区、26个县级市、35个县、2个自治县以及1个林区，孕育了丰富的长江水文化，其中涵盖了屈家岭文化、荆楚文化、青铜文化、漆器文化等主要文化，同时还包括支流文化和湖泊文化，为湖北省长江水文化注入了丰富的内涵。此外，湖北省的水文化也受到历史和当代发展要素的统一影响，不仅融合了老子为代表的道教文化、三国为代表的军事文化，还发展了当代以三峡大坝为代表的水利工程文化，使得湖北省长江水文化既受到历史的影响，又适应了当代的发展需求，体现出了历史和当代发展要素的统一。

三、湖北省长江水文化的优势及问题所在

随着旅游业的快速发展，湖北省的长江水文化逐渐成为该省的独特文化资源，吸引了众多游客前来观光旅游。然而，湖北省长江水文化的开发和利用还存在一些问题，与其他领域文化资源的开发和利用还存在一定差距，有着较大的改进空间。

（一）湖北省水文化的优势

湖北省作为长江中游的重要地区，湖北省长江水文化拥有着巨大的发展优势。长江中游旅游带建设为湖北省水文化建设带来了政策指导，2021年9月10日，在武汉举行了长江中游三省协同推进高质量发展座谈会，三省签署《长江中游三省文化旅游深化合作方案》，并宣布共同成立长江中游三省旅游产业发展联盟。2021年9月27日，长江中游三省旅游合作发展联盟成立。湘鄂赣旅游消费大联动活动作为首届中国（武汉）文化旅游博览会配套活动在当天启动。2022年2月，国务院正式批复《长江中游城市群"十四五"实施方案》，湘鄂赣"一体化"高质量发展上升为国家战略，并提出：支持湖北、湖南、江西三省旅游业联动发展。这些为湖北省水文化的发展提供了很好的政策指导。其次，湖北省是全国著名的水利大省，拥有众多重点水利工程。其中包括

三峡大坝、葛洲坝水电站和丹江口水利枢纽等大型水利工程，这些水利工程对防洪抗旱、农业灌溉、水力发电、航运交通、制造生产以及生态文明等方面都起着重大作用[25]。最后，湖北拥有丰富的与水相关的非物质文化遗产，如，居行类有鄂南民居、土家吊脚楼和侗族风雨桥，服饰类有阳新布贴、黄梅挑花和西兰卡普，食物类有孝感米酒、天沔三蒸和钟祥蟠龙菜，文娱类有龙船调、摆手舞和汉阳高龙，特别是江汉平原皮影戏、三大荆楚名茶制茶技艺等列入了人类非物质文化遗产代表作名录，让湖北非遗走上了世界级舞台。

（二）湖北省水文化发展存在的问题和不足

尽管湖北省长江水文化具有得天独厚的优势，但在开发和利用方面仍然存在一些问题和差距。主要有以下：

1.水文化特色运用不足

湖北城市大多依水而建，因水而兴。有着丰富的水文化资源，但如何将水文化融入城市建设依旧是一个值得深思的问题。例如作为长江中游城市起点城市宜昌，目标争创全国长江大保护典范城市，致力塑造宜昌"一半山水一半城"的城市风貌，但是在设计中很少有水文化的体现，山水景观和城市割裂开来，并没有得到很好的融合。因此，需要加强城市旅游规划和建设，将水文化特色融入城市景观和旅游产品中，打造城市独特的"记忆点"，提升城市旅游的吸引力和竞争力。

2.水文化旅游路线的整体性和连贯性不足

无论是长江大保护中游城市建设还是湖北省水文化的发展都体现了整体性和连贯性不足。湖北省拥有丰富的水文化旅游资源，如武汉的极地海洋世界、黄石的仙岛湖生态旅游风景区、宜昌的三峡大瀑布风景区、荆州的洪湖蓝田生态旅游风景区等，但这些旅游资源地区分割比较严重，整合力度不够，景点分散，没有形成合力和特色。例如，对于湖北水文化的认识一般游客都会联想到屈原、三峡大瀑布，其他方面则知之甚少。因此，需要加强对水文化旅游资源的整合和规划，科学合理地利用这些资源，打造具有长江水文化特色的旅游产品和旅游线路。

3.水文化相关开发品牌意识淡薄

目前，湖北省虽然设立了长江水文化建设联盟，但是关于水文化的品牌塑造并没有引起足够的重视，对于水文化的开发多停留在物质表层，表现为静态的游览和观光，精神内涵挖掘不足，例如，屈原相关衍生设计有很多，但是设计比较分散，缺乏品牌意识，大家对于屈原的形象还比较模糊，出圈的IP形象目前还没有。此外，文化旅游项目的科技含量不高，缺乏互动性和参与性。当今设计已经由静态向动态发展，非物质设计、绿色设计、人工智能设计、交互设计都是未来设计发展的趋势。因此，我们需要探索更加多样化和创新的水文化旅游开发模式，深入挖掘水文化的精神内涵，加强对水文化的创新，提高旅游产品的科技含量和用户参与性，打造具有长江水文化特色的旅游品牌。

4.湖北省文化遗产保护不足

湖北省境内有许多重要的长江水文化遗产，如宜昌三峡、襄阳襄江、荆州沙市古城等，但是由于历史原因和城市化进程的影响，这些文化遗产的保护存在一定的困难。同时一些历史建筑和文化景点存在着破坏和失修的问题，一些文化遗产的保护措施不够完善，例如，建于1700多年前蜀汉末年的张飞庙因为一次特大洪水，使得长江水位高涨，故而将张飞庙淹没。张飞庙中留存有大量汉唐至近代的字画、木雕、石刻，都是难得一见的珍品，这些问题都严重影响了长江水文化的发扬和传播。

四、如何保护湖北省长江水文化

长江水文化的传承与发展不仅对湖北省乃至整个长江流域具有重要的意义与价值，也是当前和未来长江经济带发展和长江大保护的重要支撑。加强对长江水文化的研究和保护，推动长江水文化的传承与发展，可为长江经济带的可持续发展和长江大保护提供重要的文化支撑。

（一）引导城市化建设与长江水文化的有机融合

城市化进程对长江水文化的保护和发展具有重要的影响。引导湖北省城市化进程与长江水文化的和谐发展，加强城市规划和设计，将长江水文化融入城市景观和建筑设计中，打造"水"名片省份。具体而言，可以从以下几个方面进行设计引导城市化进程与长江水文化的和谐发展。

1.将"水元素"引入城市规划和设计中

随着城市化进程的发展，山水与城市产生了分裂感，如何将山水引进城市，让当代人在城市中就可以感受到山水带来的能量，同时打造城市专属的记忆点，这是设计师值得深思的问题。而城市规划和设计是引导城市化进程与长江水文化的和谐发展的重要手段。设计可以在城市规划和设计的过程中，充分考虑长江水文化的特点和价值，将长江水文化融入城市景观和建筑设计中。例如，提取长江色彩之一的蓝色并运用到城市夜晚灯光设计上，全息投影江浪，以及三峡大瀑布灯光展示，可以参考大连威尼斯水城灯光秀。让长江水文化成为湖北省文旅宣传的一个重点特色。

2.建设具有长江水文化特色的城市公园和休闲区

2023年10月11日，长江国家文化公园建设推进会在武汉召开，数百位专家学者齐聚一堂，总结长江国家文化公园规划建设工作。城市公园和休闲区是城市化进程中的重要组成部分，建设具有长江水文化特色的城市公园和休闲区是引导城市化进程与长江水文化的和谐发展的重要手段。可以在城市公园和休闲区的设计与建设过程中，充分考虑长江水文化的特点和价值，建设长江水文化主题的城市公园和休闲区，将长江水文化的内涵和特色展现出来，保持建筑景观形式与水文化环境的协调，为人们创造一个舒适宜人的亲水休憩空间[26]。例如，成都麓湖水线公园内设有水滑梯、水道、水雾、水机关、瀑布等，给人们营造亲水、近水的空间环境。

（二）推动长江水文化的旅游开发

1.规划具有长江水文化特色的旅游线路

旅游线路是旅游开发的重要组成部分，规划具有长江水文化特色的旅游线路是推动长江水文化旅游开发的重要手段。可以在旅游线路的规划过程中，充分考虑长江水文化的特点和价值，打造具有长江水文化特色的旅游线路。例如，以"江河之上"为主题进行旅游路线规划，规划长江三峡、长江中游城市、长江文化等主题的旅游线路，将长江水文化的内涵和特色展现出来，提高旅游线路的吸引力和竞争力。

旅游线路是旅游开发的重要组成部分，规划具有长江水文化特色的旅游线路是推动长江水化旅游开发的重要手段。可以在旅游线路的规划过程中，充分考虑长江水文化的特点和价值，打造具有长江水文化特色的旅游线路。可以参考G318国民公路规划设计，以"上海—武汉—西藏"路线为背景，打造中短途自驾游目的地以及长途自驾旅游途中打卡地，吸引来自五湖四海的自驾爱好者。湖北省可以围绕"江河之上"主题进行旅游路线规划，规划长江三峡、长江中游城市、长江文化等主题的旅游线路，将长江水文化的内涵和特色展现出来，提高旅游线路的吸引力和竞争力。

2.构建长江水文化特色品牌

传播长江水文化一定离不开水文化品牌塑造，好的品牌设计可以帮助企业树立独特的品牌形象，激发文化的内在活力，更好地传递水的价值观和精神内涵，将水的文化价值转化为经济价值[27]。因此，可在产品的研发设计过程中，加强对长江水文化的挖掘和创新，将长江水文化特色融入旅游商品中。例如，可以设计长江水文化主题的旅游地图、旅游手册、长江水文化主题的旅游视频、长江水文化主题的旅游纪念品以及长江水文化的小程序游戏、手游等，提高旅游产品的科技含量和用户的参与性。

（三）宣扬长江水文化内涵和精神

在日常生活中，我们最缺的还是善待水的价值观，缺乏爱护水环境的观念、知识，环境友好型的行为模式、相关的制度建设，社会生活中方方面面对水的关爱、节约用水的意识等[28]。因此，可以从以下几个方面着手，助力湖北省长江水文化的传承和发展。

1.设计长江水文化主题的文化活动和展览

在日常生活中，道德作为行为指导的补充。将道德规范制度化，融入我们所有的用水决策和用水行为中[29]。文化活动和展览是宣传水伦理的重要手段，可以在文化活动和展览的过程中，充分展示长江水文化的文化内涵和价值。此外，可以通过举办关于湖北省长江水文化的摄影活动、水文化设计沙龙、水IP及水文化科普手册设计竞赛、水文化主题展览来加强水情教育，如此可以展示长江水文化的历史、文化、艺术等方面的特点和价值，还可以增加湖北省全民的参与性，营造人人知晓水文化、重视水文化的良好氛围，提高长江水文化的知名度和影响力[30][31]。

2.建立长江水文化保护规划和机制

保护长江水文化需要依赖社会各方的共同努力，湖北省政府、企业和社会各方面共同建立长江水文化保护机制，加强长江水文化的保护和管理[32]。政府应该建立关于水文化遗产的物质文明保护机制，例如关于水的历史建筑和文化景点。其次，政府应加强对生物多样性的保护，生物多样性会直接对文化多样性造成影响。再次，在保护长江沿线的生态环境和文化遗产的过程中，充分考虑城市化进程对长江水文化的影响，设计相应的保护措施。例如，可以建立长江沿线生态环境保护区和文化遗产保护区，加强对长江沿线的生态环境和文化遗产的保护和管理。最后，企业也应当主动担当社会责任，减少污染物的排放，加强水文化保护意识，共同守护长江水文化。

3.加强长江水文化的宣传和推广

在当今互联网时代，在不断加强对水文化的保护的同时，顺应时代发展，呼吁湖北省文旅局加强对长江水文化的宣传和推广，通过切实有效的行动使长江水文化精神为湖北文化经济和社会发展做更大的贡献。第一，可以通过设计竞赛征集湖北省长江水文化IP形象、水文化主题的宣传海报，构建湖北省水文化系列品牌[33]。第二，以"江河之上"为主题进行旅游路线规划，进行旅游册子和地图的设计，同时采取收集印章打卡制，使景点之间更加连贯和整体。第三，把水元素运用到景观设计和城市建设中，选取水文化代表城市进行试点，例如武汉、宜昌。同时，不能仅限于静态的观光和展示，还应该增加用户的互动性和参与感，从视觉、听觉、触觉、味觉、嗅觉出发进行设计，全方位打造湖北"水文化"强省。第四，围绕"小水仙带你游湖北"为主题，投放宣传视频、宣传广告等，同时尝试与旅游、生活、搞笑、美食、摄影博主及其他内容创作者进行招商合作，从多角度展现长江水文化的魅力。

综上，在湖北省得天独厚的水物质文化基础上，深入挖掘湖北省水文化的精神内涵，通过引导城市化建设与长江水文化的有机融合、推动长江水文化的旅游开发、宣扬长江水文化内涵和精神等路径，从而提高湖北省长江水文化的知名度和影响力，以水文化的繁荣发展推动社会主义文化大发展大繁荣！

五、结语

湖北省地处长江中游，是长江干线流经最长的省份。在漫长的历史洪流中，万里长江孕育了屈家岭文化遗址、漆器、青铜器等物质文明，以及道教文化、荆楚文化、水名人文化等精神文明，还有赛龙舟、长江渔鼓、祭祀大禹等民俗风情。全方位多视角地体现了湖北水文化的地域性和多样性。然而，目前对于湖北水文化的认识还不够整体和连贯，在设计过程中对水文化特色开发不足，对于水文化的理解也相对片面。因此，在湖北省得天独厚的地理优势上，充分挖掘水文化的精神内涵和价值，有助于提升民族凝聚力、丰富长江文明、传承中华民族的优秀传统文化，为湖北省旅游建设、文化宣传、讲好长江故事提供源源不断的内生活力。本文具体阐述了湖北省水文化内涵及构成，总结了目前湖北水文化发展的优势和不足，并基于文创的视野提出了水文化保护的具体实施措施，希望可以为后来的研究者提供一定的参考。

参考文献

[1]李云鹏.水利史与水文化学科发展趋势与研究进展[J].中国防汛抗旱，2022，32（01）：41-46.

[2]习近平.论坚持人与自然和谐共生[M].北京：中央文献出版社，2022.

[3]中华人民共和国水利部编写组.深入学习贯彻习近平关于治水的重要论述[M].北京：人民出版社，2023.

[4]蔡翼飞."两横三纵"经济主骨架[J].中国投资（中英文），2021（ZA）：34-37.

[5]城镇化规划明确建设七大城市群[J].工具技术，2014，48（03）：85.

[6]郑晓云.长江水文化：时代命题及其构建[J].湖北大学学报（哲学社会科学版），2022，49（03）：92-100.

[7]胡蝶.长江中游城市群水资源保护利用探析[J].人民长江，2014，45（S2）：42-44.

[8]朱媛媛，杨晴青，曾菊新，等.长江中游城市群人居文化环境建设的评价与优化策略[J].经济地理，2017，37（07）：56-62.

[9]汪峰.长江中游人居景观研究[D].重庆大学，2010.

[10]夏日新，李红.试论水文化与长江中游黄金旅游带建设[J].中华文化论坛，2015（11）：35-39.

[11]王忠法.以治水实践为载体大力提升湖北水文化软实力[C]//水利部精神文明建设指导委员会办公室，中国水利文学艺术协会，中国水利学会.首届中国水文化论坛优秀论文集.湖北省水利厅党组，2009：437-442.

[12]夏日新，李红.试论水文化与长江中游黄金旅游带建设[J].中华文化论坛，2015，（11）：35-39.

[13]海冰，张诗秋.屈家岭遗址发现迄今我国最早水利设施[N].湖北日报，2023-12-05（08）.

[14]湖北河湖保护研究中心.河湖文化之水与湖北文化精神[Z].武汉：湖北河湖保护研究中心，2022.

[15]赵青.基于《中华文化水之核心话语研究》探究中华水文化在古代文学中的体现[J].人民黄河，2024，46（02）：168.

[16]肖静.机制创新文化引领提高独立学院党建科学化水平[J].江汉大学学报（社会科学版），2012，29（03）：17-19.

[17]肖静.机制创新文化引领提高独立学院党建科学化水平[J].江汉大学学报（社会科学版），2012，29（03）：17-19.

[18]Da C, Li-jun H, Ying-di L. Strengthening efficient usage, protection, and restoration of Yangtze River shoreline[J].Water Science and Engineering, 2021, 14(4): 257-259.

[19]习近平主持召开进一步推动长江经济带高质量发展座谈会强调：进一步推动长江经济带高质量发展 更好支撑和服务中国式现代化[N].新华社，2023-10-12.

[20]侯少龙.中国水文历史中的水利精神和水文化研究——评《中国古代水文史稿》[J].灌溉排水学报，2023，42（12）：181-182.

[21]Tianyu F, Zhiliang M, Yuan D. The Changjiang River Civilization:Nature and Culture of the Changjiang River from a Global Perspective[M]. Springer Nature Singapore: 2021.

[22]中华人民共和国水利部编写组.深入学习贯彻习近平关于治水的重要论述[M].北京：人民出版社，2023.

[23]郑晓云.长江水文化：时代命题及其构建[J].湖北大学学报（哲学社会科学版），2022，49（03）：92-100.

[24]中国绿色时报.湖北：《流域纲要》续写长江大保护美好愿景[EB/OL].(2023-03-07)[2024-04-10].https://www.forestry.gov.cn/c/www/gggddt/360551.jhtml.

[25]陈进.长江水利科研发展成就与展望[J].人民长江，2015，46（19）：58-61.

[26]邓翔，秦军.荆州市水文化初探[J].规划师，2006（03）：64-67.

[27]周东梅，冯信群.二重性与非遗陶瓷类项目的品牌设计策略研究[J].包装工程，2023，44（10）：278-285.

[28]郑晓云，朱贺琴.水历史、水文化与应对全球水危机——湖北大学特聘教授、法国水科学院院士郑晓云访谈[J].社会科学家，2019（08）：3-8.

[29]Groenfeldt D .Water Ethics: A Values Approach to Solving the Water Crisis[M].Taylor and Francis: 2019.

[30]戴润泉.关于推进长江水文化建设的探讨[J].中国水利，2022（23）：57-60.

[31]童明瑶.武汉水文化与城市视觉符号的设计研究[D].湖北美术学院，2023.

[32]郑晓云.构建"长江水文化"，助力长江大保护[N].新华每日电讯，2021-11-19（007）.

[33]许子昂，张曦之.文旅融合背景下旅游文创产品设计研究[J].包装工程，2024，45（04）：359-361.

生态翻译学视域下荆楚美食名称英译研究

郑　甜　田传茂

内容提要：当下荆楚饮食文化英译相关的学术研究较少，不利于文化出海的发展。本文从生态翻译学"三维转换"视角探究楚菜名称英译，提出英译的三个原则：语言适切性、内涵传递性、对象选择性，总结出四种常见译法：直译、音译、意译、加注，并结合菜名结构特征进行分析，为具有不同命名特征的楚菜名称英译提供可资借鉴的翻译程序，以期使楚菜名称翻译规范化、系统化，助力楚菜及其所蕴含的荆楚文化走向全国，走出国门。

关键词：生态翻译学；三维转换；荆楚美食；交际目的

作者简介：郑甜，长江大学，硕士研究生在读，研究方向为翻译研究。田传茂，长江大学，教授，研究方向为翻译与跨文化研究。

Title: Study on English Translation of Jingchu Cuisine Names from the Perspective of Ecological Translatology

Abstract: At present, there are few academic studies related to the English translation of Jingchu diet culture, which is not conducive to the development of overseas culture. This article explores the English translation of Chu dish names from the perspective of "three-dimensional transformation" in Ecological translation studies, and proposes three principles for their English translation: language appropriateness, connotation transmission, and readers orientation. Four common translation methods are summarized: literal translation, transliteration, free translation, and annotation. Combined with the structural characteristics of dish names, an analysis is conducted to provide a reference translation program for the English translation of Chu dish names, in order to standardize its translation and promote the Jingchu culture to reach the whole country and go abroad.

Key Words: Ecological Translatology; Three-dimensional Transformation; Jingchu Cuisine; Communicative Purpose

About Author: Zheng Tian, Yangtze University, Postgraduate Student, mainly engaged in Translation Studies. **Tian Chuanmao**, Yangtze University, Professor, mainly engaged in Translation and Intercultural Studies.

　　《礼记·中庸》有云："人莫不饮食也。"[1]西汉司马迁在《史记·郦生陆贾列传》中说："王者以民人为天，而民人以食为天。"[2]饮食乃人生存之根本，古今中外一也。荆楚美食历史悠久，《楚辞》"二招"就是明证。2018年，湖北省政府办公厅发布了《关于推动楚菜创新发展的意见》，强调"楚文化是荆楚大地的根，楚菜是楚文化的重要组成部分和载体，要充分挖掘荆楚饮食文化"。2018年和2023年，由楚菜大师卢永良和湖北省商务厅先后推出的视

频美食节目《惟楚有菜》囊括了数百种荆楚名菜，成为国内外楚菜宣传的第一平台。遗憾的是，荆楚饮食文化翻译研究极度匮乏；中国知网显示，仅有4篇文章，分别是喻慧芳（2012）[3]、董春枝和杜晓晗（2017）[4]、陈玢（2021）[5]、鲁修红（2023）[6]。这些研究聚焦楚菜特别是武汉美食的翻译，关注楚菜的文化性、地方性及译名统一，以及楚菜的译策译法；有的研究虽有翻译理论指导，但理论与实践结合不够，研究深度和系统性欠缺。本文以生态翻译学的三维转换理论为指导，首先分析楚菜的文化底蕴，总结楚菜名称的特点，然后结合湖北省发布的首批21条《楚菜标准》进行翻译实践，探析楚菜名称英译的原则、方法、程序、规范，以期能统一楚菜名称翻译，为荆楚饮食文化更好走出去提供镜鉴。

一、生态翻译学"三维转换"理论与楚菜翻译路径

生态翻译学的核心理念将翻译方法简括为"三维"转换，即在"多维度适应与适应性选择"的原则之下，相对地集中于语言维、文化维和交际维的适应性选择转换。[7]"语言维的适应性选择转换"，即对语言形式的转换，例如词汇、句法、修辞、文体风格等等，注重语言表达的准确性和得体性。"文化维的适应性选择转换"强调关注双语文化内涵的传递，要有文化意识。[8]"交际维的适应性选择转换"侧重点在于交际层面。

"三维转换"理论较适用于楚菜翻译，理由有三：第一，中西方饮食文化大不相同，存在词汇空缺现象，需要在语言词汇方面进行适应性选择与转换；第二，楚菜极具文化特色，需在文化内涵方面进行转换，以避免文化冲突，达到弘扬楚文化的目的；第三，菜肴具有交际性，出现在不同的场景时需"因时制宜"，实现交际维度的生态平衡。"三维"转换视角下的楚菜翻译路径可从语言、文化、交际三个维度展开（见图1）。

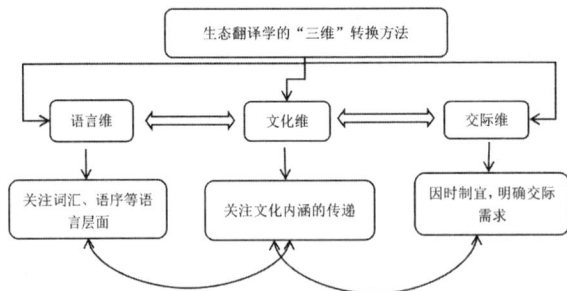

图1　三维转换视角下的楚菜翻译路径

"语言维"即关注词汇、语序等语言层面的问题，譬如对于楚菜名称中烹饪方法的翻译，要选择恰当贴切的词汇；"文化维"即要将楚菜所蕴含的独特的楚地文化再现出来，要注重其中的文化内涵；"交际维"指要充分展现楚菜的魅力，传递菜品的基本信息，且要根据不同的交际需求采用不同的译法，诸如生活实际中简洁直观的需要、外宣文本当中对文学性的追

求等。要做到语言准确达意、文化底蕴丰富以及保持菜名的佳肴特性，这三个维度不可分割、相辅相成、相得益彰，对于译者而言是个不小的挑战。

二、楚菜文化及其命名特点

探讨荆楚美食的翻译问题，首先需要从宏观上对其饮食风味及命名特点进行了解，知悉其中的语言、文化、交际意义，以便更好地指导翻译实践。

（一）《楚辞》与荆楚饮食文化

楚菜源于古代的楚国，至今历时约2800年。随着楚国的崛起、楚文化的鼎盛，作为楚文化一支的楚菜也随之发展。楚辞中关于饮食的描写主要见于《招魂》《大招》中。屈原在这两篇中描绘了当时楚国贵族奢华的饮食，品种丰富多样，琳琅满目。根据统计，这两篇中囊括从主食到菜肴、精美的点心、酒水饮料等楚地名食多达33种，由此可以看出，当时楚国食物原料丰富，烹调方法及调味手段多变，说明楚菜在先秦时期已初具雏形（见表1）。《淮南子·齐俗训》中"荆吴芬馨，以啖其口"的赞语，也反映出楚国当时已成为驰名四方的美食之乡，具有地域风味的楚菜当时已见端倪，初具雏形。

表1　《招魂》《大招》中的食物名称及做法

主食	名称	稻、粢、稗、麦、黄粱、五谷、菰粱
	做法	挐、设
肴羞	名称	禽类：鹄、凫、鸿、鸧、鸡、鸽、鸹、鹑、雀 兽类：牛、羊、猪、狗、豺 水产类：鳖、龟、鲫
	烹饪方法	腼、炮、腾、煎、露、臛、炙、蒸、黏、炒
	调味之法	大苦、咸酸、辛甘、柘浆、楚酪、苴蒪、吴酸、蒿蒌
点心	名称	粔籹、蜜饵、餦餭
酒水	名称	瑶浆、蜜勺、琼浆、酎、白蘖、沥
	制酒之法	加曲（吴醴白蘖，和楚沥只）、多次酿造（醴、酎、四酎）、挫糟、冰镇（冻饮）、加配料（瑶浆蜜勺）

楚国经济的强大，物产的丰富，文化的全面繁荣以及王公贵族对口腹之欲的追求，是楚国烹饪文化发展的前提和基础，《楚辞》饮食记载表明先秦楚国的烹饪文化已经相当成熟。[9]

对《招魂》《大招》中记录的饮食进行研究，发现当时的饮食文化具有独特的楚地风味，着重体现在主食、肴羞、烹饪技术以及调味方法上，与其他典籍中的记载有许多不同之处，也有别于当时中原地区的饮食。一是以稻为主，间杂五谷，既有中原地区常见的"五谷"（稻、稷、麦、豆、麻），还有中原地区所没有的"菰粱"。[10]将多种谷物相杂在一起煮饭，也是楚人一种较为独特的饭食方法，如《招魂》中的"稻粢穱麦，挐黄粱些"。[11]江汉平原一带至今仍有这种做饭方法，有五谷饭、五谷糯米饭、五谷鱼粉等。二为楚人尤重肉食、水产品以及野味。在《招魂》《大招》之中，"肴羞"类多达17种（见表1），相比于其他类食物，数量是最多的。而今荆楚的饮食中仍然充斥着各种水产品，如著名的荆沙鱼糕、红烧甲鱼、清蒸武昌鱼、鲫鱼汤等等。另一特色为楚人尤喜苦酸，《招魂》中有"大苦咸酸""和酸若苦""鹄酸臇凫"，《大招》中"醢豚苦狗""吴酸蒿蒌"。此外，楚人极善烹饪，仅见于《招魂》《大招》中就有"胹、炮、臇、煎、露、臛、炙、蒸、黏、炒"11种（见表1），几乎具备了所有现代的烹饪方法。

（二）荆楚饮食的承继性与创新性

传统总是通过文化薪传对现实进行塑造，今天的荆楚饮食风味便是在古代楚人饮食基础上发展起来的，两者既有相似之处，也有不同之处，总体上体现出时代特色，具有承继性和创新性。

首先，如今的荆楚仍然以稻米作为主食，以鱼类、禽类为副食，沿袭了"饭稻羹鱼"的楚乡特色。其次，依然讲究刀工火候，烹饪之法更为全面、精湛。随着时代的进步，中式烹调技法扩展到了29种之多[12]（见表2）。在调味上，依旧追求五味调和，现代饮食较少受到自然环境的影响，荆楚人也不再以酸和苦为主，五味在饮食中较为平衡，既不特别辣，也不特别甜，既不特别酸，也不特别咸，颇合中庸之道。

表2　现代29种烹调技法

炒	烧	烩	爆	涮
熘	炖	焓	冻	酱
炸	贴	腌	熏	拔丝
烹	蒸	拌	煨	蜜汁
煎	氽	烤	扒	挂霜
焖	煮	卤	卷	

楚菜经过长期发展，形成了"汉沔风味""荆宜风味""襄郧风味""鄂东风味"和"鄂西南风味"五大流派，[13]具有浓厚的楚乡风味和地域色彩。（1）汉沔风味以古云梦泽为中心，主要分布在武汉、孝感、仙桃（亦称沔阳）等地，擅长烹制大水产鱼类菜肴，蒸菜、煨菜别具一格，代表美食有清蒸武昌鱼、排骨藕汤、沔阳三蒸、珍珠圆子、黄陂三合等。（2）荆宜风味以荆江河曲为中心，主要分布在荆州、宜昌等地，以烹制淡水鱼鲜见长，各种蒸菜更具特色，芡薄味清，讲究保持原味，肉糕、鱼圆的制作也有其独到之处，代表美食有荆沙鱼糕、蟠龙菜、公安牛肉、公安锅盔、散烩八宝等。（3）襄郧风味以汉水流域为中心，主要分布在

襄阳、十堰、神农架等地，以肉禽菜品为主，精通烘扒熘炒，对山珍果蔬制作熟练，部分地区受川、豫影响，口味偏辣，代表美食有牛肉面、孔明菜、竹溪碗糕、竹溪蒸盆等。（4）鄂东风味以鄂东丘原为中心，主要分布在鄂州、咸宁、黄冈、黄石等地，以加工粮豆果蔬见长，主副食的搭配是其特色，炸、烧很见功底，代表美食有黄州东坡肉、桂花糕、黄州烧卖、豆腐盒等。（5）鄂西南土家族苗族风味，以鄂西南山地为中心，覆盖恩施、建始、巴东、宣恩、来凤、鹤峰等地。风味古朴、粗放、自然，代表美食有张关合渣、土家腊肉、柏杨豆干、榨广椒等。

（三）楚菜名称结构的特点

"中国人认为，饮食烹饪应该满足人们生理和心理的双重需求，因此在命名菜点时，很注重实用美与意境美的互相结合"，可以说，中式菜名是写实与写意的结合。[14]这里的写实指的是直接描述和再现饮食各种外在特征的命名方法，写意主要指具有特殊寓意或象征意义的命名方法。中国人在命名时十分讲求"音美""形美"和"意美"。[15]"音美"追求朗朗上口；"形美"追求结构上的对称与平衡；"意美"则追求意境上的美好与诗情画意。荆楚美食在命名上也不例外，同样是虚实结合，具有很强的意趣性。

表3　荆楚美食的命名特征

命名特征	命名结构	典型菜名
写实	主料+配料	排骨藕汤、鸡茸豆腐、香菜圆子
	烹饪方法+主料	清蒸武昌鱼、红烧鲴鱼、红烧野鸭、炒牛肉丝
	配料+烹饪方法+主料	山药炖蹄筋、红菜薹炒腊肉、藕带焖武昌鱼、田鸡烧鳝鱼
	器皿+主料	吊锅原味土鸡、砂钵土鸭
写意	人名+主料	东坡肉、杜婆鸡
	地名+主料	荆沙鱼糕、洪山菜薹、竹溪碗糕、公安锅盔
	比拟	蟠龙菜、珍珠圆子、万寿羹、二龙戏珠
	历史典故	一品青鱼、菊花财鱼、八角雪枣、太师饼

荆楚美食的命名方式也体现了"写实"与"写意"的特征。"写实"就是围绕菜式进行命名，突出每道菜所使用的原料、配料、烹饪方法、器具等，力图通过菜名传达菜式的本来"面目"，使受众透过菜名便能知道每道菜具体指什么，直观、真实。"写意"是指通过菜名传达某种特殊的意义，荆楚美食的"写意"命名方式主要包含四种形式：人名+主料、地名+主料、比拟式以及历史典故式。将菜名与人名结合主要是为了纪念某个人，或是因其所创，或是与其有特殊联系。比如东坡肉。将地名与菜名结合，是突出美食地域特征的最佳手段。在荆楚美食中，以"地名+主料"命名的菜式有很多，这一命名方式能够帮助外地游客快速了解楚

地的美食和文化，给美食打上地域的烙印。

此外，中国人喜欢借物喻义，有些美食的背后蕴含着丰富的比喻意义，寄托着人们的某种思想和期望。比如被列入"湖北省非物质文化遗产名录"的湖北名菜"蟠龙菜"，是钟祥地区人们逢年过节、婚丧嫁娶离不开的传统名菜，有凡大宴必有"龙席"的说法，寓意着美好的祈愿。具有比拟性的菜名通常都无法直接从菜名了解到具体菜式，往往都以"龙""凤""珍珠""翡翠"等具有美好象征的词汇组成。还有些菜名蕴含典故性，这类菜名是最具有文化色彩的，不同于比拟性的菜名，该类菜名往往能传达一定的菜品信息。如一品青鱼，通过菜名，我们能知道这是一道用青鱼做的菜，但是背后的故事需要深入了解。

任何事物都是有规律可循的，对具有相同特征的事物进行合理的分类可以起到事半功倍的效果。进行荆楚美食的翻译研究，首先要了解其命名规则，将无数的美食分门别类开来。从特殊中探寻一般的规律，找到"一般"的翻译原则与方法，再从"一般"到特殊，将理论性、原则性的事物具体到实例中，解决现实生活中的问题，提升研究的价值。

三、楚菜名称翻译的程序、方法及原则

（一）楚菜翻译的程序及方法

楚菜命名结构的规律性有助于进行程序化的翻译，对于命名结构类似的名称便可采用类比的方式进行翻译。首先，需要对不同的名称进行分析，明晰其属于写实类或是写意类的。若是写实类，遵循忠实原则进行直译即可；若是写意类则需要明晰其中蕴含的文化信息，采取意译或其他译法进行翻译。再次，关注命名结构中更加细分的小类，注意其对应的汉语语言结构，即主料+配料、烹饪方法+主料抑或其他，关系着译文语言结构的选择。

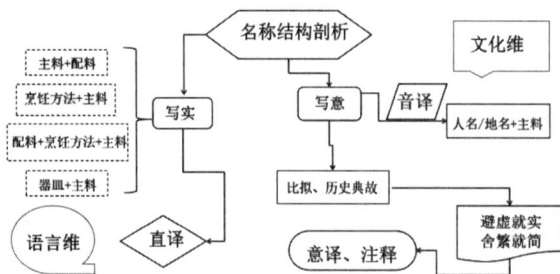

图2　楚菜翻译程序及方式流程图

对于写实类的菜肴名称，更加注重语言维度的契合与平衡，主要体现为词汇与语言结构的选择。在翻译时可采用直译法：（1）主料+配料类的可用with或in连接，如排骨藕汤——Spareribs with Lotus Root Soup、鸡茸豆腐——Tofu with Minced Chicken、香菜圆子——Pork Balls with Coriander；（2）烹饪方法+主配料的，通常将烹饪方法译为过去分词的形式前置，

如清蒸武昌鱼——Steamed Wuchang Fish、红烧野鸭——Braised Duck in Brown Sauce；（3）器皿+主料类的，通常用介词in +器皿后置，如吊锅原味土鸡——Stewed Chicken in Hanging Pot、砂钵土鸭——Braised Duck en Casserole。

对于写意类的菜肴名称，侧重于文化维度的生态平衡。以人名、地名命名的，可采用音译法，如东坡肉——Dongpo Pork，杜婆鸡——Dupo Chicken/Chicken, Dupo Style，荆沙鱼糕——Jingsha Kamaboko/Kamaboko, Jingzhou Style，公安锅盔——Gongan Crusty Pancake。具有比喻意义和象征意义的菜名，需遵循"避虚就实"和"舍繁就简"的原则，采用意译法，如珍珠圆子——Steamed Pork Balls with Rice Flour，一品青鱼——Braised Black Carp。若要突出其中的文化内涵，可采取加注法，如蟠龙菜Pan Long Cai（A Kind of golden roll wrapped in minced pork, chicken and fish, which serves as a royal meal specially prepared for Jiajing emperor），万寿羹Tortoise and Chicken Soup（It can enhance physical fitness, carrying people's good wishes for health and longevity）。语言维和文化维的生态平衡有助于交际维的实现，语言维是基础、文化维是延伸、交际维为最终目的，三者层层递进。

结合以上对于楚菜的翻译实践以及借鉴2008年为筹备北京奥运会推出的《中文菜单英文译法》中提出的翻译方法，对所收集的文献进行归纳整理，研究发现菜肴英译的方法主要有四种——直译、音译、意译及加注法，这些方法可根据菜肴名称命名特点进行匹配对应（见表4）。

表4　荆楚美食命名理据及其译法

命名特征	命名结构	典型菜名	翻译方法	
写实	主料+配料	排骨藕汤、鸡茸豆腐、香菜圆子	直译法	主料+with/in+配料
	烹饪方法+主料	清蒸武昌鱼、红烧鲴鱼、红烧野鸭、炒牛肉丝		做法（动词过去分词前置）+主料（+with/in+配料）
	配料+烹饪方法+主料	山药炖蹄筋、红菜薹炒腊肉、藕带焖武昌鱼、田鸡烧鳝鱼		
	器皿+主料	吊锅原味土鸡、砂钵土鸭		主料+介词+器皿
写意	人名+主料	东坡肉、杜婆鸡	音译法	人名+主料
	地名+主料	荆沙鱼糕、洪山菜薹、竹溪碗糕、公安锅盔		地名+主料；主料+地名+style
	比拟	蟠龙菜、珍珠圆子、万寿羹、二龙戏珠	意译法 加注法	避虚就实；舍繁就简
	历史典故	一品青鱼、菊花财鱼、八角雪枣、太师饼		

（二）楚菜翻译的原则

我们认为，楚菜菜名的英译既不是简单的语言转换，也并非一厢情愿的文化输出，需要将语言、文化、交际三个维度进行融合，当无法兼顾三者时可侧重于某一方面，有所取舍。

1. "语言维"——语言适切性

"语言维"的适应性转换侧重于语言层面，关注的是译文的用词、语法、句法结构等是否符合译入语的语言习惯和规范。由于中西方在饮食观念、饮食内容、烹饪方式等方面存在差异，在翻译时无法做到完全对等，为了避免引起误解，需要确保译名在语言层面符合译入语的生态环境，且考虑到菜品在一定程度上具有商业性，菜名英译质量攸关餐馆的兴衰，而语言的使用是英译质量的最直观体现，所以追求"语言适切性"的重要性不言而喻。

最有代表性的例子便是烹饪方式的翻译。吕尔欣（2013）在《中西方饮食文化差异及翻译研究》一书中对中西方烹饪方式做了详细介绍，中式有29种（见表2），而西方只有12种（见表5），无法做到一一对应。因此，在翻译时，需要详细了解各种烹调方式，选择最为适切的用词。

英文中"煎"通常都是"fry"，但也有变形，比如：pan-fry用平锅煎；deep-fry油炸；stir-fry炒。"烤"和"焗"类似，英文中又有roast，bake，toast之分：roast一般指在火上烤大块的肉或整只牲畜或家禽；bake指在烤炉里烘烤，不与火直接接触，用持续的干热，缓慢地烘烤；toast侧重通过烘烤使烘烤之物变成褐色，尤指烘面包、熏肉等。"温煮、沸煮"都是"煮"，因此可与"boil"对应；"烩"是把加工好的原料放到调好味的汁酱中加热至成熟，与"braise"对应。中式的"烧"不仅仅指炒菜，还有红烧、白烧、酱烧、葱烧等多种形式，而在西方烹饪方法中没有这么复杂的样式，由于无法找到合适的词来完全指代，我们在翻译时只能通过加后缀的方式加以区分，寻求最为适切的语言和形式。如：红烧甲鱼Braised Turtle in Brown Sauce；葱烧海参Braised Sea Cucumber with Scallion。

笔者基于文献阅读和网上查证的方式，将中西方烹饪方式大致一一对应（见表6），然而由于文化和语言的差异，有些词很难找到对等词，比如"拌"，在菜名英译时，通常不会将该词翻译出来，而是直接用主料、配料翻译，如：干拌顺风Pig Ear in Chili Sauce，凉拌黄瓜Cucumber in Sauce。类似的还有"拔丝""蜜汁""挂霜"等，这类带有典型中国色彩和地域特征的烹饪方式，给菜名英译带来了很大的困难。译者应充分了解中西烹饪方式之间的差异，寻找最为切合的词语，既要传递出中国的民族文化，又要充分考虑目标语读者的可接受性。

表5 西餐烹调方式

以油为传热介质	煎、炸、炒
以空气传热	烤、焗、铁扒、串烧
以水为传热介质	温煮、沸煮、烩、焖、蒸

表6 中西烹饪方式对应表

中式	译名	中式	译名
蒸	Steam	炒、烹、煸	Sauté, fry, stir-fry
煮	Boil,stew	熘、炝、爆	Sauté, quick-fry
熏	Smoke	炸	Fry, deep-fry
扒	Grill	煎、贴	Fry, pan-fry, griddle
煨	Simmer	腌、卤	Marinate
烧、烩	Braise	烤	Roast, bake, toast
焖、炖	Braise, simmer, stew	汆	Quick-boil, deep-fry

2. "文化维" ——内涵传递性

"文化维"的适应性转换关注的是文化层面，即译者除了要考虑到源语和译语在词义、形式上的差异外，还要克服文化差异造成的理解障碍。吕尔欣（2013）说道："西方人认为，饮食尤其是菜点主要是满足人的生理需要即填饱肚子，有一点艺术性，一定程度上能满足心理需要就够了"[16]，因此西式菜点命名以写实为主，注重实用基础上的美感，简单直接；而中式菜点常常会融入一些复杂的语义和文化意象，有颂扬型、豪华型、典故型和艺术型，增加了翻译的难度，有时甚至会造成文化"不可译"现象。对于此类菜点，译者不可一味采取直译的方法，需要了解每道菜品背后的历史文化，在确保不影响译入语读者理解的基础上传达出其中的文化内涵。

例1："沔阳三蒸"

译名1：Mianyang Three Steam（音译+直译）

译名2：Mianyang San Zheng（音译）

译名3：Steamed Pork, Fish or Vegetables with Rice（意译）

若直译为"Mianyang Three Steam"，不仅不符合英文用语规范，也没有传达出其中的文化内涵，更无益于目标受众理解。能够实现三者之间的平衡是一种理想状态，当无法兼顾时，译者可以根据不同的翻译目标和文本需求选择侧重于某一个层面。"沔阳三蒸"是湖北十大经典名菜之一，知名度很高，若是置于菜单之中，则要追求简洁，可采用音译法"Mianyang San

Zheng"，保留其地方性，也可起到推广汉语和荆楚餐饮文化的效果，后可辅以图片，助于食客理解。若是本着详细介绍该菜品的目的，则可在后面加注"Mianyang San Zheng(Steamed Pork, Fish or Vegetables with Rice)"，通过注释的方式将菜品的主要信息传递出来。译名2+3的方式既实现了语言维的准确性又维系了文化维的内涵性，突出了中式菜肴的用料，二者的生态平衡有助于达到宣扬菜品的交际意图，在三个维度实现生态平衡。

例2："鸡茸笔架鱼肚"

译名1：Deep-Fried Fish Maw with Minced Chicken（直译+省译）

译名2：Deep-Fried Fish Maw with Minced Chicken (It is said that the image of Bijia Mountain can be seen in the fish maw)（直译+注释）

系石首市的名特水产品，早在明洪武二十年（公元1387年），即作为贡品，进献宫廷，笔架鱼肚是鱼鳔的干制品，产自石首境内长江中下游的九曲回肠地段，鱼肚晒干后有拳头大，表面晶莹光洁，对着光亮照看，里面隐约可见淡青色的石首市绣林镇笔架山的图影，因此得名"笔架鱼肚"。然而，这一传说给翻译带来了困难，考虑到"笔架"并不影响菜名的理解，可以省略不译，译为"Deep-Fried Fish Maw with Minced Chicken"，简洁明了。若是用于介绍性的文本中，可在后面加注"Deep-Fried Fish Maw with Minced Chicken(It is said that the image of Bijia Mountain can be seen in the fish maw)"，通过注释的方式使得文化内涵外化。

例3："蟠龙菜"

译名1：Curled-up Dragon

译名2：Steamed Egg Rolls with Minced Fish and Pork

译名3：Steamed Egg Rolls with Minced Fish and Pork（shaped like dragon, to show good wishes）

译名4：Pan Long Cai (A Kind of golden roll wrapped in minced pork,chicken and fish,which serves as a royal meal specially prepared for Jiajing emperor)

蟠龙菜被称为"钟祥三绝"之一,湖北十大经典名菜之一。这道菜具有丰富的文化内涵，既具有典故性，又有象征性，"龙"在古代常用来指代皇帝，这是中国文化独有的意象。译名1直译为"Curled-up Dragon"，易引起误解，令人不知所云，因"龙"在西方意味着邪恶。译名2采取意译法，即抛弃其中的比喻、夸张、象征等手法，揭示菜肴的真实"面貌"，顺应西方菜肴的命名理念，简单直接地将菜肴的信息表现出来。译名3和4同时兼顾了菜肴本身的信息及其中的文化内涵，通过注释的方式进行翻译。译名4采用"蟠龙菜"的音译名，最大限度地保留了文化特色，不仅避免了理解障碍和文化冲突，而且达到了文化交流的目的。

3. "交际维"——对象选择性

就菜肴的翻译而言，"交际维"指的是不同的文本和语境下有着不同的交际目的。对于这些具有浓厚地域文化特色的菜肴，译者在翻译策略与方法的选择上需考虑不同的文本和语境，若是运用于菜单等文本空间有限的地方，且目标在于菜品本身，译名需尽量简洁、直观，加注法便不适用；若是运用于文化宣传平台，如湖北经视推出的《惟楚有菜》、湖北旅游网站上关于荆楚美食的介绍等，在关注菜品的同时也注重其中的文化内涵，此时就必须将其中的文化内涵传递给目标受众，从而更好地实现文化传播的目的。"三维转换"之间并非孤立的，而是相互交叉、相辅相成的。

译者应根据文本和语境选择翻译策略与方法，而一道菜品也可以有多种译名译法，以适应实现不同交际目的的需要。

中国古代典籍属于一种特殊的文本，语言古朴、文化底蕴深厚，既记录着历史，又借以传达作者深刻的思想。《楚辞》中《招魂》《大招》便属于该类文本[17]，霍克思的《南方之歌》[18]历来被认为是经典译作，其中的楚地美食英译为了适应原文本诗歌语言的特点普遍较为简洁：

例1：胹鳖炮羔，有柘浆些。

Stewed turtle and roast kid, served up with yam sauce.

例2：鹄酸臇凫，煎鸿鸧些。

Geese cooked in sour sauce, casseroled duck, fried flesh of the great crane.

例3：露鸡臛蠵，厉而不爽些。

Braised chicken, seethed terrapin, high-seasoned, but not to spoil the taste.

《大招》《招魂》中对于菜肴烹饪方式的描写反映出当时楚国的饮食成就，对于"烹饪方法+主料"的菜肴，如"胹鳖""炮羔""臇凫""煎鸿鸧""露鸡""臛蠵"，霍克思都采用直译法，查证菜肴的烹饪方式，并选用最为切合的词语，既忠实于原文，又能使读者通过译本感受到古代楚国的饮食文化魅力，使原文和译文的交际生态达到了最佳平衡。

现实生活中，菜单中的菜肴名称既要简洁，又要突出菜品，以便食客快速选择，对于这类文本中的菜肴名称，在英译时或可借鉴霍克思的译法，尽量以直译为主。然而，有所不同的是，由于交际目的的不同，为了更加简洁易懂，菜单中的英译名有时可以将烹饪方法省略不译，突出主料即可，如鸡茸笔架鱼肚Fish maw with minced chicken，其中"笔架"是用来形容菜形的，省译后不会造成理解上的障碍，所以可将这类修饰类词省译。再如蟠龙菜，根据刘清波提出的避虚就实原则，即当菜名中蕴含的文化含义是西方人无法解读的，可以损失其中的一些文化含义，将实质性的菜名理据译出[19]，蟠龙菜应当译为Steamed Egg Rolls with Minced Fish and

Pork，舍去菜品本身的象征意义，而突出其实用性，使食客通过译名便能知晓菜肴的用料。但是，这一译名有些冗长，考虑到蟠龙菜已成为钟祥的一道经典名菜，入选"湖北省非物质文化遗产名录"，可将其作为专有名词，或可采用音译法，使用汉语拼音"Pan Long Cai"，既简洁易记，又具有浓厚的地方特色。且作为一道招牌菜，可在菜单上附上图片，辅助食客理解，相信其精美的造型必定能抓住食客的眼球。

而对于文化类宣传文本，更加注重其中的文化内涵，因此在英译时需采用意译法、加注法等，译名通常会更长且更详细，如蟠龙菜在旅游宣传平台的推文中，便可采用音译+意译或者加注的方法：Pan Long Cai（Steamed Egg Rolls with Minced Fish and Pork, shaped like dragon, to show good wishes），适用于让目标受众理解菜品用料及形状的交际目标；若是想要保留其中的典故性，可以译为Pan Long Cai（A Kind of golden roll wrapped in minced pork, chicken and fish, which serves as a royal meal specially prepared for Jiajing emperor），译者可根据不同的交际意图采用不同的译名。再如万寿羹，采用加注法译为Tortoise and Chicken Soup（It can enhance physical fitness, carrying people's good wishes for health and longevity）。"八角雪枣"可译为Bajiao Sticky Rice Balls（A kind of dessert, shaped like Chinese date, produced originally in Bajiao Street, Jingmen）。

由于交际目标不同，译者在翻译菜肴名称时应"因地制宜、因时制宜"，根据不同的文本要求，选择合适的策略与方法，若在生活实际运用中追求简洁直观，便以直译和音译为主，若为了实现一定的文学审美便需采用意译、音译加意译以及加注的方式等，以求实现原文和译文交际意图的生态平衡。

四、结论

本文结合《楚辞》探究了荆楚美食的历史渊源，当代荆楚美食在风味与烹饪方法上既具承继性又有创新性，在命名理据上既具普遍性又有特殊性。规范地方菜名的英文表达，提升荆楚地域菜名的英译质量，是弘扬荆楚地方文化的有效手段之一。翻译质量通过语言、文化、交际等多个维度进行体现，生态翻译学的"三维转换"理论可以为荆楚菜名英译提供有益指导。本文从该理论视角出发，提出了楚菜菜名英译的三个原则与四个方法，译者应当注意语言适切性、内涵传递性和文本选择性，合理使用翻译策略与方法，提升译名的可接受性，实现语言、文化、交际维度的多元生态平衡，为楚菜及荆楚文化外译与外宣提供一个良好的"生态圈"。同时，本文基于理论探究对当前湖北省着力打造的《楚菜标准》进行了翻译实践研究（见附录），力求给出相应的英译名，助力楚菜走出荆楚，跨越国门，走向世界，并标明了相应的译策译法，以期形成楚菜菜名英译的体系，为后续菜名英译提供一定借鉴，也可为其他地方美食的英译提供有益的参考。

参考文献

[1]子思，曾参.礼记：中庸[M].呼和浩特：远方出版社，2001.

[2]司马迁.史记[M].北京：中华书局：传世经典 文白对照，2019.

[3]喻惠芳.鄂菜菜名英译研究[J].科教导刊（中旬刊），2012（24）：156-157.

[4]董春枝，杜晓晗.武汉饮食文化翻译问题与策略研究[J].文学教育（上），2017（01）：112-114.
DOI:10.16692/j.cnki.wxjys.2017.01.049.

[5]任中杰，陈玢.武汉美食汉译英翻译方法探索[J].海外英语，2021（10）：55-57.

[6]刘睿，鲁修红.目的论视角下荆楚特色美食英译研究——以钟祥菜名为例[J].荆楚理工学院学报，
2023，38（01）：31-36.DOI:10.14151/j.cnki.jclgxyxb.2023.01.004.

[7]胡庚申.生态翻译学的研究焦点与理论视角[J].中国翻译，2011，32（02）：5-9+95.

[8]胡庚申.生态翻译学：建构与诠释[M].北京：商务印书馆，2013：237.

[9]胡庚申.从"译者中心"到"译者责任"[J].中国翻译，2014，35（01）：29-35+126.

[10]蒋晓萍，罗云.生态翻译学视域下中国饮食文化负载词翻译研究——以《世说新语》英译本为例
[J].广州大学学报（社会科学版），2020，19（05）：54-61.

[11]黄寿祺，梅桐生.中国历代名著全译丛书——楚辞全译（修订版）[M].贵阳：贵州人民出版社，
2008.

[12]贾丽丽.《楚辞》饮食文化探究[D].长江大学，2016：70-73.

[13]王甜甜.论《楚辞》中的楚人饮食及特点[J].辽宁行政学院学报，2007（01）：107-108.

[14]贾丽丽.《楚辞》饮食文化探究[D].长江大学，2016：80.

[15]姚伟钧.秦汉魏晋南北朝时期荆楚饮食考论[J].文化发展论丛，2022（00）：156-172.

[16]贾丽丽.《楚辞》饮食文化探究[D].长江大学，2016：81.

[17]王灿.浅谈"楚辞"中的先秦楚地饮食文化[J].鸡西大学学报，2011，11（11）：131-133+135.

[18]"科普中国"科学百科词条编写与应用工作项目.菰米（禾本科菰属植物）_百度百科EB/OL].
[2024-06-12].https://baike.baidu.com/item/%E8%8F%B0%E7%B1%B3/2201058?fr=ge_ala

[19]刘清波.中式菜名英译的技巧和原则[J].中国科技翻译，2003（04）：52-53+6.

附录

《楚菜标准》首次颁布的21道菜名翻译序号	菜名	译名	译策	译法
1	清蒸武昌鱼	Steamed Wuchang Fish	音译+直译	烹饪方法+地名+主料
2	荆沙甲鱼	Braised Turtle, Jingzhou Style	音译+直译	烹饪方法+主料，地名+style
3	潜江油焖小龙虾	Braised Crayfish, Qianjiang Style	音译+直译	烹饪方法+主料，地名+style
4	沔阳三蒸	Steamed Pork, Fish or Vegetables with Rice, Mianyang Style	音译+增译	烹饪方法+主料+with 配料，地名+ style
5	钟祥蟠龙菜	Steamed Egg Rolls with Minced Fish and Pork, Zhongxiang style Pan Long Cai (A Kind of golden roll wrapped in minced pork,chicken and fish,which serves as a royal meal specially prepared for Jiajing emperor)	音译+意译 音译+注释	烹饪方法+主料+with 配料，地名+ style
6	黄州东坡肉	Braised Dongpo Pork, Huangzhou Style (named after a Chinese poet Su Dongpo)	音译+注释	烹饪方法+人名+主料，地名+style
7	红烧鮰鱼	Braised Longsnout catfish in Brown Sauce	直译	烹饪方法+主料+in 汤汁
8	排骨藕汤	Spareribs with Lotus Root Soup	直译	主料+配料+菜型
9	腊肉炒菜薹	Sautéed Preserved Pork with Chinese Kale	直译	烹饪方法+主料+with+配料
10	油焖小香菇	Braised Black Mushrooms	直译	烹饪方法+主料
11	簰洲湾鱼圆	Steamed Fish Balls, Paizhouwan Style	音译+直译	烹饪方法+主料，地名+style
12	洪湖鸭焖莲藕	Braised Duck with Lotus Root, Honghu Style	音译+直译	烹饪方法+主料+with 配料，地名+ style
13	黄焖圆子	Braised Pork and Fish Balls in Brown Sauce	直译	烹饪方法+主料+in 汤汁
14	香煎翘嘴鲌	Pan-Fried Culter alburnus	直译	烹饪方法+主料
15	白花菜扣肉	Steamed Pork with Dried Spiderflower	直译	烹饪方法+主料+with+配料
16	鸡茸笔架鱼肚	Deep-Fried Fish Maw with Minced Chicken	直译+省译	烹饪方法+主料+with+配料
17	红烧鱼桥	Braised Eel in Brown Sauce	直译+省译	烹饪方法+主料+in 汤汁
18	罗田板栗烧仔鸡	Braised Chicken with Chestnuts, Luotian Style	音译+直译	烹饪方法+主料+with 配料，地名+ style
19	襄阳缠蹄	Braised Pig Feet, Xiangyang Style	音译+直译	烹饪方法+主料，地名+style
20	瓦罐鸡汤	Chicken Soup in Pottery Pot	直译	主料+in+器皿
21	恩施炕土豆	Fried Potatoes, Enshi Style	音译+直译	烹饪方法+主料，地名+style

从"万里茶道"到"一带一路"：湖北省—俄罗斯政治经济文化交往的历史脉络与时代新篇[①]

栾 鸾

内容提要：本文围绕"万里茶道"的历史沿革与湖北省在此贸易路线中的重要地位展开深入研究，旨在探讨湖北省—俄罗斯之间多领域合作的深厚基础与广阔前景。通过系统梳理"万里茶道"的发展历程，揭示了湖北省作为关键节点在促进中俄商贸、文化及政治交往中的重要作用。进一步分析了双方在新时代背景下合作的机遇与挑战，并聚焦于经贸合作、政治互信与文化交流三大领域，旨在开创双方交往关系的新篇章。

关键词：万里茶道；恰克图；机器生产；政治互信

作者简介：栾鸾，武汉大学，讲师，研究方向为语言文化学。

Title: From "Ten Thousand Li Tea Route" to "the Belt and Road": The Historical Line of Political, Economic and Cultural Exchanges Between Hubei Province and Russia and the Development of the New Era

Abstract: This article focuses on the historical development of the "Great Tea Road" and the important position of Hubei Province in this trade route, to explore the deep foundations and broad prospects of the multi-disciplinary cooperation between Hubei Province and Russia. By systematically analyzing the development of the "Great Tea Road", the study reveals the important role of Hubei Province as a key node in promoting Sino-Russian commercial, cultural, and political exchanges. This article further analyzes the opportunities and challenges of collaboration between the two sides in the context of the new era, focuses on the three main areas of commercial and economic cooperation, political mutual trust, and cultural exchanges to create a new chapter in the relationship between the two sides.

Key Words: Ten Thousand Li Tea Route; Kyakhta; Machine Production; Political Trust

About Author: Luan Luan, Wuhan University, Lecturer, mainly engaged in Linguistic and Cultural Studies.

　　湖北省，作为中国中部地区的重要省份，不仅承载着丰富的历史文化底蕴，也扮演着长江沿岸交通枢纽的关键角色。自19世纪后期以来，依托中俄万里茶道的商贸往来，湖北省逐渐成为我国对外交流的重要窗口，与俄罗斯等沿线国家建立了深厚的联系。历经近200年的时光沉淀，尤其是在"一带一路"倡议的机遇下，湖北省与俄罗斯之间保持着紧密的政治、经济及文化联系，见证了双方深厚的历史友谊与合作历程。本文旨在系统梳理"万里茶道"的历史沿革与湖北省在此贸易路线中的重要地位，为双方合作提供历史依据；深入分析新时代背景下湖北省与俄罗斯合作的机遇与挑战，揭示双方合作的广阔前景；提出具体的合作策略与建议，推动湖北省与俄罗斯在更多领域、更高层次上的互利合作，共同开创双方关系的新篇章，以实现更高水平的对外开放和区域经济的共同繁荣。

一、万里茶道：湖北省—俄罗斯政治经济文化交往的历史脉络

万里茶道的历史可以追溯至17世纪末，历经200余年的繁荣与发展，它不仅是一条商贸通道，更是湖北省与俄罗斯建立早期联系的重要桥梁，承载着两国间深厚的政治、经济与文化交往历史。这条商贸通道起始于湖北汉口，汇聚南方各省份的茶叶，经由河南、山西、河北、内蒙古，穿越蒙古高原，通过恰克图进入俄罗斯境内，再从西伯利亚运往莫斯科和圣彼得堡，是一条横跨亚欧大陆，连接中、蒙、俄三国的国际商贸通道。在鼎盛时期，"汉口输出的茶叶一度占中国茶叶出口总量的60%，占对俄输出茶叶的95%"。[1]通过这一独特的历史现象，我们可以深入探究19世纪湖北省与俄国之间的多维度交往与互动，以及这些交往对双方社会历史进程的深远影响。

（一）经济交往的繁荣：茶叶贸易与多元发展

茶叶作为清朝对外出口的重要产品，是推动湖北省与俄罗斯联系的关键因素。自17世纪茶叶进入俄国市场后，其需求量日益增长，促使了两国之间贸易关系的建立与发展。1689年，《尼布楚条约》的签订允许两国人民持路票（护照）过境往来，进行通商贸易，为双边贸易的开展提供了制度保障，从而促成了万里茶道的开通。1728年，《恰克图条约》的签订允许俄商在恰克图通商，进一步促进了万里茶道的发展和繁荣。19世纪初，茶叶已成为中国出口至俄罗斯的最主要商品。

19世纪后期，湖北的茶叶贸易开始吸引俄罗斯学界和商界的广泛关注。汉口的崛起，取代福建成为万里茶道的新起点，标志着湖北对俄茶叶贸易的兴盛。1858年，《天津条约》的签订为俄国商人提供了更多的贸易机会。1862年，《中俄陆路通商章程》的签订赋予了俄国在茶区直接采购茶叶并在天津进行贸易的特权，同时对砖茶实施了低关税政策。1869年，通过对《中俄陆路通商章程》的修订，清政府为俄国的茶叶贸易提供了更为宽松的环境，俄国在天津海关的复进口税取消，茶叶的半税减免。19世纪50—60年代签订的多项条约，使俄国获得了陆路和水路的贸易权，从而极大地便利了俄国商人的贸易活动，巩固了俄国在汉口乃至中国的贸易地位。时任两江总督的刘坤记述了俄商在汉口的贸易活动："自江汉关通商以后，俄商汉口开设洋行，将红茶，砖茶装入轮船自汉运津，由津运俄。"[2]

在19世纪下半叶，随着贸易活动的不断深化，俄国商人逐步将茶叶贸易的重心由恰克图迁移至汉口，并在此建立了砖茶制造工厂，依托长江水系广泛开展茶叶贸易。俄商在汉口的洋

行与砖茶制造工厂如雨后春笋般迅速涌现，从1863年的3家俄国茶厂增长至1870年的14家，彰显了其蓬勃的发展态势。[3]这一时期，中俄之间的茶叶贸易对中国尤为重要，因为它在一定程度上缓解了中国的贸易逆差问题。具体而言，对俄陆路贸易在中国对外贸易中占比约为10%，而仅茶叶一项经恰克图的出口额就占据了全部出口额的15%。[4]1886—1890年间，中国在俄罗斯出口总额中的占比仅为0.35%，但进口总额高达6.95%，进一步体现了中俄贸易的不平衡性[5]。至1891年，仅在汉口运营的俄罗斯公司每年发送的砖茶数量就超过了1万箱，标志着中俄茶叶贸易规模的持续扩大。[6]

19世纪80年代初，除传统的万里茶道外，俄商开始探索其他茶叶运输线路，导致通过恰克图的茶叶贸易量有所缩减。1879年，俄国志愿舰队负责人在汉口与俄商商讨将茶叶从中国运往俄国的海上路线进行了商讨，此举为志愿舰队的海上茶叶贸易拉开了序幕，标志着中俄海上贸易的蓬勃发展，并与经由恰克图的陆路茶叶贸易形成了竞争态势。在1880—1885年间，志愿舰队共运送了140万普特②的茶叶，而至1899年，其一年内的运送量就超过了120万普特。志愿舰队的蒸汽货轮从敖德萨出发，穿过黑海海峡，驶向地中海，再经由红海、印度洋和马六甲海峡，最终抵达东亚海域。在符拉迪沃斯托克进行部分货物的卸载后，船只还会途经长崎或上海，最终抵达汉口。[7]1882年，有人提出了通过阿穆尔河、符拉迪沃斯托克港以及乌苏里铁路运输茶叶的方案，旨在放弃恰克图的陆路贸易，以节省蒙古到恰克图段的运输费用。19世纪90年代，俄商甚至通过乌里雅苏台向西西伯利亚走私了大批茶叶，这使得万里茶道的茶叶贸易逐渐受到冲击。19世纪末，中俄贸易的海上转运系统相较于通过恰克图的陆路贸易，展现出更高的效率与更低的运费。1893年，由中国通过欧洲边界出口至俄国的贸易总量为1343万卢布，其中1325.9万为茶叶，由亚洲路线出口至俄国的1975.5万卢布贸易额中，茶叶占1606.8万卢布。1894年俄商通过恰克图进口的货值达1332.6万卢布，其中茶叶1283.6万；中国茶商通过恰克图向俄国倾销茶叶约150万卢布。相比之下，俄国对中国的出口则主要集中在金银、信用券以及少量俄国商品上。[8]1893年，中国出口俄国的茶叶总量超过英国及其殖民地的总和，接近出口北美和南美总量的2倍，凸显了中国茶叶在全球市场上的重要地位。[9]武汉在这一时期的重要性不仅体现在茶叶生产上，汉口作为重要的中转港，也成了中部各省出口货物到国外的储存地以及欧洲货物进入国内的集散地。1894年，汉口港的总收入达到了约14675万卢布，进一步证明了其在国际贸易中的重要地位。[10]

19世纪下半叶，俄国在对华贸易中面临了与西欧国家几个世纪以来相似的问题，即对东方产品的稳定及大量需求与缺乏能够平衡贸易的本国出口商品的冲突，这导致了资金不断流入中国。为了应对这一问题，俄国一方面致力于发展机器生产，另一方面也积极探索更多本国产品出口的可能性。机器生产对汉口传统制茶工艺造成了冲击，使得中国茶厂手工压制的茶叶在质量上缺乏竞争力，但同时也为汉口带来了先进的制茶工艺，迫使本土茶叶加工技术进行改良和创新。在这一时期，俄国向中国出口的主要货物包括布匹、棉绒、皮毛制品、软革、石蜡、蔗糖和酒精等。1894年，俄国从汉口出口的毛呢价值达到了173279卢布，并被运往内地和其他沿江城市；同时，约有110万加仑的俄国石蜡被运往汉口，价值约21.9万银卢布。[11]

总体而言，19世纪下半叶，茶叶出口成为了中俄最主要的贸易往来，汉口也因此崛起为中国第三大贸易港，并成了中俄万里茶道的起点。陆路茶叶贸易为两国的经贸发展均带来了显著的益处，同时也加强了湖北省与俄国的交流与合作。俄商在汉口建立茶厂并引入工业化生产后，虽然对湖北省的茶叶生产和加工造成了一定的冲击，但也推动了茶业的整体发展。俄商在中国直接采买茶叶以及低廉的关税政策，与本土茶商形成了激烈的竞争，这促使中国茶商开辟新的贸易形式，并深入俄国发展茶叶贸易。尽管海上贸易的发展对万里茶道茶叶贸易造成了一定的影响，但由于陆路贸易在政治和经济上的重要意义，两国从政策层面对陆路茶叶贸易进行了保护和支持，一方面维护了双边关系的稳定和贸易的繁荣，另一方面也在一定程度上抑制了中俄海上贸易的发展。茶叶交易在为双方带来贸易利润的同时，也带来了各自的问题和挑战。对俄方而言，茶叶贸易带来的贸易逆差无法通过出口其他商品来弥补，且在茶叶加工、贸易、运输的各环节都面临着与欧洲国家的激烈竞争。对中方而言，外国茶商的涌入抢夺了本土茶商的利益，同时茶叶贸易给欧洲和俄国造成的贸易逆差也为清政府埋下了潜在的威胁。总体来看，19世纪中后期湖北省与俄国的贸易往来呈现出稳定且繁荣的态势，各方面因素相互制约和影响。

进入20世纪初，随着俄国远东港口的发展以及俄国在中国南方的政治中心向上海的转移，敖德萨方向的中俄贸易逐渐衰落。取而代之的是上海到符拉迪沃斯托克的海上贸易路线，这标志着中俄茶叶贸易进入了一个新的发展阶段。然而，湖北省与俄罗斯之间的经济交往并未因此而中断，反而在新的历史条件下继续发展，并展现出更加多元和复杂的特征。

（二）政治交往的奠基与文化交往的萌芽

汉口，作为19世纪中俄万里茶道的起点，其地位在中俄外交关系的逐步深化过程中显得尤为突出。自19世纪中期起，俄国加强了在中国中部和南部地区的活动。1882年，俄国驻华领事机构的调整，将汉口的编外副领事馆升格为编内领事馆，此举凸显了汉口在中俄交往中的战略意义和重要地位。1888年与1891年，俄国皇室成员亚历山大·米哈伊洛维奇大公与尼古拉·亚历山德罗维奇大公的访华，不仅加深了双边政治互信，也为茶叶贸易的蓬勃发展奠定了坚实基础。尼古拉·亚历山德罗维奇大公访问期间，与时任湖广总督的张之洞就茶叶贸易问题进行了深入会谈，此后俄方积极筹备在汉口设立俄租界事宜。1896年，《汉口俄租界地条约》的签订，标志着俄租界在汉口的正式确立，进一步巩固了俄国在华中地区的利益与影响。

俄国在汉口领事机构的变迁，从1869年的设立到1909年的升级为总领事馆，不仅反映了俄国对华外交策略的调整，也见证了中俄茶叶贸易的兴盛及其对双边关系的重要维系作用。即使在中俄边境问题复杂的背景下，茶叶贸易依然为两国关系的相对稳定提供了有力支撑。

对俄国来说，维持恰克图的茶叶贸易具有政治意义和战略价值。陆路贸易不仅维护了中俄两国的友好关系，还为东西伯利亚的初始资本积累提供了重要来源。茶叶贸易为俄罗斯国库带来了可观的关税收入，同时也在很大程度上保障了西伯利亚铁路莫斯科段的畅通与质量。为保护万里茶道的茶叶贸易，俄国对陆路和海路进口茶叶实施了差异化的关税政策，以体现其对陆路贸易的高度重视与支持。1865年，从中国经由恰克图进口茶叶的关税为每普特2—15戈比，而经由欧洲边境或港口进口的茶叶关税为每普特35—50戈比。[12]19世纪末，中俄恰克图陆路茶叶贸易逐渐衰落，俄国政府采取了保护措施，但中俄关系的政治重心已逐渐向远东转移。

伴随经济交往的深入，文化交流亦悄然兴起。19世纪末，汉口居住的俄国人数量显著增加，他们不仅从事贸易活动，还积极参与宗教、文化活动。这个时期出版了研究汉口历史的著作，以及中文著作的俄译本。1885年，俄国商人及俄驻汉副领事伊万诺夫出资在汉口英租界内修建了东正教教堂，名为亚历山大·涅夫斯基教堂，成为俄罗斯文化在汉口的重要标志。1895年，俄国考察团被派往湖北省，以深入研究亚洲的产茶区，[13]进一步促进了对中国茶文化的深入研究，也加深了俄国人对中国社会的理解。俄国驻北京外交使团的翻译波波夫指出，汉口的地理优势和地理位置的重要性是吸引俄国人最初在这里学习和了解中国贸易、经济和文化的主要原因。在这一过程中，一大批俄国商人学会了汉语，与茶农建立了良好的关系，[14]促进了双方在更深层次上的文化交流与融合。为了顺利进行茶叶贸易，在汉口开设了俄语学校和俄汉双语学校。俄国外交官和翻译家乌赫托姆斯基对俄国商人在汉口取得的成就印象深刻，在著作中生动展现了俄国商人在汉口的成功融入，以及中国人对他们的接纳与赞赏，他指出，中国人非常喜欢在这里的俄国人。这些俄国人有广阔的视野，并能意识到他们与俄国的有机联系，俄国的未来在中国有着巨大的深度和广度。[15]反映了中俄人民之间的友好情感与文化认同的开始。

综上所述，19世纪中后期，湖北省与俄罗斯的交往密切，主要得益于万里茶道和茶叶贸易的繁荣。汉口作为中国茶叶的集散中心，通过对茶叶进行工业加工后出口到英国、俄国等地，进一步推动了茶叶贸易的发展。在这一时期，中俄茶叶贸易符合两国利益，稳步发展，不仅促进了经济交往的繁荣，也推动了政治和文化交往的深入，维持了一段时间内双边关系的正常和稳定。同时，茶叶贸易还促进了民间文化交流以及俄学界对中国茶叶产区及茶叶文化的深入研究，为两国之间的友好关系与文化认同奠定了坚实基础。

二、"一带一路"倡议下湖北省—俄罗斯政治经济文化的深化与拓展

2013年，"丝绸之路经济带"和"21世纪海上丝绸之路"倡议的提出，为湖北省与俄罗斯的交往注入了新的活力。在国家战略布局中，尽管湖北省地处华中，相对内陆，对外开放面临一定限制，但其凭借深厚的历史文化底蕴、便利的水陆交通条件、坚实的工业基础以及早期

的对外开放经验，积极融入"一带一路"建设，与俄罗斯的交往步入了全新的发展阶段。

（一）经济交往的深化与拓展

自"一带一路"倡议实施以来，湖北省聚焦特色产业，积极发展与"一带一路"共建国家的贸易关系，其中与俄罗斯的经贸往来尤为活跃，展现出新的活力。湖北省人民政府关于国家长江经济带发展战略的实施意见中明确指出，要加速湖北与俄罗斯伏尔加河沿岸联邦区的合作进程。在此背景下，湖北省与俄罗斯的经济交往不仅巩固了传统的经贸联系，还在多个领域实现了突破性进展。

1. 贸易与投资合作的深化：湖北省与俄罗斯之间的贸易活动日益频繁，投资合作不断深化。通过举办如"中俄食品企业（湖北）对接会"等高层次经贸活动，双方企业实现了直接对话，促进了贸易与投资的精准对接。湖北省的融资租赁企业积极"走出去"，与俄罗斯多家重要商业组织建立联系，探索多元化合作模式。

2. 物流通道的高效构建：中欧国际货运班列的开通，特别是途经俄罗斯的线路，为湖北与俄罗斯的贸易提供了高效、便捷的物流解决方案。自2017年11月起，中欧国际货运班列每周从宜昌始发，经武汉货运编组站加挂汉欧班列，途经俄罗斯开往欧洲，这是湖北长江经济带对接"一带一路"倡议的重要成果。此后，襄欧班列、宜昌至莫斯科的冷藏集装箱班列等相继开通，为湖北的生鲜农产品、工业产品、电子产品等对俄出口打开了通路。这些班列的常态化运营，不仅缩短了运输时间，降低了物流成本，还极大地丰富了双方贸易的商品种类。

3. 展会平台的品牌塑造：湖北省商务厅推出的"百展行动"及后续"千企百展出海拓市场"计划，成为推动湖北品牌走向世界的重要窗口。特别是疫情期间的"荆楚云展"，创新了合作方式，进一步拓宽了合作渠道。2024年"千企百展出海拓市场"行动涉及的"一带一路"共建国家展会有70个，包括15场俄罗斯展会，覆盖工业、光电子信息、汽车制造、化工能源、医药医疗、农业食品、装备制造、纺织服装、家居建材、婴童用品行业。组织参与的俄罗斯展会数量位居"一带一路"国家首位，且是唯一覆盖全行业的国家，武汉、襄阳、宜昌、黄石、十堰、荆州、潜江、随州、恩施、孝感、仙桃11个地市开展对俄出口贸易，足以说明对俄经贸合作对湖北省的重要性。

4. 投资促进与深度调研：湖北省商务部门频繁组织赴俄投资促进活动和经贸合作调研，增进了双方政府层面的互信与合作，为企业层面的直接交流搭建了平台。

5. 特定领域的合作与拓展：在石油、服务外包、茶叶及农业、汽车、机械制造等领域，湖北省与俄罗斯的合作取得了显著成效。双方企业通过专业展会、技术交流等形式，找到了更多合作契合点。

6. 口岸现代化与通道建设："宜汉欧""襄汉欧"等国际铁路货运班列的常态化运营标志着湖北省口岸现代化建设迈上了新台阶。通过与满洲里海关的协商，支持了"俄罗斯—满洲里—武汉"木材回程专列的发展，开辟了木材进口绿色通道。湖北省口岸工作领导小组办公室公布的口岸现代化发展三年行动方案（2023—2025）中，明确指出将常态化运营武汉—俄罗斯东方港集装箱航线，并实施"中欧班列（武汉）+"战略，加密至俄罗斯的双向骨干通道。2021年，湖北省开通武汉—符拉迪沃斯托克（东方港）至欧洲铁海联运新通道，缓解中欧班列运力紧张问题，为省内企业发展对俄贸易提供更多便利和切实的解决方案。

7. 区域经济合作与自贸区建设：湖北省积极响应国家对外开放战略，通过加强与俄罗斯伏尔加河沿岸联邦区的区域合作，推动了长江中上游地区的对外开放水平。宜昌自贸片区等战略支点的作用日益凸显，一批本土企业在俄罗斯的投资项目取得了显著成效。安琪酵母公司俄罗斯工厂的竣工投产、黑旋风锯业、柏斯音乐集团等在俄罗斯项目的强劲发展势头以及福汉木业在俄罗斯投资建设的中俄托木斯克木材工贸合作区的成功运营等，都充分展示了湖北省与俄罗斯在经济合作方面的丰硕成果。同时，汉口北国际商品交易中心等平台的海外布局，进一步拓展了湖北商品的国际市场影响力。

图1　2015—2023年湖北省对俄进出口总额（单位：亿元人民币）

数据来源：根据中华人民共和国海关总署海关统计数据整理

"一带一路"倡议下湖北省与俄罗斯的经济交往呈现出全方位、多层次的深化与拓展态势，为双方经济的共同繁荣注入了强劲动力。根据海关统计数据（图1），2015年至今湖北省对俄出口总额整体呈增长趋势，尤其在2017年以后。尽管2020年受疫情影响对俄出口量有所下降，但很快又恢复了增长态势。疫情结束后，对俄出口总额显著提高，出口商品种类丰富多样，主要包括农产品、汽车及汽车零部件、化工产品、机械产品、纺织品、日用品、医疗用品、电器、光学器件等。湖北省对俄贸易进口总额逐年增加，进出口贸易额趋于平衡，贸易关系呈健康发展态势。未来，随着合作的不断深入，双方将在更多领域实现互利共赢，共同书写经贸合作的新篇章。

（二）从历史交往到"一带一路"倡议下的政治与文化交流

万里茶道，作为一条横跨亚欧大陆、以茶叶为媒介的古老商道，不仅是经济交流的动脉，更是中俄两国政治与文化交往的深厚历史见证。自17世纪起，这条茶道便承载着两国人民友好往来的愿景，见证了中俄之间从商贸合作到政治互信的逐步深化。2013年3月，习近平主席在莫斯科国际关系学院的演讲中，特别提及万里茶道，不仅是对这段历史友谊的致敬，更是对新时代中俄战略伙伴关系广阔发展前景的展望，为两国在新时期下的政治与经济合作奠定了坚实的历史与文化基础。

随着"一带一路"倡议的提出与实施，湖北省作为连接中国内陆与欧亚大陆的重要节点，与俄罗斯的政治交往迎来了前所未有的新机遇。2013年5月，长江中上游地区与俄罗斯伏尔加河沿岸联邦区的合作座谈会在武汉成功举办，并签署了《长江中上游地区与伏尔加河沿岸联邦区开展合作的议定书》，标志着双方在政府层面的合作进入了一个全新的阶段。这一合作机制的建立，不仅加深了双方在经贸领域的互利共赢，也为政治对话与互信提供了更加广阔的平台。

进入21世纪以来，湖北省及其下辖地市积极与俄罗斯各州市建立友好城市关系，形成了多层次、宽领域的友好交往网络。湖北省与萨拉托夫州、襄阳市与科斯特罗马州、十堰市与恩格斯市等友好城市关系的建立，不仅促进了地方间的经贸合作与人员往来，更在文化交流、教育合作、科技创新等多个领域取得了显著成效。在"一带一路"倡议的推动下，武汉市与萨拉托夫市、伊热夫斯克市等城市的友好关系进一步加深，通过缔结友好城市协议，双方在政治、经济、文化等方面的交流与合作得到了全面提升。

2015年，中俄领导人签署文件，决定在武汉设立俄罗斯总领事馆，这一举措对于湖北省乃至整个中西部地区与俄罗斯的政治交往具有重要意义。总领事馆的设立，将为双方人员往来提供更加便捷的签证服务，更为双方在经贸、文化、教育等领域的合作搭建更加直接有效的沟通桥梁。

自2014年起，湖北省与俄罗斯之间的文化交流活动蓬勃开展，成为政治交往的重要润滑剂。中俄万里茶道研讨会、湖北文化走进俄罗斯系列活动、武当武术在俄罗斯的推广、湖北省图书馆与俄罗斯国家图书馆的合作、武汉至莫斯科直线航班的开通等，都极大地促进了双方的文化交流与人员往来。

在"一带一路"倡议的推动下，湖北省与俄罗斯在多领域的合作机制不断建立与完善。中俄蒙三国旅游部长会议的举办、万里茶道申遗工作的推进、中蒙俄万里茶道城市合作大会的定期召开等，都为双方在旅游、文化遗产保护、城市合作等领域的交流与合作提供了重要的平台与机制保障。这些合作机制的建立与完善，进一步推动了湖北省与俄罗斯在政治、经济、文化等领域的深度合作与发展。

三、未来湖北省—俄罗斯政治经济文化交往的策略与建议

回溯万里茶道的辉煌历程，湖北省与俄罗斯之间的互动不仅局限于茶叶贸易的繁荣，更逐步拓展至政治、经济、文化等多个维度，构筑了深厚的友谊与合作基石。自17世纪以来，湖北羊楼洞的茶叶经由"万里茶道"远销至俄罗斯，不仅极大地满足了俄罗斯市场对茶叶的旺盛需求，也促进了沿途地区的经济繁荣与文化交流。这一历史通道不仅是中俄两国商贸友谊兴起的见证，更为双方后续的合作奠定了坚实的基础。步入新时代，"一带一路"倡议的提出，为湖北省与俄罗斯的合作开辟了新的机遇与平台。在此倡议框架下，湖北省积极融入全球发展格局，与俄罗斯在政治、经济、文化等领域的互动更加频繁且深入，续写了经贸合作的新篇章，并在科技、教育、文化等多个领域展开了广泛的交流与合作，进一步巩固和深化了双方的历史友谊。然而，湖北省对俄合作仍蕴藏巨大潜力，其开展不仅是对接与融入"一带一路"倡议的关键举措，也是发展特色文旅、开拓重要海外市场的有效途径。

（一）推动经贸合作向高水平与良性发展迈进

鉴于湖北省与俄罗斯的经贸活动历史悠久，且经贸繁荣促进了政治与文化交流的深化，新时代下，经贸合作仍应作为湖北省对俄合作的重点。尽管2023年俄罗斯在湖北省出口贸易国中排名第八，显示出一定的合作基础，但对俄贸易的发展空间依然广阔。为此，应从以下几个方面深化对俄贸易合作：

1. 充分发挥湖北省的农业优势，拓宽食用菌、茶叶、柑橘、小龙虾等农产品的出口渠道，实现与俄本土资源的互补，优化生产与运输流程，提升湖北农产品的国际竞争力与品牌影响力。同时，积极与俄罗斯伏尔加河沿岸联邦区开展食品加工、新品种培育等领域的科研合作，提升农产品附加值，并与阿尚等大型连锁超市签订长期采购协议，稳定销售渠道。

2. 依托湖北省纺织业的竞争优势，抓住欧美品牌撤出俄罗斯市场的机遇，积极拓展俄罗斯各级市场，打造汉绣品牌，提升其国际知名度，并通过参加海外展会推动汉绣的国际宣传与推广。

3. 在光电子、新能源汽车、高端装备制造业、生命健康等高科技领域，积极拓展俄罗斯市场，提高出口产品的质量与利润。同时，与俄罗斯高校合作，共同培育优质产学研项目，前瞻布局未来产业，以科技创新引领现代化产业体系建设，培育发展新质生产力，吸引海外投资。

4. 充分利用湖北省的地理优势，结合国际铁路货运、海运、江海联运、铁海联运等多种货运方式，实现降本增效。

（二）加强高层政治互信，政策赋能合作深化

1. 加强政府间的沟通与对话机制，通过高层互访、政府间会议等方式，增进双方政府的了解与信任，为深化各领域合作奠定坚实的政治基础。同时，制定经济政策、文化宣传政策、外国游客旅游政策等，全方位推动对俄合作。

2. 大力推进俄罗斯驻武汉总领事馆的设立，将武汉打造成为中西部对俄交流的中心，促进两国之间的友好交流与合作。

3. 在长江中上游地区与俄罗斯伏尔加河沿岸联邦区的合作组织中争取主动权，积极牵头组织双方政府洽谈，共商合作前景。同时，依托湖北自贸区建设，深入挖掘政策红利，完善湖北开放型经济环境，积极对接"一带一路"倡议，作为"丝绸之路经济带"和"21世纪海上丝绸之路"的延伸节点，连接中国内陆与欧亚大陆。

4. 以友好城市为纽带，进一步推动对外交流与服务，不断扩展友好城市的规模与影响力。

（三）深化文化传播，强化文化交流机制

1. 借助万里茶道申遗的契机，打造湖北省万里茶道旅游线路，并借助中蒙俄万里茶道合作大会、旅游部长会议等平台签署合作意向。定期组织赴俄文化宣传活动，通过展览、表演、民间交流等形式，提升湖北省文化的国际知名度。

2. 与高校合作，推进有关湖北省历史、文化、人物等的古籍和著作的俄译工作，与俄罗斯知名出版社合作，促成相关书籍的出版与推广。同时，组织读者见面会，构建荆楚文化海外兴趣群体，拓展民间宣传渠道。

3. 编写对外汉语教材，介绍楚文化、茶文化、道家文化等，培养俄罗斯青年对湖北文化的兴趣。充分发挥湖北省的教育资源，鼓励俄罗斯学生攻读学位，组织短期交流互访项目。

4. 与俄罗斯各级博物馆、图书馆、艺术团、文学团体等展开合作，共同组织策划文化活动，加强文化交流与互鉴。

5. 大力开发网络宣传渠道，除了利用国际新闻网站外，还应积极拓展俄罗斯媒体、社交网站等资源，利用本土媒介开展更为有效的海外文化宣传。

6. 组织中俄史学家、社会学家、经济学家、传播学家等组成跨学科研究团队，共同研究万里茶道的历史意义与当代价值，利用湖北作为科教大省的学术优势，推进研究成果的转化与普及。同时，以"重走中俄万里茶道"和"万里茶道跨国联合申遗"为契机，扩大湖北省的国际知名度与影响力。

注释

①基金项目：湖北省教育厅哲学社会科学研究项目"《荆楚岁时记》在俄罗斯的译介与传播研究"（项目编号：23G022）。

②普特（俄担）：俄国旧重量单位，等于16.38公斤。

参考文献

[1] 蒋太旭. "中俄万里茶道"的前世今生[J]. 武汉文史资料，2015（1）：57-58.

[2] 沈云龙. 刘坤一遗集[M]. 台湾：云海出版社，1966：2030.

[3] В. Г. Шаронова "Русский храм на Янцзы". Проблемы Дальнего Востока, 2018(5): 155-166.

[4] В. Г. Дацышен Российско-китайские отношения в 1881-1903 гг. Иркутск: Иркутский государственный педагогический университет, 2001: 55.

[5] В. И. Покровский Внешняя торговля России 1856-1894. СПб: А. Лемферг, 1896: 23.

[6] В. Г. Шаронова "Русский храм на Янцзы". Проблемы Дальнего Востока, 2018(5): 164.

[7]И. Р. Хамзин "Система морского транзита русско-китайской торговли в 80–90-е годы XIX века". Вестник Пермского университета, История, 2022, 2(57): 154-169.

[8]В. Г. Дацышен Российско-китайские отношения в 1881-1903 гг. Иркутск: Иркутский государственный педагогический университет, 2001: 92-93.

[9]И. Я. Коростовец Китайцы и их цивилизация. СПб: Издание книжного склада Н. Аскарханова, 1898: 239.

[10]И. Я. Коростовец Китайцы и их цивилизация. СПб: Издание книжного склада Н. Аскарханова, 1898: 252.

[11] И. Я. Коростовец Китайцы и их цивилизация. СПб: Издание книжного склада Н. Аскарханова, 1898: 252.

[12] И. Р. Хамзин "Система морского транзита русско-китайской торговли в 80–90-е годы XIX века". Вестник Пермского университета, История, 2022, 2(57): 163

[13]В. Г. Дацышен Российско-китайские отношения в 1881-1903 гг. Иркутск: Иркутский государственный педагогический университет, 2001: 137-138.

[14]吴松弟. 美国哈佛大学图书馆藏未刊中国旧海关史料（1860—1949）第173册[M]. 桂林：广西师范大学出版社，2014：239-242.

[15] Э. Э. Ухтомский Путешествие на Восток Его Императорского Высочества государя наследника цесаревича, 1890–1891. Т. 2. Санкт Петербург; Лейпциг: Ф.А. Брокгауз, 1893: 224, 246.

《离骚》四个英译本的翻译风格对比研究
——基于语料库的统计与分析[①]

但正文

内容提要：本研究采取语料库的方法，选取Legge、Hawkes、林文庆、许渊冲四个《离骚》英译本作为研究对象，聚焦词汇和句法两个层面对比分析四译本的翻译语言特征，旨在探索译者所处的时代、译者身份及其翻译动机对译文翻译风格的影响。研究发现：（1）从历时的角度来看，各个时代译者的译本各具特色，如早期译者Legge译文之所以词汇密度最小、不符合用词简化的趋势，这与其牛津大学教授的身份密切相关，相比之下中国译者译文实词占比大、文本信息密度大，四位译者中除许渊冲采取归化为主的翻译策略外，其他三位译者以异化策略为主；（2）从译者身份来看，不同译者的翻译体现出各自的翻译动机，西方译者的译本出于教学的需要或务实于学术研究的需要，而中国译者的译本更多地是为了传播中华文化，彰显了译者的文化自信；（3）四译本也存在一定的共性，整体上都比较忠实，凸显诗人屈原的优良品质，促进了中国典籍的外译。

关键词：翻译风格；《离骚》；英译研究；归化；语料库
作者简介：但正文，长江大学，硕士研究生，研究方向为翻译研究。

Title: A Comparative Study of the Translation Styles of the Four English Versions on *Li Sao*: Corpus-based Statistics and Analysis

Abstract: By adopting the corpus-based method, this study selects four English translations on *Li sao* by Legge, Hawkes, Lin Wenqing and Xu Yuanchong as the research objects. It focuses on the lexical and syntactic levels to compare and analyze the translation language characteristics of the four translations, aiming to explore the influence of the translator's living era, identity and translation motivation on the translation style of the translation. The study found that: (1) From the diachronic perspective, the translations of translators in different eras have their own characteristics. For example, the early translator Legge's translation has the lowest vocabulary density and does not conform to the trend of word simplification, which is closely related to his professor identity at University of Oxford. In contrast, Chinese translators' translation has a large proportion of content words and a high text information density. Among the four translators, except Xu Yuanchong who adopts domestication translation strategy, the other three translators mainly adopt foreignization translation strategy. (2) From the perspective of translator identity, the translations of different translators reflect their own translation motivations. The translations of Western translators are based on teaching needs or pragmatic academic research, while the translations of Chinese translators are more to spread Chinese culture, demonstrating Chinese translators' cultural confidence. (3) The four translations also have certain commonalities, which are generally faithful, highlighting the good qualities of the poet Qu Yuan and promoting the translation of Chinese classics abroad.

Key Words: Translation Styles; *Li sao*; English Translation Studies; Domestication; Corpora

About Author: Dan Zhengwen, Yangtze University, Postgraduate Student, mainly engaged in Translation Research.

在当今全球化的文化语境下以及实现中华民族伟大复兴的浪潮中，中国文学的对外译介方兴未艾。其中，中国古代典籍凝聚、承载着中华民族独特的文化智慧和基因，典籍翻译是跨越异质文化、推动中华文化"走出去"的重要桥梁，也是中国文化软实力的展示[1]。"屈原与楚辞，是长江文明与黄河文明对话的伟大精神标识。"② 《楚辞》作为中国诗歌乃至中国文化的源头之一，其瑰丽奇特的文字和丰富的想象力根植于中国南方的巫鬼文化，表现出蓬勃的艺术生命力。《离骚》作为《楚辞》的经典之作，历久弥新，习近平总书记曾多次在不同场合引用《离骚》中的典故和诗句③，《离骚》在中国诗歌历史上的意义重大[2][3]。

通过相关数据的检索，发现目前对《离骚》的英译研究主要以质性研究为主[4][5][6]，极少数学者结合语料库从定量的角度入手展开对《楚辞》的研究，但研究重心在尝试构建双语平行料库[7]、利用语料展开词汇层面的研究[8]、抑或是对比《离骚》的不同译本以比较译入与译出译本在情感元素再现方面的差异[9]，目前尚未有研究结合语料库从定量和定性结合的角度展开《离骚》不同译本之间的翻译风格对比较研究。

基于语料库的翻译风格研究始于Mona Baker（莫娜·贝克），其中翻译风格是指译者在文本选择、翻译策略与方法的应用等方面所体现出来的个性化特征[10][11]。翻译风格研究是了解文学作品经翻译之后所呈现状态的重要路径，是探寻中国文学"走出去"最佳译介模式的有益探索[12]。

语料库技术的运用可使研究者在分析大量语言数据的基础上开展语料库翻译学领域研究，避免研究的主观性和片面性[13]。因此本研究通过自建《离骚》四个英译本的小型平行语料库，对译本的语言特征和翻译风格进行对比，并探讨译者所处的时代、译者的身份及其翻译动机对译本的小型平行语料库，对译本的语言特征和翻译风格进行对比，并探讨译者所处的时代、译者的身份及其翻译动机对译本的影响，以弥补现有相关研究的缺乏，以期为《离骚》和其他文学典籍的翻译实践提供些许借鉴。

一、《离骚》中英文平行语料库简介

本研究选取的《离骚》译文有：James Legge（1895）的译文 *The Li Sao Poem and its Author*，David Hawkes（1985）的译文 *On Encountering Trouble*，林文庆（1929）的译文 *Li Sao：Encountering sorrows*，许渊冲（2008）的译文 *Sorrow after Departure*。

（一）语料的选择

郭晓春和曹顺庆[14]根据传播力度和影响力，把英语世界的楚辞学发展分为三个阶段：1879—1920年的发轫期、1920—1980年的发展期、1980年至今的成熟期，故本研究选取处于这三个时期且均具有代表性的译本。

James Legge的《离骚》英译本为西方世界早期重要译本之一，其译本质量相较于西方世界的首个英译本有了很大的提高[15]；而林文庆的《离骚》英译本，打破了此前的翻译模式，同时也对西方汉学家批评中国文学的观点进行了反击[16][17]；第三个译本是David Hawkes的英译本，其译本受到西方汉学界的普遍赞誉（Waley，1960；Needham，1996）；最后选取的是许渊冲的英译本，许渊冲强调再现《楚辞》的意美、音美、形美，其中国文化典籍英译受到学者的高度称赞[18]。

（二）语料库的建立

本研究自建《离骚》四译本的小型平行语料库。在获取上述文本后，对以上文本进行处理并将所得的文本内容以TXT的格式进行中英文分别存储，最后使用软件WordSmith Tool 7.0从词汇和句法层面对四个英译本的语言特征进行描述和数字统计。

（三）语料检索

本研究参照吕鹏飞（2021）[19]以及张旭冉等人（2022）[20]的研究框架，最终确定的考查参数有：类符/形符比、平均词长、平均句长、句长标准差、关键词等，同时运用软件WordSmith Tool 7.0对以上参数进行检索。

二、四译本翻译语言特征对比分析

（一）词汇层面的考察

词汇层面的翻译语言特征包括类符/形符比、词长、关键词。本研究首先对四译本的类符/形符比进行分析。

1.类符/形符比

类符是指语料库中出现的不重复的词数，形符是指语料库中词汇的总数，类符/形符比（TTR）反映的是语料库的词汇丰富程度，又被称为词汇密度（胡开宝等，2018）[21]，词汇密度可以反映词汇变化的丰富度以及文本的信息密度，其中四译本的类符/形符比如下表1所示。

表1　四译本类符/形符比

考察项 \ 译本	Legge译文	Hawkes译文	林文庆译文	许渊冲译文
类符数（Types）	1257	1217	1167	916
形符数（Tokens）	4033	3500	3106	2620

考察项	Legge译文	Hawkes译文	林文庆译文	许渊冲译文
类符/形符比（TTR）	31.17%	34.77%	37.57%	34.96%
标准化类符/形符比（STTR）	45.60%	48.73%	51.47%	46.60%

由表1可见，就TTR而言，林文庆>许渊冲>Hawkes>Legge，表明四译本的难度大小为：林文庆译本最难，许渊冲和Hawkes的译本十分接近，而Legge的译本相对简单。林文庆译本TTR值最大，即译本词汇密度大，也就是实词与总词数之间的比值最大，文本所承载的信息量相对最大，译文相对复杂；而许渊冲和Hawkes的译本的词汇密度十分接近；Legge的词汇密度最小，反映为该译本的文本承载的信息量相对最小，功能词占比大，译文相对简单。

2.词长

词长是指语料库中各种长度词的频数，平均词长指文本中词汇的平均长度，用于体现文本的正式程度，即为正式程度越高的文本平均词长的数值越大，而口语化程度越高的文本平均词长越小。

表2　词长

词长	Legge	Hawkes	林文庆	许渊冲
2个单词	18.99%	17.74%	15.10%	19.89%
3个单词	24.40%	22.91%	20.90%	20.15%
4个单词	15.94%	19.26%	22.63%	21.64%
平均词长	4.26	4.20	4.15	3.96

表2表明四译本的词长各不相同，Legge和Hawkes译本占比最高的词长聚集在3个单词，分别为24.40%和22.91%，而林文庆和许渊冲译本占比最高的词长聚焦在4个单词，分别为22.63%和21.64%。从四译本的平均词长来看，Legge译本的平均词长最大，表明该译本的用词的正式程度略大于其他三个译本，许渊冲译本的平均词长相对最小，表明该译本的选取较简单的词汇，译本阅读难度较小。

3.关键词

关键词可以反映目标语料库用词的特色，李文中（2003）[22]指出在一个由相同主题的文本构成的语料库中，表述主题的词具有较高的使用频率，通过统计方法把这些词提取出来并生成一个词表，即为语料库文本的关键词表。以下为表3四译本关键词表。

表3　四译本关键词

	Legge译本		Hawkes译本		林文庆译本		许渊冲译本	
	Keywords	BIC	Keywords	BIC	Keywords	BIC	Keywords	BIC
1	My	280.81	My	264.84	I	219.07	Oh	1346.40
2	I	201.33	I	174.69	My	189.71	My	198.34
3	Orchids	133.90	Beauty	91.18	Hsien	80.95	I	190.10
4	Me	107.03	Fragrant	59.75	Hui	72.59	Beauty	90.00
5	Girdle	85.62	Me	50.49	Pendants	66.86	Orchids	69.11
6	Angelicas	77.31	Orchid	50.28	Jade	56.12	Fragrant	63.80
7	Hsien	60.22	Fragrance	44.69	Shall	54.89	Jasper	58.09
8	Hui	53.13	Girdle	43.46	Me	49.01	Heart	36.24
9	Fragrant	45.06	Melilotus	43.11	Chou	41.02	Fragrance	35.26
10	Ch'iung	42.26	Jade	42.21	Chih	39.33	Grass	35.16

　　表3是从Wordsmith Tool 7.0版本导出的在各译本排前十的关键词，由表3可知四译本都有第一人称代词如"My、I"，这表明译者保留了诗人屈原用第一人称直抒胸臆，抒写自己的生命和精神历程，而这在中国诗史上已属创格（杨义，1997）[23]。但过多地使用"朕、吾、余"等第一人称称谓容易使诗人陷入"自吹自擂"的境地，有悖于中国人传统的谦逊美德，故屈原又借助"芳草喻"和"两性喻"的比兴手法（杨义，1997）[24]，这从关键词"Angelicas、Orchid、Hui、Beauty"等中可见，凸显了屈原"高尚的品德与纯洁的志趣"，也为世人展现出了一幅色彩斑斓的浪漫画卷。

　　此外，在许渊冲的译本关键词中，语气助词"oh"格外醒目，许老借语气助词来凸显原诗以"兮"字助势的"骚体"风格。而林文庆译本中，通过对中高量值情态动词shall的使用（李鑫、胡开宝，2013），以表示坚决、肯定的态度和语气，反映出译者极力还原诗人屈原绝不同流合污、保持自我圣洁的决心。

　　（二）句法层面

　　句法层面的翻译语言特征包括平均句长和句长标准差。平均句长是总形符数除以句点标记的个数得出的数据[25]，其体现语句复杂度：长则复杂度高，语料亦复杂；短则复杂度低，语料简单。"Butler指出句长为1—9个单词的句子称为短句，句长为10—25个单词的句子称为中长句，句长超过25个单词的句子称为长句"[26]。句长标准差体现句长与均值的差异：标准差大，句长差异显著；标准差小，句长趋于一致。

　　表4显示许渊冲译本平均句长最短（7.10个单词），属短句范畴；而Legge、Hawkes和林文

庆译本则为中长句，且Legge译本最长（19.58个单词）。句长标准差方面，Legge和Hawkes译本最大且两者十分接近，而许渊冲译本最小（1.38）[27]，表明其译本精简，接近原诗形式。整体来看，西方译者句子复杂度和句长差异高于中国译者。

表4 四译本平均句长及句长标准差

译本	Legge译本	Hawkes译本	林文庆译本	许渊冲译本
平均句长	19.58	19.02	13.80	7.10
句长标准差	7.83	7.81	5.62	1.38

三、四译本翻译风格对比分析

四译本具有不同的翻译语言特征，总体表现为中西差异明显，中国译者之间译本翻译风格较为相近，西方译者之间的翻译风格较为接近，译者所处的时代、译者的身份及其翻译动机对译文翻译风格有影响。

（一）不同时代译本翻译风格对比

四译本分别处于《离骚》的三个英译高潮。Legge于暮年英译，其译文源于教学的实际需要[28]，而译本创作背景正逢其身体状况每况愈下。

林文庆的译本属于《楚辞》传播的发展期，面对早期英汉学家对中国文学的偏见，早期《离骚》译本误读现象的明显[29]，加之国家又处于动荡混乱之中，时任厦门大学校长的林文庆决心为中国文学正名，宣扬国学的永恒价值并为陷入混乱的中国营造稳定的社会秩序[30]，故此其译文具有极强的现实语境。Hawkes《楚辞》英译准确来说属于第二个高潮，其修订版本处于第三个高潮并受到时代影响做出了些许主要改动，其英译始于牛津攻读汉文学学士学位时并在后续求学中将研究范围扩大到整部《楚辞》。其在1948年至1950年期间于彼时的北平国立大学学习《楚辞》并从未间断《楚辞》的英译，而《离骚》的英译完成于1948年游学之前[31]。

许渊冲的英译处于《楚辞》传播的成熟期，许渊冲在回顾分析《楚辞》的翻译史后，评价Hawkes译文"从微观的角度来看，比前人更准确，但从宏观的角度看来，只能使人知之，不能使人好之、乐之"[32]。在其译本前言中也指出，散体译者将《楚辞》译成"山峦""大合唱"了，强调《楚辞》英译要再现原诗的意美、音美、形美。

下文将从词汇、句法层面对不同时代的译本进行对比分析。从词汇层面及历时的角度通过对比类符/形符比，发现作为最早英译《离骚》的Legge译本词汇密度最低，表明其译文用词比较简练，而这似乎并不符合文学语料的词语变化趋势趋于"简略化"的假设[33]，本研究认为可以从以下两点进行解释，其一是Legge作为牛津大学的教授，其英译《离骚》目的就只是呈现该诗的内容，译文最初也只是一份讲义，适用对象主要是初学汉语的牛津大学学生[34]；其二，这似乎也因为其译文主要是利用中国学者的诠释，忠实地翻译出王逸的解释所致[35]。

从平均词长来看，Legge、Hawkes和林文庆三译本的平均词长较为接近，用词正式程度区别较小，其中许译本平均词长最小，用词相对而言最为简单，这表明其译文更加通俗易懂，也更有利于目的语读者接受和中国文化的对外传播。从关键词的对比可见，Legge以及林文庆译本中均出现的关键词"Hsien"，本研究选取其中一处原文来对比分析四位译者的译文：

例1：原文："虽不周于今之人兮，愿依彭咸之遗则。"

Legge译文：Though it is not conformed to the (views of the) men of to-day, I wish to imitate the pattern handed down by Pang Hsien.

Hawkes译文：Though it may not accord with present-day manners, I will follow the pattern that Peng Xian has left.

林文庆译文：Though my ideas will not suit men to-day; I'll take the example which P'êng Hsien bequeathed.

许渊冲译文：Though I displease the modern age, oh! I will follow the ancient way.

关于人名"彭咸"的翻译，Legge和林文庆采用威妥玛式标音法，分别将"彭咸"译成"Pang Hsien"和"P'êng Hisen"；而Hawkes的修订版译文中提到的一个主要改变就是采用汉语拼音替代之前版本中的威妥玛式标音法，并重点介绍了汉语拼音，将"彭咸"译成"Peng Xian"，这与彼时中国国际地位的提升密切相关。此外，这三位采取音译策略的译者也都对中国特色文化词"彭咸"进行了解释，尤以Hawkes的解释最为详细，且Hawkes译本为进一步增加可读性，把所有注释全部移至译文结束之后，并在原有基础上补充了与中国文化相关的内容以及融入学术新见解，反映出其身为汉学家长期以来致力于传播中国文化的苦心与努力。

音译属于零翻译，有时能够取得最佳效果，但是仍要反对滥用零翻译的手段，尤其是对于一些可以意译的短语却采用零翻译[36]，以上三位译者的零翻译的确有一定的道理，但许渊冲的意译也有其可取之处。许译省略人名翻译，采用"the ancient way"这种意译的译法不仅简洁明了地再现了诗人心迹，也与上文"Not the vulgar world of today"押韵，实现了"音美"的需求，且在整句的形式上利用"oh"以及短句的形式也凸显骚体"兮"之风格，实现了"形美"，其译文"三美论"的追求体现了西方文化的求真精神以及中国文化的求美传统[37]。

此外，四译本的关键词中也都出现了香花、香草的意象，现结合示例分析：

例2：原文："扈江离与辟芷兮，纫秋兰以为佩。"

Legge译文：I gathered and wore the angelicas of the streams, and those of the hidden vales; I strung together the autumn orchids to wear at my girdle.

Hawkes译文：I dressed in selinea and shady angelica, And twined autumn orchids to make a garland.

林文庆译文：I cover me all o'er with fragrant herbs; While I with autumn orchids pendants string!

许渊冲译文：I weave sweet grass by riverside, oh! Into a belt with orchids late.

此处一共出现了"江离、辟芷、秋兰"三种植物，Legge的译文并没有译出"江离"这种香草，以直译将"江离、辟芷"均译成"angelicas"，其"秋兰"译法同Hawkes和林文庆，即均译成"autumn orchids"；而Hawkes译文中采取不同的译法翻译不同植物，如"江离"的英译借用拉丁语词使其英语化译成了"selinea"，而通过限定词加表属类的名词将"辟芷"译为"shady angelica"，也会为了方便沿用一些广为接受的传统译名如秋兰"autumn orchids"，这是为了实现其可读性追求[38]。而两位中国译者为突显词的文化内涵，将"江离、辟芷"概括成"fragrant herbs、sweet grass"，且相比于许译，林译还特意在后面所列的词汇表中对这些植物文化词汇进行介绍和解释，在尾注中进一步表明这些植物所隐含的"文化隐喻"，以向读者明示这些香草所隐喻的儒家思想品质和"至于至善"的道德规范。对于"秋兰"的翻译，许译"orchid late"也是为与上文中的"a style ornate"进行押韵。

最后在句法层面，外国译者句长平均高于中国译者，显示其句式更复杂。许渊冲译本句长与难度变异最小，句式简洁，最接近《离骚》原文的工整特点。

（二）中西译者的翻译风格对比

在词汇层面，通过对比中西方译者的TTR，从历时的角度看，最早实现英译的Legge，其译文用词相对最为简练，本研究推测可能是因为译本的面向受众是牛津初学汉语者以及其译本参考中国学者较为忠实译出诠释。而从平均词长来看，西方译者的译文平均词长均大于中国译者，这表明中西译者用词正式程度之间存在一定的差距，中国译者的译文更加的通俗易懂，有利于目的语读者接受和中国文化的对外传播。从关键词分析可见，各译本的关键词有共性但也有一定的区别，随着对中国国际地位的提升，译者逐渐采用拼音替代威妥玛式标音。从中国特色文化词翻译来看，许渊冲采取以归化为主的翻译策略，而Legge、林文庆和Hawkes的翻译策略则以异化为主。

而在句法层面，西方译者的句长和句长标准差均大于中国译者，这是因为中文是意合的语言而英文是形合的语言[39]，西方译者如上述例2中Legge的译文明显受到英语中语法形式的影响，追求英语句子的形式而导致平均句长总体较大。两位中国译者总体平均句长小于西方译者符合中文意合的特点，保留了原文本简练的语言特色的追求。现进一步结合例句对中西译本句长差异做对比分析，如下例3所示：

例3：原文："仆夫悲余马怀兮，蜷局顾而不行。"

Legge译文：My charioteer lamented; my horses longed for their old home. The game was over; I looked round, and went no farther.

Hawkes译文：My groom's heart was heavy and the horses for longing. Arched their heads back and refused to go on.

林文庆译文：My driver grieves, and homesick is my steed! It prances round, stares back, and will not budge!

许渊冲译文：My horses neigh and my glooms sigh, oh! Looking back, they won't forward go.

例3可见，Legge译文中出现的增译也是其平均句长较大的一个原因。该句表达屈原在人生终点之前的彷徨，而Legge的译文增译了一句"The game was over"，这难道不是曲解、误译？其实上文已有所提及，Legge晚年多方面悲痛交加，疾病缠身而日渐孱弱，故增译的内容其实是Legge老年迟暮、孤苦人生的真实写照。相比之下，同样是西方译者的Hawkes，译文则是要略微简略，这与译者的追求目标相吻合。

而林文庆和许渊冲译本对于实词和简单句的使用是其译本平均句长相对简略的重要原因，这从两译本的词汇密度中也有所反映，两译本均采用直译。最后，此处林译的"homesick"以及译文出现的"old fatherland、home"等词，都是译者在《离骚》中融入其所信奉的儒家思想的体现，与儒家提倡的"穷则独善其身，达则兼善天下"一样都是一种英雄崇高的责任感和奉献精神，也一直以来是译者林文庆身体力行的，其意欲呼吁全国共同挽救国家危亡，谋求大众利益[40]。

综上所述，许渊冲的译本符合中文意合的特点，句式简单而意义明确，其译本最为完美地保留了原文本简练的语言特色的追求，达到了一定程度的"形神兼备"。

四、结语

本研究自建《离骚》四译本小型平行语料库，从词汇和句法两个层面对四译本的语言特征和翻译风格进行比较研究，研究发现：

第一，四译本语言特征并不相同。从词汇层面来看，早期译者Legge译本词汇密度反而最小，研究推测可能是因为该译本面向的受众是牛津初学汉语者以及其译本参考中国学者较为忠实译出诠释所致，中方译者实词占比相对较大；此外，西方译者受其英语语言及其思维的影响，译文句式相对复杂、句子差距较大，而中国译者的译文句式相对更为简单、句子差距较小，更加接近《离骚》原文的形式。

第二，译本是译者所处时代的产物，也受到译者身份和翻译动机的影响，因此四译本翻译风格也各不相同。步入晚年的Legge，其译文并未沿袭其一贯的严谨忠实的翻译风格，在译文中有部分创造性改写，这可能与其晚年所面临的现实背景和个人的身体状况及其译文的受众有关，因其教学需求等原因而致使译文词汇密度较小，用词简练，翻译方法以直译为主。Hawkes作为汉学家学术的严谨性及其所处时代的变化，致使其1985年修订版改用汉语拼音并用较大篇章介绍汉语拼音，这是中国国际地位的提升而做出的对应翻译方式的改变，其翻译方法介乎直译与意译之间，采取异化的翻译策略。作为厦门大学校长的林文庆，一方面想借《离骚》传播中华优秀传统文化，打破西方对中华文化固有的偏见，另一方面也是想通过《离骚》融入自己的儒家思想和教育理念，其译文主要采取异化的翻译策略，以最大化地保持中国特色文化，翻译方法以直译和音译为主。影响许渊冲的《离骚》译文来源主要源自其翻译动机及其翻译理念，其想一改此前时代《楚辞》译本只尽力传达原诗意美的主张，实现对《离骚》意美、音美、形美的追求，这与其既是理论家又是翻译实践家的身份密切相连，其翻译策略则主要是以归化为主，采取直译和意译相结合的翻译方法。

第三，四译本也存在一定的共性，整体上都比较忠实，凸显屈原的优良品质，促进了中华文化的传播且尤以许渊冲的译本最为称赞。从四个译本的关键词以及相关具体例句分析来看，这四个译本中都相对比较忠实地还原了《离骚》原文中既采用第一人称直抒胸臆，也结合香花、香草、美人等特色词汇和意象表达诗人屈原的高风亮节、志趣高洁、不卑不亢的优良品质。而许渊冲英译的《离骚》在词汇和句法层面更加贴近《离骚》原文的风格，在内容上照顾目的语读者，译文多采用意译的方法，"形神兼备"，最有利于外国读者感受来自中国文化典籍《离骚》的"意美、音美、形美"。

注释

①基金项目：湖北省高等学校哲学社会科学研究重大项目"荆楚文化精神标识提炼、翻译与传播研究"（项目编号：23ZD214）。

②2024年8月24日，在十堰丹江口举行的"长江对话黄河：新时代大河文明保护传承弘扬研讨会"上，三峡大学文学与传媒学院教授彭红卫发表了题为《屈原与楚辞：长江文明与黄河文明对话的伟大精神标识》的主旨演讲，彭教授指出："屈原与楚辞，是长江文明与黄河文明对话的伟大精神标识。" [EB/OL]. https://baijiahao.baidu.com/s?id=1808374407219122763

③习近平总书记曾在不同场合引用《离骚》中的典故和诗句，如，习近平总书记在山东考察时，引用"路漫漫其修远兮，吾将上下而求索"。[EB/OL]. http://www.xinhuanet.com/politics/2018-06/18/c_1122998558.htm.

参考文献

[1] 许多，许钧.中华典籍翻译主体辨——兼评《〈楚辞〉英译的中国传统翻译诗学观研究》[J].外语教学理论与实践，2017（04）：76–82.

[2] 过常宝.楚辞与原始宗教[M].北京：东方出版社，1997.

[3] 张思齐.《离骚》文体风格比较探源 [J]. 烟台大学学报（哲学社会科学版），2004（04）：420–427.

[4] 魏家海.汉学家译注中的文化形象建构——以《离骚》的三种译注为例 [J]. 外语与外语教学，2017（02）：108–115+150. DOI:10.13458/j.cnki.flatt.004350.

[5] 高文成，吴超异.体认语言学视野下《离骚》中文化负载词的英译研究 [J]. 语言与翻译，2021（02）：42–50.

[6] 何丹. 国内四种《离骚》英译本中核心概念"灵"的英译对比分析 [J]. 语言与翻译，2022（02）：47–53.

[7] 刘孔喜. 小型《楚辞》汉英平行语料库的创建与应用 [J]. 湖北民族学院学报（哲学社会科学版），2012，30（01）：122–125.

[8] 张婷.《楚辞》英译本之描述研究——兼谈平行语料库在《楚辞》英译研究中的运用 [J]. 湖北民族学院学报（哲学社会科学版），2012，30（05）：146–149. DOI:10.13501/j.cnki.42-1328/c.2012.05.001.

[9] 徐佐浩，蒋跃，詹菊红.《离骚》的译入与译出：情感元素与屈原形象再造 [J]. 外语研究，2021，38（04）：81–88. DOI:10.13978/j.cnki.wyyj.2021.04.014.

[10] Baker M. Towards a methodology for investigating the style of a literary translator[J].Target, 2000(2): 241–266.

[11] 胡开宝，谢丽欣.基于语料库的译者风格研究：内涵与路径[J].中国翻译，2017，38（02）：12–18+128.

[12] 韩丹，张志军.《聊斋志异》俄译风格与接受研究[J].中国俄语教学，2023，42（04）：67–77.

[13] 胡开宝，高莉.大语言模型背景下的外语学科发展：问题与前景[J].外语界，2024（02）：7–12.

[14][29] 郭晓春，曹顺庆.楚辞在英语世界的传播和接受[J].求是学刊，2014，41（02）：128–134+1.

[15][28][34] 陈笑芳.英国汉学家理雅各与《离骚》英译[J].河北北方学院学报（社会科学版），2016，32（04）：61–64.

[16] Waley A. (Untitled Review) Ch'u Tz'u, The Songs of the South. An Ancient Chinese Anthology. By David Hawkes. Reviews of Books.[J].Journal of the Royal Asiatic Society of Great Britain and Ireland, Anr. [J].1960(1/21): 64–65.

[17] Needham J. Science and Civilization in China Vol.6 [M].Cambridge Univ. Press, 1996.

[18] 张西平.中国古代文化典籍域外传播研究的门径[J].中国高校社会科学，2015（03）：79–91+158.

[19] 吕鹏飞，陈道胜.基于语料库的《论语》英译本翻译风格比较研究——以辜鸿铭和亚瑟·威利两译本为例[J].上海翻译，2021（03）：61–65.

[20][26] 张旭冉，杏永乐，张盼，戈玲玲.《道德经》四个英译本的翻译风格对比研究——基于语料库的统计与分析[J].上海翻译，2022（03）：33–38.

[21][25] 胡开宝，朱一凡，李晓倩.语料库翻译学[M].上海：上海交通大学出版社，2018.

[22] 李文中.基于英语学习者语料库的主题词研究[J].现代外语，2003（3）：284–293，283.

[23][24]杨义.《离骚》的心灵史诗形态[J].文学遗产，1997（06）：17–34.

[27][32][35]许渊冲.楚辞：汉英对照[M].北京：中国对外翻译出版公司，2008.

[30][40]张娴.《楚辞》英译研究[D].湖南师范大学，2013.

[31][38]王丽耘.中英文学交流语境中的汉学家大卫·霍克思研究[D].福建师范大学，2012.

[33]王克非，胡显耀.基于语料库的翻译汉语词汇特征研究[J].中国翻译，2008（6）：16–21，92.

[36]邱懋如.可译性及零翻译[J].中国翻译，2001（01）：24–27.

[37]严晓江.许渊冲《楚辞》英译的“三美论”[J].南通大学学报（社会科学版），2012，28（02）：92–96.

[39]贾光茂.形合、意合还是构式整合？——汉语零形式的认知阐释[J].外语与外语教学，2021（5）：14–23，147.

李清照沿江之行与池州词考①

纪永贵　纪骏仪

内容提要： 李清照南渡之后，池州是李清照南渡后西行最远的一站，也是她一生中重要的转折地。那么，她在池州如何"驻家"？"驻家"何处？她在池州写了哪些词作？经过考证，本文认为，她在池州一直住在船上，小船停泊在贵池杏花村附近的池口码头，她今存词作中至少有四首词与池州有关。

关键词： 李清照；沿江之行；池口；池州词

作者简介： 纪永贵，池州学院，教授，研究方向为古代文学、戏曲学与民俗学。纪骏仪，韩国加图立大学，博士研究生在读，研究方向为艺术学、传播学。

Title: Li Qingzhao's Journey along the Yangtze River and the Examination of Chizhou Poetry

Abstract: Li Qingzhao crossed the Yangtze River and headed south. Chizhou was the furthest stop on her journey south and an important turning point in her life. So, where did she "settle" during her time in Chizhou? Where exactly was this place? What ci poems did she write while there? Upon verification, this article believes that she lived on a boat all the time in Chizhou, which was docked at the Chikong wharf near Xinghua Village in Guichi. Among her surviving works, there are at least four ci poems related to Chizhou.

Key Words: Li Qingzhao; Traveling along the Yangtze River; Chikou; Chizhou Ci

About Author: Ji Yonggui, Chizhou University, Professor, mainly engaged in Ancient Literature, Opera Studies and Folklore. **Ji Junyi**, The Catholic University of Korea, Doctoral Candidate, mainly engaged in Art and Communication.

　　北宋灭亡之后，李清照于慌乱中携带大量文物南下逃难。直至她去世的数十年间，她到过南方不少城市。这些城市大多在今天的江浙境内，只有一处深入今安徽省的皖江腹地——江南池州。本来她是要沿江西上去江西洪州的，但到了这里便停下来了。这也是她南方生涯的唯一一次西行，也是走得最远的一次西行。她在池州住了近3个月，便折回江宁。

　　在《金石录后序》中，来池州之前的江宁一年，她只用了14字略作交代，却用了260多字来记述、描写她在池州近3个月的境况，包括夫妇二人分别时的生动对话，所写非常有"画面感"。这在序文中是唯一的例外，其余的复杂经历均为简述而已。可见，这次池州之行给她留下了极其深刻的印象，因为她一生中最重要的转折是在池州完成的：此前夫妇唱和，此后生离死别。

那么，在池州，她是如何"驻家"的？"驻家"于何处？她在这里可能写了哪些词作？800多年来，这一组问题未能引起学者的特别关注。多种李清照词集整理本中都无"池州词"。笔者对这三个问题试作考索之后发现，她在池州可能一直住在船上，她的船停泊在秋浦河的长江入口处，即杏花村的村北——池口的码头边。今存她的50余首词中，至少有4首与池州的写作语境相关。

一、一叶扁舟——她住在船上

北宋灭亡之前的1127年春，赵明诚已南下江宁奔母丧。面对逃亡之路，李清照只得放弃"用屋十余间"储藏的文物，精选15车书，孤身南奔而来。"至东海，连舻渡淮，又渡江至建康。"接下来，看她在何处安身：

> 建炎戊申秋九月，侯起复知建康府。己酉春三月罢，具舟上芜湖，入姑孰，将卜居赣水上。夏五月，至池阳，被旨知湖州，过阙上殿，遂驻家池阳，独赴召。六月十三日，始负担，舍舟坐岸上，葛衣岸巾，精神如虎，目光烂烂射人，望舟中告别。余意甚恶，呼曰："如传闻城中缓急，奈何？"戟手遥应曰："从众。必不得已，先弃辎重，次衣被，次书册卷轴，次古器。独所谓宗器者，可自负抱，与身俱存亡，勿忘也。"遂驰马去。途中奔驰，冒大暑，感疾，至行在，病疟。七月末，书报卧病。余惊怛，念侯性素急，奈何！病疟或热，必服寒药，疾可忧。遂解舟下，一日夜行三百里。比至，果大服柴胡、黄芩药，疟且痢，病危在膏肓。余悲泣，仓皇不忍问后事。八月十八日，遂不起。取笔作诗，绝笔而终，殊无分香卖履之意。葬毕，余无所之[1]。

这份证词是李清照于两年后的绍兴二年（有版本作绍兴四年）亲自撰写。文中记述分别之际夫妇二人的言语神态栩栩如生，900年后的今天，让人仿佛当面听她娓娓道来，可亲可叹。

1128年（高宗建炎二年）春天，李清照到达江宁，与丈夫团聚。9月，赵明诚被任命为江宁知府。这一年金人南侵，逼近长江，适逢城中军士叛乱，赵明诚从建康城中弃城出逃。1129年3月，赵明诚已被罢官。兵荒马乱之际，他们找不到任何依托，于是"具舟上芜湖，入姑孰，将卜居赣水上"。为了行路方便，他们买了一条船。这条船既能让他们和仆人容身，还要能装得下大量书籍。这条船从此陪伴着她近半年之久。

还有一种可能。她从山东到江宁时，因为物品太多，所以"连舻渡淮"，用了好几条船载运货物。而这次他们从江宁沿江西上时，买了可能不止一条船，或许也是好几条，否则那么多东西如何装载？李清照带到池州的文物有多少呢？《金石录后序》中是有交代的："时犹有书二万卷，金石刻两千卷，器皿、茵褥可待百客，他长物称是。"后来请人将一批书送到江西洪州，金人攻陷洪州，这些"连舻渡江之书又散为云烟矣"。除了散佚的书籍之外，所藏均为宝物：

> 独余轻小卷轴书帖，写本李、杜、韩、柳集，《世说》《盐铁论》，汉、唐石刻副本数十轴，三代鼎鼐十数事，南唐写本书数箧。

2万卷藏书是什么概念？明代初年编纂的《永乐大典》全书共2.2万多卷，编成1.1万多册。清代编修的《四库全书》有7.9万多卷，抄写后装订成3.6万多册，已经是汗牛充栋了。李清照的藏书（含金石刻）与《永乐大典》等量，比《四库全书》的四分之一强，那得有1万多册。所谓"器皿、茵褥可待百客"，就相当于她收藏的食具、衣被可以开一个中型的"旅馆"，能同时接纳一百位客人食宿。如此众多的书册、器皿，一条小船无论如何是装不下的，而且纸质书籍还需要防潮、防水、防晒，在船舱里也要有妥善的空间来储存。

同时，船上还要容纳船工、女仆、男仆等数人。如果船工可以临时雇用，那么一个男仆采买生活品、搬运物资和一个女仆照顾她的生活起居则是必要的，总之，一条船肯定不够。就此也可以看出，为了这些文物的安全，李清照一定会坚守在自己的船上，最多在池口的长江边、秋浦河边、荷塘边、九里松江堤上散散步，没有闲心和机会深入池州的市区和山水。

在北宋倾覆的大时代中，他们的这条小船顶风逆行在长江的风浪之中，过姑孰（当涂），经芜湖，打算到江西九江，南转赣江，逃到江西洪州（今南昌）去避难，其时赵明诚妹婿护送皇太后正在洪州。1129年5月，小船到达池州，他们改变了主意，因为赵明诚接到被任命为湖州知府的诏书。于是二人不再西上，而是暂时"驻家池阳"。赵明诚准备独自去赴任，把李清照留在池州。当时宋高宗在建康，所以赵明诚先要去建康拜见皇上。6月13日当他离去时，焦急之中的李清照六神无主，情绪坏极。她问他遇到紧急情况时如何处理海量的文物时，赵明诚也拿不出好主意，只是说，跟着别人一起跑。同时告诫她，不到万不得已时，这些宝物都不能丢弃。至于"宗器"（或即《金石录后序》，后文所谓"三代鼎鼐"）之宝，要她随身携带，与其共存亡。

7月底，留在池州的李清照收到赵明诚病重的家信。情急之际，她"遂解舟下，一日夜行三百里"，赶到江宁。8月18日，赵明诚在江宁病故。她说："葬毕，余无所之。"余下的26年间，她孤身一人，坚守到最后。

那么，从5月到7月底这段时间里，李清照住在池州的哪里呢？有人认为，他们之所以在池州驻留，主要是池州有3位官员与赵明诚相识，即建炎三年任池阳郡守的刘子羽、江东宣抚史刘光世和御前亲军都统制全。这种可能是有的，毕竟赵明诚夫妇都是官宦世家子弟，而且赵明诚在北宋与南宋都曾为官。但是在《金石录后序》中，李清照对这种患难相助之事只字未提，可见，未必有如此理想的待遇。即使他们来时，真有这些官员出面张罗过，可等赵明诚中途离去之后，李清照一个孤身女子，接下来不可能跟这些官员有任何交往，所以这个思路不太符合情理。如果说，这些官员安排人员为李清照抛锚在池口的小船提供过一些安全保护，倒不是不可能。这种观点还认为，赵、李二人进入池州的路径是这样的：

> 从城北清溪镇沿清溪河而上，直达古老的池阳郡府城南通远门外桃花渡。那里古时有一座浮桥，名叫"济川桥"。李清照来时，浮桥北岸东侧，有一个府城最大的水运码头，俗呼"南门水埠头"。在这里，赵明诚和李清照夫妻受到了池阳知州刘子羽一班人的迎接[2]。

这种推测太过理想化。动荡时代，地方官员很难如此隆重接待一位逃难且因过失被免职的官员。合理的推测是，李清照的小船不是从清溪河进城，也不会停靠在作为护城河的清溪河上，而是停泊在池口的码头（清溪驿在城东北，与城北的池口驿相距5里许）。因为他们会根据形势变化，随时准备开拔，停在池口，要方便快捷得多。这2个多月的时间内，他们的小船停靠在池口码头，她的"家"就在船上，而非城内。因为他们有大量的文物，必须贴身相守，而且考虑到要随时出发，也不会轻易将海量文物搬进城里。

从李清照的自述中，我们也能感知到，他们就住在池口码头边的小船上。她说："六月十三日，始负担，舍舟坐岸上。"这就是说，他们一直住在船上，赵明诚要走时，才下船上岸，接着"望舟告别""遂驰马去"。当时她问道："如传闻城中缓急，奈何？"这说明她不住在城里，而是住在池口的船上（池口距池州城有5里之地）。后来，她收到丈夫生病的消息，"遂解舟下，一日夜行三百里"。她可以及时解缆行船，不必从岸上搬运大量的文物。可见，丈夫去后的这些日子，她还是住在船上。

他们之所以住在池口船上，明显的原因有三个。第一，她要与自己所爱的宝物寸步不离，周边不能有太多的社会闲杂人员。第二，她住在船上可以随时逃离，而且离长江越近越好。第三，这是夏天，住在船上不仅方便，天气也正合适。可能还有第四个原因，那就是，池州有一条通往江西的官道，经过贵池唐田镇，向南可从祁门到达饶州，向西可从建德到达鄱阳，然后均可直达洪州[3]。唐德宗贞元十五年（799），年轻的白居易从长兄任职的饶州浮梁县出发，就是这经过条官道到达池州的[4]。如果情势危急，可以舍舟登岸，从官道到江西，这至少是一条合理的备用线路。

那就是说，在池州，小船是李清照的临时住所，长江边的池口码头是她活动的场所。

二、一处渡口——她住在池口

建炎四年（1130）五月初，李清照与赵明诚于匆忙之中从江宁沿江西上，来到池州，暂住江边池口镇。那么在当时，池口是一个什么地方？

至迟在南朝梁的时代，秋浦河入江处的湖泊便有了一个名称，叫贵（左边有个鱼字旁）

口。贵口这个名字，传说是封地在贵池（当时叫石城县。五代时，秋浦县改名为贵池县）的梁昭明太子所赐[5]。晚唐，江边这个贵口已经形成了一个渡口，叫池口。池口上游不远处即是贵池杏花村的村西，在秋浦河边杏花村之村西有一处杜坞，晚唐杜荀鹤曾在此隐居。曾经在贵池梅埂隐居的诗人罗隐（833—910）有诗《寄进士卢休》：

半年池口恨萍蓬，今日思量已梦中。游子马蹄难重到，故人尊酒与谁同。

山横翠后千重绿，蜡想歌时一烬红。从此客程君不见，麦秋梅雨遍江东。

从此，池口作为渡口，成为从江上进入池州的重要码头，接纳着来往客商。江边渐渐形成一个池口镇，小镇可为登岸旅客提供补养。后来，官府因势利导，在此设立池口驿和税所，在渡口边建有贵池亭、翠光亭和卸帆亭，均为行人歇脚之所。《江南通志》卷三十四："贵池亭，在府城北五里矶上，俗呼为望江亭。"唐池州刺史杜牧有诗《题贵池亭》，宋郭祥正（1035—1113）《青山集》卷二十九有诗《追和杜牧之〈贵池亭〉》。宋陈思编《两宋名贤小集》卷一百六十三录有岳飞诗《题池州翠光亭》。宋末方回《桐江续集》卷十一有诗："廿年前一见，池口卸帆亭。"宋明元清，池口镇是一处热闹非凡的渡口，成为人员、货物出入港的门户，历代诗人留下了大量的诗篇。

宋人经池口进出池州，有大量的诗文载录。宋初名臣徐铉（916—991）有诗《池州陈使君见示游齐山诗因寄》曰："往岁曾游弄水亭，齐峰浓翠暮轩横……今朝池口风波静，遥贺山前有颂声。"弄水亭在池州南门通远门之外，离齐山很近。徐铉早年来过这里，他就是从池口出入长江的。曾任建德县令的梅尧臣也有诗《嫁妹二君同行》："一过长风沙，一住贵池口。"元丰三年（1080），苏辙至池州，也是从池口登陆拜望他的同年、池州刺史滕元发的，有诗《登萧丞相楼二首》。黄庭坚有诗《池口风雨留三日》："孤城三日风吹雨，小市人家只菜蔬……翁从旁舍来收网，我适临渊不羡鱼。"他的诗《贵池》记录了自己从池口上岸的经历："不食贵池鱼，喜寻昭明宅。"看来池口小镇上既卖小菜，也卖鱼鲜。郭祥正《舟经池州先寄夏寺丞》诗："去年收帆贵池口，闻君高歌撞玉斗……君家白醪应已熟，正好齐山泛黄菊。"吕南公（1047—1086）《池口阻风奉寄唐杰》诗："贵池亭下浪如山，触拨愁根阻楫间。"这些都是李清照之前诗人描写池口的诗作。可见，北宋时期，池口已经是长江沿岸的重要码头。

与李清照同时的诗人也有不少池口诗。比李清照只大1岁的抗金名将李纲（1083—1140）年少时跟随做官的父亲在池州生活过，对池州充满感情，写有多首关于池州的诗。有一首《自池口登舟》，我们能从中领略到池口春天水浅沙多的情景：

水落溪干不可舟，春潮理棹浅沙头。多风烟浪鳞鳞起，欲雪江云苒苒浮。

李纲经过池口，时在宋徽宗宣和三年（1121，辛丑），他是从江西铅山、弋阳等地，经建德县（今池州东至县）、贵池县紫岩驿（有诗《题紫岩驿》）到池州城，然后从池口转水路下江。李纲比李清照早8年经过池口，其时，池口早已是人来人往的通埠。

北宋后期，此地成为北方南来人士的聚集点。比李清照稍早的张舜民是苏轼的好友，元丰六年（1081）被贬为郴州（今属湖南）酒税。他在从河南至郴州的路上著有《画墁集·郴州录》。经过皖江时，他从芜湖、铜陵一路到池州暂停。他进出池州的路径如下：

癸未，出大江，逆风循东岸，挽行可四十里，入峡口。又三四里，入池州溪口。宛转行陂泽中，可十余里，次池州弄水亭。

甲申，观州宅，有萧相楼、九华楼……在江边洲岛之上，城无垣，垒编竹为防，井邑疏索然。江山之丽，下流诸郡皆不及也。物产丰贱，北人寄居甚多，亦生理之便也。

戊子，群会于萧相楼。是夕中秋八月十五日夜，清溪舟次诗云……

己丑，与沈辽饮于齐山。

壬辰，移舟出清溪，次池口，有人烟，税场距城四里许。两边长松夹路，云九里松也。

乙未，微雨，无风。纤行可五里出夹，入大江，循西岸二十里，至将军堰。抛东岸，入雁翅夹（今大渡口）[6]。

这是一份极其珍贵的史料。张舜民经过池口之后2年，李清照出生。48年之后，李清照来到池口，池口的基础设施和渡口功能不会有太大改变。这一次，张舜民进入池州，首先是从清溪河口进入护城河，经十余里到达南门弄水亭。接下来的几天，他进城登萧相楼、九华楼等景点。正赶上中秋节，他与朋友们在萧相楼饮酒罢，泛舟清溪河并作诗。第二天，隐居于池州的沈括族弟沈辽（1032—1085）陪同他游齐山。又过了3天，他移舟出清溪，停泊在池口码头。据他描述，此时的池口镇"有人烟"，有江边税场（对码头往来货物征税）。池口江边九里长堤上有一排高大的松树，环境十分优美。他在池口待了3天后，他的船由纤夫拖行5里入江，可见他停泊在池口秋浦河道边。此时池口秋浦河故道的两头，都有入江口。商旅停泊池口码头时都会选择内河，因为这样可以避开江上风浪。

所谓"江边洲岛之上"，应指秋浦河故道与长江之间的今白沙岛。他从扬州一路过来，沿岸多有停靠，来到池州不由发出感叹："江山之丽，下流诸郡皆不及也。"这也正是后来李清照夫妇逗留池州的重要原因之一。

更重要的是，当时他见到的池州江边，"物产丰贱，北人寄居甚多，亦生理之便也。"很多北方的移民，就选择寄住池州，因为此地物产丰富，价格便宜。宋代一些官员罢官之后，常来池州隐居。如陪同张舜民游齐山的沈辽，本是杭州人，后隐居池州。又如著名的"清江三孔"之一、曾任洪州知州的江西吉安孔武仲（1042—1097），罢官后也定居池州。张舜民来到池口的40多年后，李清照一家之所以移舟暂住池口，也是由此地物质条件所决定的。

若干年后，南宋"中兴四大诗人"范成大、陆游、杨万里、尤袤（他在贵池主持重刻了

《文选》）都曾来到池州。陆游曾从池口登岸会友、游览。范成大有诗《九月八日泊池口》《钓池口阻风，迷失港道》。杨万里有《秋浦登舟阻风泊池口》《池口移舟入江》等诗篇。周必大（1126—1204）《文忠集》卷一百六十七："（乾道丁亥三月到六月）壬戌，早复有北风，抛过南岸，而浪稍平。遂行四十里，至池口，市盐酪。"卷一百六十八："（八月）出北门二里，登贵池亭，俗呼望江亭。亭以其见江，可望淮南也。亦见九华诸峰。亭久废，今方重立。"[7]这一年是乾道三年（1167），比李清照来池州晚了38年，但同是6月到8月天气。陆游《入蜀记》卷二记载："（乾道六年七月）二十四日，到池州，泊税务亭子。"[8]乾道六年（1170），陆游经过池口时比李清照迟了41年，不过同是7月盛夏。由以上可知，南北宋之时，池口是皖江上重要的补给口岸。李清照来时，池口港肯定还聚集了不少北方南逃至此的其他船只。如陆游《入蜀记》记载，他到达池口上游百余里的雁翅夹（今东至县大渡口镇）时，见此地"有税场，居民二百许家，岸下泊船甚众"，当然，池口港也会"泊船甚众"。从这个角度来看，李清照在池口也并不孤独。

李清照与赵明诚从5月到6月13日，相伴住在抛锚在池口的船上。赵明诚去后，李清照独自在这条船上又住了一个半月，直到7月末。她之所以能安心住在这里，是因为池口的水陆交通方便，可以让她来去自由；同时也因为此地"有人烟"，是一处能够获得生活物资补给的处所。甚至可以说，在乱世之中，池口镇的百姓和池州的山水给了她一种被接纳的温暖情怀，让她可以避开苦难，暂得安身。

在皖江数百里旅途中，李清照惊鸿一瞥，只有池口成为她首选停留的地方，也只有此地才能给她一份乱世中的温情和一处容身之所。

三、一组夏词——她"住"在词里

关于李清照的词集，宋人有多种记载。晁公武《郡斋读书志》卷四载《李易安集》十二卷。陈振孙《直斋书录题解》卷二十一载《漱玉集》一卷，"别本五卷"。黄昇《花庵词选》卷十称："赵明诚之妻善为词，有《漱玉集》三卷。"《宋史》卷二百零八"艺文志"："《易安居士文集》七卷，又《易安词》六卷。"可见，李清照词作丰富。但令人惋惜的是，李清照的词集在宋后即已散佚。后人经过多方辑录，方才获得其词作若干。明代毛晋辑成《漱玉词》1卷，仅存词17首，后来他又编成《汲古阁未刻词》，中有钞本《漱玉词》1卷，得49首。据王仲闻《李清照集校注》[9]所录，李清照的词只有45首（包括残篇），另有存疑之作15首，共存60首。黄墨谷《重辑李清照集》[10]收词45首。徐培均《李清照集笺注》[11]搜罗最富，得词53首、"补遗"6首、"存疑"7首、"佚句"4则。

这些仅存的数十首词作，大部分所写是春、秋、冬景，夏季之作甚少。历代研究者将这些词基本编年了。不过，因为词的创作背景向来模糊，如果不是作者特别交代，对一首词作于何年何地其实是很难判断的。即使今存李清照词都有编年，但是，绝大部分写作年代都是学者推测、估猜出来的，并非都有真凭实据，所以往往会出现同一首词在不同研究者眼中，它的写作时间有很大的差别。

李清照的词，历来被分成前期与后期两种风格。南渡之前，深闺之中所作词表达的是闺房之乐和青春闲愁，南渡之后尤其是夫君亡故之后，她的词风变得沉重苍凉起来。据徐培均《李清照集笺注》推断，她的江宁词有多首，却无一首池州词。也就是说，所有李清照的词集和相关研究成果，均没有提及李清照"池州词"的概念。

李清照流连池州近3个月，正好是盛夏，有作词的充足时间与合理情由。笔者经过细品发现，李清照今存词作中至少有4首词可能与池州有关。虽然这肯定不是她在池州所作词的全部，有些作品可能已经散落无踪。在池口的夏日，百无聊赖的她只有填词以解闷，她的心"住"在词的唯美境界里。

第一首是《行香子·七夕》：

草际鸣蛩。惊落梧桐。正人间天上愁浓。云阶月色，关锁千重。纵浮槎来，浮槎去，不相逢。

星桥鹊驾，经年才见，想离情别恨难穷。牵牛织女，莫是离中？甚霎儿晴，霎儿雨，霎儿风。

王仲闻《李清照集校注》列此词为第23首。徐培均《李清照集笺注》列其为第12首，作"笺注"曰："黄本系此词为'建炎元年南渡以后之作'，恐非是。陈祖美云：'此首或作于崇宁三四年间（1104—1105）。'"并引朝廷"元祐党人碑"立废之复杂政治斗争为背景，结论是："可见二三年间政界风云变幻，阴晴不定。盖于年七夕作此词，讥切时政。"[12]这实在有些深文周纳。女词人七夕的一通感慨，未必有如此沉重的政治背景，且词中也毫无相关迹象。

若从李清照的人生阅历与心路历程来考虑，此词应为"建炎元年南渡以后之作"之池州词。《行香子·七夕》作于池州的说法当地曾有人提出[13]，这个说法可以成立。赵明诚于1129年6月13日离开池州，留下李清照一人。7月底李清照才从池州离去，那么7月7日正处在她独守池口这个时间段内。夫妻两地分离，她又漂泊异乡，所以思念之情油然而生，作此词以抒情怀。

第二首是《南歌子》：

天上星河转，人间帘幕垂。凉生枕簟泪痕滋。起解罗衣，聊问夜何其？
翠贴莲蓬小，金销藕叶稀。旧时天气旧时衣，只有情怀不似旧家时。

这首词是今人从南宋末年的《全芳备祖》里辑得。王仲闻列为第1首，徐培均列为第13

首。徐培均"笺注"曰："词盖屏居青州不久作。大观元年（1107），李清照二十四岁……词云'天上星河转'，写七月天气，兼喻时局变化，家道中落。"[14]此说没有从词中典故入手，也没有考虑词作的心境，如此解词大有看朱成碧、无中生有之嫌疑。

从时间、意象和心境上来看，这首词作于池州的可能性最大。词中有5点信息符合池州语境。

第一，这是夏夜，星河转、凉生枕簟，这是写二人夏夜乘凉之景。池州有凉床、竹席之类易得之夏日卧具。

第二，这是夫妇二人共同乘凉之情形。"夜何其"一语出自《诗经·小雅·庭燎》："夜如何其？夜未央，庭燎之光。君子至止，鸾声将将。"一种解释是，此诗是写女子与夫君同睡，丈夫问妻子天亮了没有。李清照引用此典，说明她与丈夫同在，而且此语还蕴含着丈夫受封的典故。朱熹《诗集传》解《庭燎》曰："王将起视朝，不安于寝，而问夜之早晚曰：'夜如何哉？'"伪托西汉苏武的《别诗》："征夫怀往路，起视夜何其。"杜甫《春宿左省》："明朝有封事，数问夜如何。"可见"聊问夜何其"这句，是对赵明诚被委任为湖州知府的暗示。因为词只写到银河，没写到月亮，可知这首词不是作于农历十五前后，而是作于1129年五六月之交的某个夜晚。

第三，这是在他乡。1127年春天赵明诚到江宁奔丧，李清照未同行。1128年春天李清照逃到江宁，到1129年6月13日这一年半之间，夫妇二人在异乡相伴仅有两个夏天。所以这首词要么作于江宁的夏夜，要么作于池州的夏夜。若从心境来看，二人在池州的处境比在江宁更不堪，睡到半夜有"梦里不知身是客"的悲凉，更符合在池州的小船上。

第四，这里有"泪痕"。夫妇二人相依共枕，为何夜半醒来，枕上会有泪痕？因为她在池口的小船上，无依无靠，前途一片渺茫。而丈夫接到任命书，将独自赴任，把她留在异乡，想起来不免心中伤感。一方面希望丈夫前去任职，另一方面又怕他去得太快，矛盾心理，悲凉之情。

第五，这是在水边。词曰："翠贴莲蓬小，金销藕叶稀。"所谓的"翠贴""金销"虽然是指女子的头饰，但她选择"莲蓬""藕叶"意象作比，有关双之意，也在暗示她身处的是夏夜的水边，其实就是在池口的渡头。

第三首是《一剪梅》：

红藕香残玉簟秋，轻解罗裳，独上兰舟。云中谁寄锦书来？雁字回时，月满西楼。
花自飘零水自流。一种相思，两处闲愁。此情无计可消除，才下眉头，却上心头。

王仲闻列此词为第13首。徐培均列其为第9首，并"笺注"曰："元伊世珍《琅嬛记》云：'易安结缡未久，明诚即负笈远游。易安殊不忍别，觅锦帕书《一剪梅》词以送之。'……当指明诚外出寻记碑刻。易安时年二十岁。"[15]

王仲闻在《李清照集校注》里早就提出了不同意见：

清照适赵明诚时，两家俱在东京，明诚正为太学生，无负笈远游事。此则所云，显非事实……《琅嬛记》乃伪书，不足据[16]。

前人多被此词的浪漫风格所囿。其实，词人在不同的年龄，只要心情大好，充满期待，都可能写出此类"情探"之词。从词的心理推原和意象元素来看，这首词极有可能作于池州的船上。

此词有四点切合池州语境：一是所写是夏末秋初，二是所写是舟上，三是期望收到丈夫的来信，四是离别之苦、孤独之情难以消除。也就是说，1129年6月13日至7月底，在收到赵明诚病重的信件之前，按理说她应该收到过另外的来信。赵明诚到达江宁之后，第一件事应该就是给她寄信报平安。这首词写出了她的一种期盼，也许并非真的等到了家信。从"雁字回时，月满西楼"这一句判断，在池口收到丈夫来信的时间，她估计会是在七月十五日前后。孤苦伶仃的她愁闷满怀，只好作词以排遣，夏日炎炎，慵懒无奈，这首词不妨有点唯美。且词中所写均在水边，"红藕""兰舟""水自流"都是水边语境。

《南歌子》和《一剪梅》中都出现了"簟"意象，这是典型的南方物品。如南朝江淹《别赋》："春宫闷此青苔色，秋帐含兹明月光，夏簟清兮昼不暮，冬釭凝兮夜何长。"北宋之前诗人的作品中，写到"簟"，常会说到"蕲州簟"。蕲州即今湖北蕲春县，位于长江北岸，唐宋时代以产簟而著称。韩愈《昌黎文集》卷四《谢郑群赠簟》："蕲州笛竹天下知，郑君所宝尤瑰奇。"白居易《白氏长庆集》卷三十四《寄李蕲州》："笛愁春尽梅花里，簟冷秋生薤叶中。"刘禹锡《刘宾客文集》卷二十八《送蕲州李郎中赴任》："薤叶照人呈夏簟，松花满碗试新茶。"北宋主要诗人都写到过这一意象。欧阳修《文忠集》卷八《有赠余以端谿绿石枕与蕲州竹簟》："蕲州织成双水纹。"梅尧臣《宛陵集》卷二十一《次韵和永叔石枕与笛竹簟》："蕲匠簟制蛇皮纹。"王安石《临川文集》卷五《次韵信都公石枕蕲簟》："蕲水织簟黄金纹。"苏轼《东坡全集》卷十二《四时词》其三："新愁旧恨眉生绿，粉汗余香在蕲竹。"陆游《剑南诗集》卷七十七《秋思》十首其三："蕲春笛簟怨秋凉。"簟其实就是竹席，为南方夏日卧具。池州自古就有此物，因为本地山区盛产的毛竹可以制簟。《（嘉靖）池州府志》卷二"土产"："有簟，出青阳"，池州青阳所产之簟最好。那么可以认为，这两首带"枕簟""玉簟"的词应为其南方之作。在宋代的汴梁和山东，富贵人家或有此物，但绝非常人易见通用之品。

当然，簟这种卧具，江宁、杭州、绍兴等地都有，可这首词只能写于池州。因为在池州的1个多月是她南来后唯一一次与丈夫分离的时段。此前，他们一起生活在江宁，所以不需要思念；池州之后，丈夫已逝，她辗转于浙江各地，也就更不会有这样的词作。因为6月13日丈夫走后，她还没有收到他平安到达江宁的来信，还不知道赵明诚一到江宁就病倒了，所以，她还沉浸在自己温馨的"小确信"之中。

另外，如果她住在船上，并没有西楼。其实她住在家里时，也不会是住在楼上的。李清照词中经常出现"楼"意象，就像《红楼梦》里的"楼"一样。贾府的夫人、小姐们从不住在楼上。贾府的楼只有两种功能：仓库（后楼与大观楼）和演戏（天香楼），但并不妨碍小说叫作"红楼梦"[17]。"西楼"是一个诗歌意象，不过是说月过中天，偏向西去。

第四首是《渔家傲》：

> 天接云涛连晓雾，星河欲渡千帆舞。仿佛梦魂归帝所。闻天语，殷勤问我归何处？
> 我报路长嗟日暮，学诗漫有惊人句。九万里风鹏正举。风休住，蓬舟吹取三山去。

王仲闻列此词为第3首。徐培均列此词为44首，作"笺注"曰：

> 此词作于建炎四年庚戌（1130）春……金人进犯越州……可见清照于建炎四年正月三日以后至章安行在，十八日随御舟海上至温州。此词所写，即此一段航程中生活，而以梦境出之[18]。

这种紧扣政治事件的说法，没有充分关注词中的写作心境和意象象征，有"想当然"之嫌疑。此词并非"海行"，倒是"江行"更合理。

这是一首记梦词，当然也是因白天江上所见而成梦。这首词极有可能写于她"遂解舟下，一日夜行三百里"的江行途中，应该是离开池口不久的早上，即江上"晓雾"之中，而非海上。因为词的头两句所说，正是在长江上乘着"蓬舟"所见的朦胧之景，是"星河"而非"大海"。"星河"是长江之喻。徐培均"笺注"引杜甫《阁夜》："三峡星河影动摇"，又引韩愈《岳阳楼别窦司直》："夜缆巴陵洲，从芮才可傍。星河尽涵泳，俯仰迷下上。"这两首诗中的"星河"，都是指倒映着银河的长江。"星河转"也指时光流逝。江上千帆竞发，所见不是征讨的战船，便是逃难百姓的篷舟，而海上不可能有此情景。心慌意乱之际，词人不知何处是归途。

网上有人认为"九万里风鹏正举"这一句是暗指岳飞（字鹏举）正在前线抗金之事，形势大好，这个说法也有可通之处。词人感叹：这一路江风，还是将我吹到平安的地方去吧。据《岳飞年谱》："（建炎）三年（1129）七月，杜充弃师京，还建康，武穆俱南""五月初八日，帝如江宁府，并改府名为建康""八月二十六日，车驾发建康。十月初八日，至临安，遂如越州"[19]。建炎三年5月，李清照离开江宁与高宗到达江宁几乎是同时。7月底李清照离开池口沿江东下之时，岳飞正在建康城护卫宋高宗。赵明诚病逝之后8日，高宗离开建康城。当时岳飞所在之地，是相对安全的地方。而她要去的地方正是建康城，所以她希望风儿快快将她吹到那里，即"仿佛梦魂归帝所"，"帝所"可指皇帝的"行在所"。这首词有一气呵成的气势，非平静心态下所能作，可认为是离开池州的路上、江上急行、夜梦之后所作。

四、结语

因为身逢乱世，且随身携带众多贵重物品，李清照在池州仅守池口，寸步难离，没能游历更多的地方，所以未见其池州景物诗词。池口，是李清照这次南渡生涯中非常重要的一站。这里不仅是她与丈夫从此永别的人生舞台，也是动荡中她在江南获得的一座对镜自怜的温暖匽台，更是她解闷消愁、寄情于词的一处写作平台。所以，她应该有池州词。

注释

①本文系安徽省高校协同创新项目"《杏花村志》《杏花村续志》校注"（GXXT-2020-049）阶段性成果。

参考文献

[1]徐培均.李清照集笺注[M].上海：上海古籍出版社，2017：336.

[2]丁育民.李清照晚年再嫁悲剧——从易安居士与池阳有关的人和事说起[J].池州学院学报，2010，24（04）：44-52.

[3]刘新光.唐宋时期的"江南西道"研究[M].北京：中国社会科学出版社，2016：158-167.

[4]纪永贵.白居易池州诗考[J].中国诗学研究，2022（01）：205-217.

[5]（清）陆廷龄修，桂迓衡，等纂.（光绪）贵池县志[M].活字本.清光绪九年（1883年）.

[6]张舜民.画墁集.卷七《郴州录》[M]//文渊阁四库全书.集部三·别集类二.

[7]周必大.文忠集[M]//文渊阁四库全书.集部四·别集类三.

[8]陆游.入蜀记[M]//文渊阁四库全书.史部四·传纪类四.

[9]王仲闻.李清照集校注[M].北京：人民文学出版社，1979：1-5.

[10]李清照.重辑李清照集[M].黄墨谷，校.北京：中华书局，2018：1-3.

[11]徐培均.李清照集笺注[M].上海：上海古籍出版社，2017：1-3.

[12]徐均培.李清照集笺注[M].上海：上海古籍出版社，2017：35.

[13]余同友.李清照在池州[N].池州日报·九华副刊，2009-5-19.

[14]徐均培.李清照集笺注[M].上海：上海古籍出版社，2017：37-39.

[15]徐均培.李清照集笺注[M].上海：上海古籍出版社，2017：23.

[16]王仲闻.李清照集校注[M].北京：人民文学出版社，1979：25.

[17]纪永贵.论《红楼梦》书名之寓意[J].南都学坛，2000（01）：30-34.

[18]徐均培.李清照集笺注[M].上海：上海古籍出版社，2017：133-134.

[19]李汉魂.宋岳武穆公飞年谱[M].北京：商务印书馆，1980：39-40.

数字技术赋能"三节龙·跳鼓"的创新传播①

岳　绯　范佳慧

内容提要：以湖北省孝感市的国家级非物质文化遗产——"三节龙·跳鼓"为核心，探讨了这一文化瑰宝的留存与传承的重要性，及当今数字化背景下的传播与发展路径。运用数字技术，如虚拟现实（VR）、增强现实（AR）及舞蹈新形态数字教材的建设等手段，可以为这一古老的舞蹈形式带来创新活力，推动其在全球范围内的传播。然而，数字化应用虽然拓宽了传播渠道，但也伴随着文化失真的挑战。针对这一问题，作者提出了确保文化精髓准确传递的策略，从而实现非遗舞蹈的可持续传承与现代化创新。

关键词：三节龙·跳鼓；荆楚舞蹈；国家级非遗；数字化技术；文化保护；传播路径

作者简介：岳绯，湖北工程学院，副教授，研究方向为舞蹈数字化与传播。范佳慧，湖北工程学院本科在读，研究方向为舞蹈学。

Title: Innovative Dissemination of "Trilinear Loong • Drum-Jumping" Empowered by Digital Technology

Abstract: Focusing on "Trilinear Loong • Drum-Jumping", a national intangible cultural heritage from Xiaogan City, Hubei Province, this paper explores the significance of preserving and passing down this cultural treasure, as well as the pathways for its dissemination and development in the context of digitalization. By employing digital technologies such as virtual reality (VR), augmented reality (AR), and the construction of new digital teaching materials for dance, this ancient dance form can be revitalized with innovative energy, promoting its dissemination on a global scale. However, while digital applications have expanded the channels for its promotion, they also present challenges, such as the risk of cultural distortion. In response, this paper proposes strategies to ensure the accurate transmission of cultural essence, thereby achieving the sustainable inheritance and modern innovation of intangible cultural heritage dance.

Key Words: Trilinear Loong • Drum-Jumping; Jingchu Dance; National Intangible Cultural Heritage; Digital Technology; Cultural Preservation; Dissemination Pathways

About Author: Yue Fei, Associate Professor, Hubei Engineering University, mainly engaged in Dance Digitalization and Communication. **Fan Jiahui,** undergraduate student of Hubei University of Engineering, mainly engaged in Dance.

非物质文化遗产是人类文明的重要组成部分，凝聚着独特的历史记忆和文化精神。随着时代发展，数字技术逐步渗透到文化传承的方方面面，成为推动非遗保护与传播的重要力量。

"三节龙·跳鼓"作为湖北省孝感市的民俗文化的瑰宝，生动展现了该地区独特的风土人情与地域特征。2011年，该舞蹈被正式列入国家级非物质文化遗产名录，成为地方文化的象征。当下，数字化手段为"三节龙·跳鼓"带来了前所未有的创新机会，不仅拓宽了这一传统艺术的传播渠道，也为其提供了保存与复原的技术支持。通过高清摄像、虚拟现实（VR）、增强现实（AR）等先进技术，"三节龙·跳鼓"得以在数字空间中重现，为后人带来了全新的观赏与学习体验。

本文旨在探讨数字技术如何为"三节龙·跳鼓"舞的传承与传播注入新的活力，并分析这一舞蹈在数字化时代下的创新发展与未来走向。数字技术的引入，既是文化传承的机遇，也面临保持文化精髓的挑战。未来如何借助科技的力量传承非遗并使之持续焕发新的生机，值得我们深入思考。

一、龙腾鼓舞："三节龙·跳鼓"的历史沿革与文化精髓

（一）根植千年的图腾崇拜："三节龙·跳鼓"的起源

图腾崇拜是人类早期文化的重要组成部分，其中龙图腾崇拜在中国历史和文化中占据了至关重要的地位。龙作为中华民族的象征，其崇拜与信仰深刻影响了中国古代社会的发展与演变。位于古云梦泽东北部的伍洛寺，受这一文化思想的浸染，逐渐发展出独具地域特色的图腾舞蹈——"三节龙·跳鼓"。这一舞蹈形式的起源可追溯到200多年前，当时的伍洛寺曾名为"龙须湖"，地处低洼，经常遭遇洪涝灾害，严重影响着当地人民的生活。伍洛寺的居民在困苦中向神龙祈祷，渴望获得庇佑[1]，以恢复安定平和的生活。正是在这种文化背景和精神信仰的驱动下，伍洛寺的人们通过模拟龙的形态与动作，形成了独特的舞蹈形式，代代相传。每当丰收时，人们便通过"三节龙·跳鼓"表达对神灵的感恩；而灾难降临时，该舞蹈则成为祭祀的重要仪式，以虔诚的祈祷祈求龙神降福消灾。

鼓在中国古代文化中具有重要的象征意义，其历史可追溯至远古时代。在传说中，黄帝部落与蚩尤部落激战，黄帝杀夔取其皮制鼓，鼓声震天动地，成为通天神器，象征着与神灵的交流。远古的鼓舞逐渐演变，最终在商周时期成为祭祀仪式的重要组成部分。《诗经·小雅·甫田》记载了击鼓以祈求甘霖的场景，说明了鼓在祭祀活动中的重要性。鼓声与人体动作的密切关联使得"鼓舞"成为古代祭祀的一部分，挥动击鼓时的律动让人们与天地共鸣，产生强烈的仪式感。虽然史料中并没有关于跳鼓的明确记载，但伍洛寺的跳鼓传统，很可能与当地的巫觋活动和娱神祭祀密不可分。在这一舞蹈形式中，鼓不仅是驱邪辟灾的象征，也是凝聚宗族精神与士气的重要工具。家家备鼓，通过隆重的击鼓仪式表达对龙神的虔诚。

"三节龙·跳鼓"在伍洛寺的文化记忆中还保留着一个广为流传的传说：某年，镇上遭遇了空前的洪水，危急时刻，三条龙从水中翻腾而出，与洪水搏斗，最终洪水退去，伍洛寺得以幸免。村民们相信是龙神显灵拯救了他们，于是每年举行盛大的"三节龙·跳鼓"舞蹈仪

式，以感恩神龙的庇佑。正是这种神秘而古老的传说，使得"三节龙·跳鼓"成为原始文明的文化遗存，象征着人们对神灵的崇敬与对自然力量的敬畏。这项舞蹈不仅是对古代精神信仰的再现，也以其古拙壮丽的风貌展现了人民代代相传的意志与文化记忆，至今仍在当地的文化生活中占据着重要地位。

（二）形神兼备的民俗瑰宝：　"三节龙·跳鼓"的表演形式

"三节龙·跳鼓"的道具由三节龙灯和跳鼓组成。三节龙灯由龙头、龙身和龙尾三节组成，每节长约2米，整体长度约6米。龙头采用鹅颈形，头顶扎有象征镇龙之物的蟾蜍，龙嘴含珠，身披绣花衣，龙尾则扎成燕子尾的形状，整体造型奇特且充满趣味[1]。龙灯的制作工艺极为精湛，采用竹篾、彩绸、纸花等材料，经过扎制、彩绘、装饰等工序，使龙灯栩栩如生，富有生命力。跳鼓由杉木制作鼓围，鼓面则使用牛皮，侧面带有柄，是一种双面鼓。鼓面上绘制既像云彩又像浪涛的纹饰，既具美观性，又富有象征意义。鼓声如雷，能够激发舞蹈者的热情，并增强表演的感染力。

"三节龙·跳鼓"表演由三名舞者分别操控龙头、龙身和龙尾，同时配以若干名鼓手。通常情况下，一条老龙带领两条小龙组成表演队列，老龙为前导，小龙随后，形成错落有致的队形。鼓手们围绕在龙灯周围，随着舞龙的节奏起伏，击鼓跳舞，舞蹈动作粗犷豪放，充满力量之美。舞龙者通过投足跃臂、翻滚盘旋等动作，展现龙的威严与灵动。鼓手则一手持鼓、一手拿槌，与舞龙者配合默契，鼓点铿锵有力。整个表演过程中，龙灯与鼓声交相辉映，气势磅礴，场面宏大。"龙咬尾"是"三节龙·跳鼓"中的一大亮点，传说龙喜食烧燕肉，为了得到龙的宝珠，人们将龙尾扎成燕子尾形，在舞蹈中不断让龙回头自咬，以满足龙的嗜好。这个动作不仅增加了舞蹈的趣味性，还象征着人们对美好生活的向往与追求。

"三节龙·跳鼓"作为民间广场艺术的一部分，表演形式自由多变，尤其是伴随象征99朵祥云的99面跳鼓的同舞，打击乐的烘托使动作的节奏与力度千变万化，表演形式灵动反复。3名舞者分别控制龙头、龙身、龙尾，站位始终保持在一条线上，龙身居中，腿脚呈A字交叉相靠，3人配合紧密，形成稳固的支撑。在表演过程中，舞者的上身动作讲究圆润，双手握把贴身上下移动，呈弧线反复绕"∞"字形，使龙体不断翻滚盘旋于地面和空中。"龙咬尾"和"龙绞柱"是"三节龙·跳鼓"的独特技艺[2]，"龙咬尾"指的是当龙头舞至右后下方时，龙尾稳住，龙头快速上升，做出咬尾动作，整条龙形成圆形。而"龙绞柱"则是通过龙身的拧动，3人成龙盘柱状，展现出龙体紧裹的姿态。舞者甚至在表演中滚上条凳、稻场中的石磙，技艺高超，舞姿矫健，令人叹为观止。

（三）传承与升华：　"三节龙·跳鼓"的文化意义与价值

传承"三节龙·跳鼓"具有深远的文化和社会意义。这一古老的传统舞蹈不仅承载着丰富的历史文化内涵，还是地方文化与艺术精髓的高度凝练[3]。首先，从历史文化价值的传承来看，"三节龙·跳鼓"是由当地劳动人民世代相传的古老祭祀舞蹈演变而来，是古代祭祀文化的重要遗存与延续。它的存在为我们提供了宝贵的线索，帮助我们进一步了解古代的祭祀仪式、民俗风情，以及当地的社会发展历程。从这一角度出发，传承"三节龙·跳鼓"不仅是对一项舞蹈艺术的保护，而且是对古代文化与社会历史记忆的保存和传递，是文化遗产研究中的重要一环。

其次，从艺术发展的角度来看，"三节龙·跳鼓"融合了工艺、美术、音乐、舞蹈、竞技、阵列、文学等多元艺术元素，是多元艺术的集大成者，堪称不可多得的艺术瑰宝。这一舞蹈的传承和发展不仅推动了地方文化的繁荣，还促进了各地艺术交流，深化了多领域的文化交往和融合。通过对"三节龙·跳鼓"的传承，当代人能够感受到传统工艺、舞台表演与音乐等多种艺术形式之间的有机互动，从而进一步提升本土文化的影响力，并推动当地文化在国际舞台上的推广与传播。这一舞蹈的传承不仅为艺术研究和表演艺术的发展带来了新的机遇，还为文化产业的发展提供了宝贵的资源。

最后，从社会功能与教育意义来看，"三节龙·跳鼓"作为一种地方特色的民间文化活动，不仅能够增强社区居民的归属感和认同感，还能够促进社区的团结与互动。每年在节庆期间举行的"三节龙·跳鼓"不仅吸引了大量的当地居民和游客参与，还成了一项展示地方文化的盛会。这种形式的文化传承，能够激发社区居民的文化自信，增强其对本土文化的热爱与责任感。同时，"三节龙·跳鼓"作为地方文化的代表，能够吸引大量的游客前来观赏和体验，进而推动当地的旅游文化产业发展。通过创新性的文化创意产品的开发，也为文化产业的市场开拓提供了新的路径。此外，从教育角度来看，传承"三节龙·跳鼓"能够帮助青少年更好地了解传统文化，培养他们的文化自觉与文化自信，同时激发他们的艺术兴趣与创造力，为未来的文化传承与创新提供强大的后备力量。

二、文化复兴：数字技术赋能"三节龙·跳鼓"的创新传播

（一）新时代的文化守护者：数字技术推动非遗保护的崛起

非物质文化遗产作为人类文明的重要组成部分，正在全球化浪潮中面临前所未有的挑战。随着全球化进程的加速，超级大国的文化侵蚀与国际标准化的推广，使许多地方性文化逐渐消失在历史的长河中。面对这一形势，人们愈加认识到保护非物质文化遗产的紧迫性。非物质文化遗产不仅是人类文化发展的"活化石"，更是人类历史记忆的传承者，是文化多样性和社会身份认同的重要组成部分。在这一背景下，数字技术的崛起为保护和传播这些文化瑰宝提供了全新的解决方案，也因此引发了世界范围内的广泛关注与探索。

自20世纪末以来，数字技术迅速融入非物质文化遗产保护的各个层面，为非遗项目的记录、保存、传播提供了丰富的工具和手段。早在1997年，法国便启动了名为"Gallica"的国家数

字图书馆项目，旨在通过互联网向公众开放与非遗相关的文献资料[4]。这一创新举措为全球的非遗保护事业开了先河，标志着数字技术与非物质文化遗产保护的初步结合。此后，法国又与谷歌公司合作，进一步建立了基于互联网的开放数据库，专注于非遗主题的数字化保护。通过这一平台，非遗项目得以跨越时间与空间的限制，触及更多受众，同时也为全球的非遗保护事业提供了可供借鉴的经验。同一时期，美国斯坦福大学也推出了"数字米开朗琪罗"项目，日本则于2003年启动了"日本之记忆"计划，这些项目为传统文化的数字化保存提供了更加成熟的路径。国外在非遗保护方面的数字化应用起步较早，为非物质文化遗产注入了新生命。

随着数字技术的不断发展，越来越多的国家和机构意识到其在文化遗产保护中的重要性。数字技术不仅能够对非遗项目进行高度保真的记录，还能够通过三维扫描、虚拟现实等手段，对那些濒临消失或已失传的文化遗产进行复原与再现。这种全新的数字化手段极大地推动了非物质文化遗产的保存与传播，使得像"三节龙·跳鼓"这样的国家级非遗项目得以在现代社会中重新焕发活力。在这一过程中，世界各地的实践为我们提供了丰富的借鉴经验，而数字技术的迅猛发展则为我们应对非遗保护的严峻挑战提供了更加灵活和高效的解决方案。

（二）数码时代的记忆传承："三节龙·跳鼓"的数字化记录与保存

在人类早期文明中，舞蹈的记录手段非常有限，往往依赖口传身授、文字描述或雕刻记载。然而，这些方法不仅存在记录的零散性，难以拼凑出完整的传承路径，还存在后期重现困难，甚至遗失殆尽的风险。中国古代众多珍贵的舞蹈形式因缺乏有效的记录方式而逐渐消失，许多古代舞蹈的智慧成果也因此永远埋没，令人扼腕叹息。随着时间的推移，非物质文化遗产的保护变得愈加迫切。幸运的是，伴随20世纪末多媒体和数字技术的飞速发展，文化遗产保护工作找到了全新的路径。特别是高精度的数字化保护技术的兴起，为记录和保存像"三节龙·跳鼓"这样的珍贵舞蹈提供了更加细致、完整和永久的解决方案。通过高清摄像、三维扫描和声音采集等技术手段，研究者可以对"三节龙·跳鼓"进行全面、细致的记录，确保每一个动作、道具及音乐细节都得到精准保留。这些数字化档案不仅高度保真，还可长期保存、便于随时调用，成为未来舞蹈传承的重要基石。

此外，数字技术为那些已经失传或濒临失传的舞蹈片段和道具提供了复原的可能性。通过虚拟修复技术，研究人员能够结合历史学、考古学以及现存的舞蹈资料，利用计算机图形学和动画技术重建"失落"的文化遗产。例如，三维扫描技术可以重现"三节龙·跳鼓"中的龙灯和鼓具，将这些道具的形态、颜色、材质等细节忠实再现。声音采集设备则可以捕捉并记录表演中的鼓点和音乐，进一步增强了复原的真实性。数字复原不仅能够让现代人直观感受到这些舞蹈的独特魅力，还为后人提供了一个可视化的学习和研究工具。这种方式将过去与现代连接起来，不仅让人们重温历史真相，还为古老文化的传承和传播提供了更加生动且富有科技感的方式。

如今，数字信息技术在物质文化遗产领域的应用已相对成熟，但在非物质文化遗产的保护中，数字化仍处于起步阶段。非物质文化遗产由于其动态性和传承方式的复杂性，记录和保存的难度较大，因此，数字化技术的引入显得尤为重要。在数字化手段的帮助下，我们不仅可以对"三节龙·跳鼓"这样的舞蹈进行有效保护，还能够为它赋予新的时代内涵，使之在现代社会中焕发新的活力。通过数字化技术，非遗项目得以超越传统的时空限制，融入现代文化语境中，从而延续其生命力。正是借助这些创新的手段，"三节龙·跳鼓"以及其他珍贵的文化遗产才能在数码时代实现长久的发展与传播。

（三）全球视野下的文化对话：中国与国际非遗传播路径的对比

国际上，非物质文化遗产通过数字技术的运用展现出多样化与创新性。虚拟现实（VR）和增强现实（AR）技术成为非遗传播中的重要工具，能够为观众提供沉浸式的文化体验。在虚拟现实的支持下，观众可以进入逼真的虚拟环境，身临其境地感受非遗技艺的细节与文化背景。增强现实则通过在现实环境中叠加数字信息，进一步增强观众的互动体验。例如，观众在参观展览时，可以通过手机或其他设备扫描二维码，观看"三节龙·跳鼓"的虚拟演示，感受到这一传统舞蹈的动态美感。与此同时，3D全息投影技术也在非遗展示中得到了广泛应用，通过立体影像的逼真呈现，使观众能够更直观地欣赏到像"三节龙·跳鼓"这样充满生气的传统文化形式。数字技术的多样化运用不仅为非遗的传播提供了丰富的展示方式，还极大提升了非遗项目的影响力与受众参与度。

国际上的博物馆和文化机构也积极利用数字平台与社交媒体进行非遗传播，逐渐突破了地域和时空的限制。通过在线博物馆和虚拟展览，非遗项目可以以数字化形式面向全球观众开放。如Facebook、Twitter、Instagram等社交媒体，不仅成为非遗宣传的重要渠道，还通过互动和分享功能提高了观众的参与感和沉浸感。观众可以通过这些平台观看"三节龙·跳鼓"的表演片段，参与在线课程，深入了解非遗项目的文化背景和技艺。数字化教育的普及更是将非遗传承推向新的高度，学生们可以通过VR教室学习传统技艺，体验和实践"三节龙·跳鼓"中的复杂舞蹈动作。这种方式不仅有效降低了教学成本，也为非遗项目的跨文化传播和未来一代的文化传承奠定了坚实基础。

在中国，非遗数字化传播也逐步展现出独特的创新路径。例如，"三节龙·跳鼓"项目已经通过高精度摄影、录音和录像技术进行了全面记录，这些细致的数字化档案不仅包括动作示范，还深入记录了道具、舞蹈场景、伴奏音乐等细节，确保非遗技艺在数字化存档中得到全面呈现。这种系统化的档案不仅能用于学术研究和传承工作，还为数字教材的开发奠定了基础。湖北工程学院舞蹈系岳绯副教授领衔团队，正在开发创建的《荆楚民间舞之国家级非遗"三节龙·跳鼓"》新形态数字教材，正是基于这些数字化档案，结合了数字技术和互动学习模块，形成了一个完整的非遗传承工具。该教材将多媒体与虚拟互动结合，帮助学生们更直观地学习"三节龙·跳鼓"的舞蹈技艺及其背后的文化内涵。此外,社交媒体如微博、抖音等平台,作为现代传播阵地,广泛用于宣传"三节龙·跳鼓",通过短视频、线上教学等方式扩大公众的参与度。与此同时,近年来文创产品成为非遗传播的创新载体,将"三节龙·跳鼓"与现代设计理念相结合,推出了具有文化与市场价值的文创作品。区块链和NFT等技术也为非遗作品的版权保护和数字化传播提供了新的途径,确保了知识产权的保护,也进一步推动了"三节龙·跳鼓"的全球化传播。

(四)数字引领创新:"三节龙·跳鼓"的多元传播路径

数字技术的快速发展为"三节龙·跳鼓"的全球传播提供了前所未有的机会与渠道。通过建立如官方网站、微信公众号、抖音等线上平台,舞蹈表演视频、教学资料以及文化背景的介绍得以迅速传递到全球各地,打破了地域与时空的限制。通过社交媒体的裂变式传播,"三节龙·跳鼓"的知名度可以在极短时间内得到迅速提升,特别是在年轻群体中引发关注和互动。这一传播模式不仅提升了舞蹈的影响力,还吸引了更多的年轻人参与到"三节龙·跳鼓"的学习和传承中来,极大地促进了非遗文化的数字化创新。

与此同时,虚拟现实(VR)和增强现实(AR)技术为"三节龙·跳鼓"的传播与体验开辟了新的维度。通过佩戴VR设备,观众可以身临其境地参与到舞蹈表演的虚拟场景中,感受舞蹈的节奏与魅力。而在AR技术的支持下,舞蹈的元素与现实环境结合,观众通过简单的手机操作即可体验虚拟与现实的交织。无论是在博物馆,还是在文化遗址,AR互动体验区使得观众能够随时随地观看"三节龙·跳鼓"的表演,并通过互动游戏亲身参与其中。这种沉浸式体验不仅让舞蹈的传播更具科技感,也让传统文化更加贴近现代生活,赋予了其新的活力。

数字技术还为"三节龙·跳鼓"的创新带来了无限的可能性。通过与现代艺术、科技、时尚等领域的跨界合作,舞蹈的动作与电子音乐、光影效果等元素结合,可以打造出充满科技感与时尚感的舞台作品。除此之外,舞蹈元素还可以与游戏、动漫等当代流行文化相融合,拓宽传播渠道,吸引更多不同文化背景的观众了解并欣赏这一传统舞蹈。此外,数字技术在教育领域的应用同样为"三节龙·跳鼓"的传承提供了有力的支持。通过开发数字化教学资源、在线课程,结合VR等技术模拟的教学场景,不仅提高了学习兴趣和教学效果,也让更多人可以轻松获得高质量的舞蹈教育。线上比赛和展览活动的举办为年轻舞者提供了展示才华的机会,并促进了全球范围内的文化交流和互动。

三、文化精髓的守护:如何在数字化传播中避免文化失真

(一)传承中的隐忧:数字化传播中可能引发失真的原因

随着数字技术在非物质文化遗产传承中的广泛应用,像"三节龙·跳鼓"这样的国家级非遗舞蹈也迎来了全新的传播与保护契机。然而,数字化的便利和创新背后,隐含着一些可能

导致失真的风险，值得我们深入探讨与重视。首先，数字技术在捕捉和还原"三节龙·跳鼓"舞蹈的某些细节方面存在局限。尽管高精度的摄像设备和三维扫描技术能够记录舞蹈的动作与场景，但这些技术往往难以完美还原舞者的细微表情、肢体的微妙变化以及舞蹈本身富有的情感张力和流畅性。这种视觉和情感体验上的细微损失，可能会让观众无法感受到现场表演中的那种震撼和灵魂共鸣，从而影响对舞蹈精髓的理解与传承。

其次，数字化传播过程中如果缺乏对"三节龙·跳鼓"舞蹈背后文化内涵的深入理解和准确诠释，可能会导致在呈现时出现文化解读的偏差。舞蹈不仅仅是动作的展现，还承载着地域文化、宗教信仰、历史背景等丰富的文化符号。因此，在数字化展示过程中，如果未能深刻挖掘并准确解读这些文化内涵，便可能导致传播内容的片面性甚至误导性。例如，单纯的动作展示可能无法传达出"三节龙·跳鼓"中隐含的祭祀与祈福意义，观众对该舞蹈的认知便只能停留在表面，无法感知舞蹈背后深厚的精神世界。这种文化解读上的偏差不仅会影响受众对舞蹈的全面认知，也会对后续的传承产生不利影响，破坏原有文化传承链条的完整性。

最后，为了追求商业化效益或吸引眼球，部分数字化传播过程中可能对"三节龙·跳鼓"进行过度包装或改编，从而削弱其原有的文化特色与韵味。随着互联网时代的到来，短视频、娱乐化传播等形式成为数字时代的主流。这种趋势下，非遗舞蹈如"三节龙·跳鼓"可能被过度娱乐化处理，甚至在舞蹈编排中加入现代流行元素，偏离其传统的祭祀舞蹈本质。这种过度包装虽然可能在短期内提高舞蹈的曝光率和流行度，但从长远来看，这样的做法削弱了非遗舞蹈的传统文化价值与核心精神，损害了其作为文化遗产的纯粹性和真实性。在商业化利益的驱动下，舞蹈原有的神圣性、庄重性甚至可能被消解，最终使其成为一个空洞的娱乐形式。在数字化的浪潮中，如何平衡技术创新与文化传承的准确性，如何避免为了商业效益而牺牲舞蹈的文化核心，是当前非遗保护与数字化传承中不可忽视的重要课题。面对这些可能的隐忧，非遗保护者、舞蹈传承者和技术开发者需要共同协作，深入探讨，并建立有效的传承与传播机制，确保"三节龙·跳鼓"及其他非遗项目在数字化进程中保持其文化精髓，避免失真。这不仅是对当代文化遗产的保护责任，更是对未来文化传承的深远关怀。

（二）精准传递与创新融合：防止失真的策略与实施路径

在进行"三节龙·跳鼓"数字化传承之前，深入的调研与文化背景的掌握至关重要。非物质文化遗产的数字化工作不仅需要技术手段的支持，还需要对舞蹈的历史渊源、文化符号、表演形式等方面有全面的理解。通过与传承人、学者的深入交流，确保每一个舞蹈动作的文化内涵都得以准确呈现。这不仅是对历史的尊重，更是对文化本质的理解与把握。在数字化技术应用之前，必须牢牢把握住"三节龙·跳鼓"的文化根基，从文化、历史和艺术多维度进行研究与解析，才能在数字化转化过程中保持舞蹈的完整性和原貌。

在具体的数字化实施中，必须依托先进的科技手段，确保舞蹈的每一个细节都能被精准呈现。高精度摄影、虚拟现实（VR）、增强现实（AR）等技术为"三节龙·跳鼓"舞蹈提供了沉浸式的观赏体验，通过这些技术手段，观众能够以360度全方位的方式感受舞蹈的动感与节奏，仿佛置身于舞蹈表演现场。同时，三维扫描技术和触觉反馈设备还能够更真实地再现舞蹈中的道具和场景，增强观众的沉浸感与互动体验。这些技术不仅大大提升了观众的文化参与感，还让"三节龙·跳鼓"的舞蹈传承突破了空间与时间的限制，实现了现代科技与传统文化的完美融合。

与此同时，在数字化传播过程中必须严格控制改编与创新的界限，确保"三节龙·跳鼓"的文化精髓不因迎合市场而丧失。虽然数字技术为文化创新带来了新的可能性，但过度的商业化包装和娱乐化改编会使舞蹈失去其原有的文化特色。因此，数字化的创新必须在尊重原貌和文化内核的基础上进行。同时，还应加强对舞蹈背后文化意义的解读，提供文字、图片及视频等多层次的文化信息，使观众在感官享受的同时也能理解舞蹈的深层文化符号。通过构建有效的反馈与调整机制，不断优化数字化传播效果，确保在广泛传播的过程中不偏离文化传承的核心使命。

四、结语

在全球化与数字化浪潮的双重推动下，非物质文化遗产的保护与传播迎来了全新的机遇与挑战。"三节龙·跳鼓"作为荆楚大地的文化瑰宝，承载着丰富的历史文化内涵与独特的艺术魅力[5]。数字技术的崛起，不仅为这一古老的舞蹈形式提供了创新的传承手段，还使其在全球范围内得以更广泛的传播。通过高清摄影、虚拟现实（VR）、增强现实（AR）等先进技术，"三节龙·跳鼓"的形神兼备得以精确再现，观众能够在虚拟空间中感受到其历史与文化的独特魅力。然而，伴随着数字化的便利与创新，非遗舞蹈在数字化进程中的失真风险也不容忽视。要保持"三节龙·跳鼓"的文化精髓，关键在于保持技术创新与文化传承之间的平衡。通过深入的文化研究与精准的技术应用，我们能够在数字化传播中有效避免失真，确保这一文化遗产得以完整而真实地传递给后代。同时，数字化不仅是非遗舞蹈的传播手段，更是赋予其新的时代内涵与生命力的重要路径。在未来的发展中，"三节龙·跳鼓"将继续借助数字技术在全球文化对话中展现其独特的艺术魅力，成为荆楚文化乃至中国文化走向世界的象征与桥梁。

注释

①基金项目：2024年湖北工程学院大学生创新创业训练计划国家级项目"孝感'三节龙·跳鼓舞'：数字化视域下国家级非遗舞蹈的创新传播"（项目编号：202410528006）。

参考文献

[1]程云鹰.中国民族民间舞蹈集成·湖北孝感卷[M].武汉：长江文艺出版社，1997.

[2]程云鹰."三节龙·跳鼓"舞的起源、表演与发展[J].湖北工程学院学报，2015，35（02）：76-79.

[3]王雷."非遗"视域下孝感民俗体育传承研究——以云梦"三节龙·跳鼓舞"为例[J].体育研究与教育，2016，31（01）：83-86.

[4]姚国章，周敏.非物质文化遗产数字化及其发展历程探索[J].经济研究导刊，2021（28）：45-47.

[5]冷嘉铭.数字档案库参与"非遗"保护发展路径探析——以岭南传统艺术影像档案库为例[J].科技和产业，2023，23（14）：59-65.

博物馆品牌授权新形式探析

——以湖北省博物馆为例

姚　梦

内容提要：博物馆品牌授权是延展博物馆功能和价值的重要途径。然而，目前大多数博物馆在授权方面存在产品同质化和授权形式单一等问题，这不利于博物馆在新时代突破体制束缚和创新业态发展。以湖北省博物馆授权中百罗森便利店的新型合作形式为研究对象，旨在挖掘双方合作背景和授权优势，以期进一步完善品牌授权机制，激发博物馆品牌授权的活力，推动文博事业可持续发展。

关键词：湖北省博物馆；品牌授权；便利店联名；产业链；授权制度

作者简介：姚梦，首都师范大学，硕士研究生在读，研究方向为艺术市场、艺术管理、博物馆学研究。

Title: Analysis on New Forms of Museum Brand Licensing — Take the Hubei Provincial Museum as an Example

Abstract: Museum brand licensing is a crucial means of expanding the function and value of museums. However, currently, most museums face issues such as product homogeneity and a single form of brand licensing, which hinders their ability to break through institutional constraints and innovate business models in the new era. This study focuses on the new cooperative licensing model between Hubei Provincial Museum and Zhongbai Lawson Convenience Store, aiming to explore the background of cooperation and brand licensing advantages for both parties. The goal is to further enhance the brand licensing mechanism, stimulate vitality in museum brand licensing, and promote sustainable development in cultural and museum-related endeavors.

Key Words: Hubei Provincial Museum; Brand Licensing; Joint Name of Convenience Store; Industrial Chain; Authorization System

About Author: YaoMeng, Capital Normal University, Postgraduate Student, mainly engaged in Research on the Art Market, Art Management, and Museology.

　　博物馆品牌授权是博物馆与外部第三方达成合作意向的基础上，将博物馆注册商标、建筑标志形象及其他馆内文化资源有选择性地以合同形式授权给第三方进行二次开发和创作的行为。博物馆是授权知识产权使用许可行为的主体，授权过程也是文化的生产和输出过程，同时伴随着经济效益的产出，这是博物馆文化赋能经济，带来博物馆事业发展经济助力的重要手段。[1]近十年，博物馆品牌授权的热潮十分高涨，各类授权产品纷至沓来，跨界联合也屡见不鲜，在为博物馆注入生机的同时所带来的影响也逐渐浮现。

目前，国内博物馆的品牌授权发展已经陷入瓶颈期，授权形式相对固定，产品同质化严重，导致市场竞争力不足。同时，不同品牌之间的联名合作正趋向商业化，导致文化注入浮于表面的现象日益普遍。在这种状况下，只有先跳脱出来寻求新径的博物馆才能获得先机。2023年末，全国首家博物馆与便利店联名的硬装主题店诞生于武汉，由湖北省博物馆与中百罗森携手打造，追求陶冶享受的博物馆与追求快捷方便的便利店之间进行跨界联合是一次全新的品牌授权形式的尝试，既重新定义了传统博物馆的形象，也为便利店注入了更多艺术与文化的元素，但这无疑也是一次风险极高的尝试。

一、品牌授权背景

（一）政策解读

2016年前后，一系列发展文化创意产业的相关政策与文件相继出台，国务院印发的《关于进一步加强文物工作的指导意见》为文物资源的开发利用指明了前进方向。随后，国家文物局、国家发展和改革委员会等相关部门联合印发了《"互联网+中华文明"三年行动计划》①，在具体方向上贯彻落实授权工作。该计划明确提出构建文化遗产领域的"授权经营体系"，将授权工作提升到了国家层面的发展计划中。[2]在此背景下，各地文博积极响应并贯彻落实，由此迎来了文博界创意产业的风尚期。这一时期的政策与行动影响力持久，不仅推动了文博单位的建设进程，还为当下博物馆品牌授权的探索奠定了坚实的理论和实践基础。

有了前期的积淀，后续的工作方向和重点更加明确。2019年5月，国家文物局发布《博物馆馆藏资源著作权、商标权和品牌授权操作指引》②，首次对博物馆资源授权内容做出清晰界定，并详细介绍了直接授权和委托授权两种授权模式，此外，还介绍了不同授权方式的特点以及在操作中的优势和劣势，并对一般授权期限等内容提出了实际操作建议。2021年《关于推进博物馆改革发展的指导意见》③为博物馆事业的进一步发展作出指示，鼓励博物馆先行先试，推进发展业态创新，破除体制机制束缚，以此释放博物馆的发展活力。发展文化产业的重要性被逐渐提升到国家治理层面，不仅对处在新的历史起点上的我国文化发展具有现实意义，还对正处在急需推陈出新、适应时代变化的文博事业提供了行动指南。经过对国家政策的学习，各地区文博单位开始寻求自身发展之道。湖北省八个部门迅速响应国家号召，在2023年开年之际联合印发了《关于推进湖北博物馆改革发展的实施意见》④。该意见强调博物馆事业与湖北经济格局的密切关联，并重点支持湖北省博物馆创建"中国特色世界一流"博物馆。这一意见的出台不仅及时回应了国家对文化产业发展的需求，还为湖北省博物馆的品牌授权创新提供了理论支持。

国家各项规划和政策为博物馆品牌授权事业打造了坚实的后盾，随着政策的逐步实施和各项关卡的突破，促成了品牌授权项目的成功落地。政策的顺利贯彻是品牌授权成功的外部因素，而根本因素还在于省博自身的优势。省博具有丰富的文化资源和深厚的历史底蕴，其在品牌授权领域中拥有显著优势。通过合理利用政策红利和整合内部资源，省博得以进一步提升自身形象和影响力，实现了品牌授权事业的可持续发展。总的来说，省博自身的实力和优势才是其成功的根本保障。

（二）省博概况

湖北省博物馆于1953年成立，经过70载的漫长发展，已成为湖北省规模最大、收藏和展示文物最多的综合性国家一级博物馆，被誉为"国家文化客厅"，馆藏特色和展览脉络十分鲜明，深受荆楚文化和长江文化的浸染和熏陶。

湖北省博物馆的品牌授权工作开展较早，2016年，湖北省博物馆成为首批全国文化文物单位文化创意产品开发试点单位；2017年，湖北省博物馆对馆名、LOGO进行了商标注册，注册品类涵盖日用品、文具、首饰等十几个大类，数百个小类，同步加强博物馆的子品牌建设，实现了博物馆授权工作有权可授、有法可依、有据可施。[3]并先后与上海老凤祥、湖北仟吉等知名公司合作，截至目前，省博的文创产品上新多达441种，累计开发文创产品千余种。湖北省博物馆依托馆藏资源和社会资源，对自身形象品牌进行积极稳妥的授权开发，使其品牌授权工作逐渐游刃有余，迈向正轨。2023年9月，湖北省博物馆正值建馆70周年，也是贯彻落实党的二十大精神，博物馆独立运行后推进创建中国特色世界一流博物馆的关键一年，借此时机省博正式向社会发布《湖北省博物馆三年发展计划（2023—2025年）》⑤，该计划以传承力、影响力和创新力三个维度为重点，明确了文创销售额从2019年的2400万元增至5000万元的目标。鉴于此，湖北省博物馆不仅要求文创工作持续发力，还急需通过授权开发销售来进一步拓展市场和受众群体，从而推动荆楚文化的创造性转化和创新型发展。[4]博物馆记载着文化历史的脉络，从文物中汲取灵感推出联名主题店，推动博物馆文物资源活化，为展现大美湖北，振兴文化产业提供了新的机遇。

湖北省博物馆与中百罗森便利店达成合作是湖北省博构建宣传矩阵、打造"最荆楚、最湖北"的博物馆文化品牌十分重要的一步，也是其品牌授权工作开拓创新，迈上新台阶的重要尝试。成功完成这一步外需国家政策的支持，内需博物馆自身锐意进取，湖北省博物馆在天时、地利、人和都齐备的情况下，走出了这全新的一步，也使其走在了全国博物馆授权工作前列，为其他博物馆明灯开路。

二、品牌授权特色

（一）在地性

16世纪明成化年间汉水改道后，长江、汉江交汇处一带逐渐成为汉口商业的中心，又至近代武汉开埠以来，城市变迁迅速，商贸活动繁荣，市场上"万商云集，商品争流"，营造出一种生意盎然、朝气蓬勃的地域气质。湖北省博物馆与中百罗森联名便利店就坐落于此，地理位置优越，底蕴深厚，充分利用了该地域历史遗留下来的商业生态环境，依靠得天独厚的优势来打造自身的生存空间。

武汉城市发展节奏之下形成了纷繁复杂的艺术品格和艺术形态景观，作为中心城市的历史虽短，但武汉的艺术形态分外鲜明。地处中国中部的武汉，有九省通衢之名，云雨交汇，人口流动大，南北文化在此交流碰撞，造就了武汉艺术生态"革新"与"善变"的气质，更造就了武汉敢为天下先的勇气，使得这块地域自古有蔑视斯文正统，解构精英文化的传统，革新精神深深融入武汉的艺术生态中。湖北省博物馆品牌授权新形式的真正落地，将"敢为人先、追求卓越"的革新精神实体化，也只有在这种艺术思想活跃与包容的氛围中，多元的艺术形式才能诠释出城市之美，才能成为城市最好的活化剂。

罗森作为国际知名便利店品牌，一打开中国市场便迅猛发展，快速融入不同城市的生活节奏中，在湖北更是随处可见，但相比其他地域，罗森便利店入驻湖北，多了一个前缀——"中百"。中百集团是湖北省连锁超市龙头企业，在湖北落地生根已有近90年，是湖北家喻户晓的超市品牌，在湖北人心中有着极好的信誉。中百罗森由中百集团与日本罗森便利店共同打造，归中百集团下属的武汉中百便利店有限公司经营，这种合作模式既通过引入国际品牌提升服务质量与市场竞争力，又不至于完全让国际品牌侵占市场，这是湖北独有的产业经营战略。湖北省博物馆将自身建筑标志、馆名LOGO、馆藏文化符号等资源授权于中百罗森，既利用中百独有的地域市场和信誉力打开销路，拓宽销售渠道，又通过罗森品牌吸引年轻顾客群体，增加不同阶段的受众人群。

充分考虑品牌授权的在地性，是博物馆授权工作重要的环节。通过因地制宜，能够最大限度地利用特色资源，该地域独有的商业背景和文化底蕴是省博与中百罗森合作的便利店落地于湖北武汉，并能得到稳定长足发展的优势所在，也是博物馆品牌授权脱颖而出的关键因素。

（二）情境性

基于湖北省博物馆浓厚的荆楚文化底蕴，联名硬装主题店通过装潢和商品设计打造了博物馆式消费场景，其中蕴含不少设计巧思，从中也可一探此次湖北省博物馆品牌授权形式的具体范围和利用方式。

主题店店面门头参考湖北省博物馆的建筑轮廓和颜色（图1），宽屋檐、大坡面屋顶的仿古建筑尽显楚国建筑的中轴对称、"一台一殿"的布局特色，省博深蓝灰色与砖红色的主视觉颜色在主题店的装潢中也成为主要元素。店标除中百罗森LOGO外，省博LOGO也十分醒目，馆名LOGO作为博物馆品牌授权内容的重要文化符号，在联名主题店中反复出现（图2），但其授权范围并未局限于此。湖北省博物馆四大镇馆之宝之一曾侯乙编钟的造型也成为装潢最主要的元素之一，虎座鸟架鼓造型设于门前诠释着"镇店之宝的地位"，省博馆藏国宝的剪影通体发光若隐若现，曾侯乙鸳鸯盒、曾侯乙编钟、崇阳铜鼓、石家河玉人像一一在店内显现，收银台上方的车马出行图在电机和减速齿轮带动下栩栩如生，文物资源活化的新形式为店内带来了趣味和生机。

图1　主题店店面　　　　　　　　　　　　　图2　主题店店标

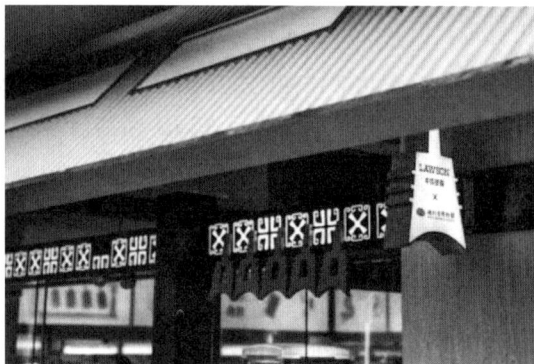

　　为了增加消费者的消费体验，店内产品设计也别出心裁。由非遗大师常福曾及团队打造的"越王勾践剑"以楚糖技艺为主，巧克力为原料，匠心独运，造型逼真，在店内橱窗中陈列，犹如穿梭至省博越王勾践剑的展柜前。同时为了提升产品的附加值，引领文创消费新时代潮流，便利店充分开发博物馆馆藏资源打造"可以吃的博物馆"，以越王勾践剑、祥云编钟为形态设计的蛋糕便是店内热销产品，各种商品的设计既可见馆藏文物的风貌，又突显产品特色，成功打造出创意与实用并存的符合社会大众审美需求的，具有场景式、即时性消费等特征的文化产品，通过情境式消费实现"把博物馆记忆带回家"的目的。

　　以湖北省博物馆楚文化为主提取的文化符号，馆名LOGO、产品造型、衍生品设计、建筑形象等知识产权都被授权到便利店中，授权范围之广，授权权限之大，成功打造出全新的品牌文化价值。千年前历史碎片的环绕既营造出荆楚历史文化氛围，又打造了博物馆情境式的消费场景和消费体验，从博物馆到便利店，从便利店到博物馆，这种授权行为使千年前璀璨夺目的文物如今仍熠熠生辉，使生活公共空间与历史文化时空相结合，让更多人看到便利店与博物馆未来的无限可能。

　　（三）差异性

　　博物馆是多元化需求的融合之地，博物馆文创商店、特色餐饮、休闲娱乐设施等艺术消费空间纷纷出现在博物馆之内时，湖北省博物馆正向外走，期望通过品牌授权的方式将博物馆的文化符号传播出去，从而满足社会大众多元化的消费需求。

　　2016年，大英博物馆以完整授权的方式进入中国市场，品源文化公司独家代理大英博物馆在中国的授权工作，先后与阿里巴巴、京东等电商品牌合作，还与多个国产美妆、文具等品牌联名开发文创产品，使大英博物馆品牌形象完成商业变现，并为自身开辟了一条商业创新之路。[5]这条路径后得到国内众多博物馆的学习与效仿，但这种文创产品的形式多使用线上销售的营销模式，与湖北省博物馆主题便利店最大的不同就在于空间性。湖北省博物馆授权其建筑标志形象来打造具有楚文化特色的场域，为消费者提供了独特的消费环境和消费体验，这是线上购买文创产品无法比拟的，同时，主题店的空间落地对城市公共空间与城市文化形象的提升具有反哺作用，并带动城市文旅消费。具有同样特色的陕西历史博物馆，与必胜客联名开设线下主题餐厅，餐厅的外部还原大唐建筑样式，内部装潢设计也取自于博物馆馆藏元素，这类授权形式真正地为消费者营造文化氛围，只有到线下体验地方风土人情才能理解地方文化价值。[6]

根据现有博物馆品牌授权市场分析，由于营销渠道和营销模式的单一，产品种类同质化严重，普遍都是杯具、文具和丝织物等产品，品牌溢价严重，价格较贵且使用期限固定，与实物实际价值不符，因此盈利期较短且集中，导致后续开发动力不足，于是开始只注重短期效益，从而进入恶性循环。湖北省博物馆开拓便利店的销售渠道，并且所售产品也多为体验性较强使用较快的食品种类，价格较为低廉，为了获得长期且稳定的盈利，可推测其授权范围和授权期限是相较开放的，目的是使博物馆文化价值长期存在于市场上，不至于如其他文创产品一经过销售期就快速被市场淘汰。

三、授权工作建议

通过对品牌便利店的实地考察与后续动态分析，此次品牌授权合作开发还存在着些许不足有待完善，另外，由于品牌授权工作在我国还处在初期建构阶段，尚有许多经济和法律风险亟待解决和管理，因此对其进行有效的管理有助于规范博物馆品牌授权工作制度，有助于博物馆发展的可持续性。

（一）产业链完善

馆藏资源是授权开发的核心，主题店内不论是装潢还是产品设计，所体现的省博文化元素十分繁多，少说数十种，对打造良好的消费环境和消费体验有着极强的优势，但相比湖北省博其他极其知名的授权产品，在便利店产品的开发上还是缺乏记忆重点。湖北省博物馆曾与腾讯公司携手打造DNF游戏经典音乐《风一样的勇士》，以曾侯乙编钟元素为主，推出首发国风乐器跨次元演绎，即使曾侯乙编钟的知名度进一步打开，又传扬了国乐之美。2023年又授权武汉掌游科技有限责任公司，将越王勾践剑植入其头部手游，让省博知名馆藏文物在新时代重新焕发活力。重点打造特色品牌是生产链品质提升的重要手段，是加深公众记忆点，增强市场竞争力的关键环节，并且有助于后续的品牌宣发工作。

博物馆作为主要"讲故事"的人，应积极摆脱文化资源初级供给者的局限，深度参与产品开发工作，提供更多的创意支持和智力支持。[7]没有任何一方能比省博自己更了解自己，湖北省博物馆可充分发挥主体能动性，并利用武汉高校云集、设计专业力量强大的地域优势和"设计之都"的名声，联合高校对馆藏文物元素进行提炼，结合便利店食饮类产品的特色形成具象的文物元素IP，可重点基于馆藏食器如彩漆凤形勺、彩色云兽纹漆圆盘等进行开发创造，不只局限于馆藏之宝。无形中提高博物馆在品牌授权中的主体地位，加强文化符号和文化输出，增强品牌元素的主体化和重点化，对充分展现博物馆品牌授权特色，进而提升产品的价值内涵和消费体验，增强其消费黏性有着极强的优势。

此外，湖北省博物馆与中百罗森联名主题便利店的线上宣发工作十分到位，除省博自身的宣传工作之外，还有多家知名媒体对其进行报道，浏览量上万，店内打卡人数也与日俱增，其人流量相比同时段其他便利店有着很明显的增高趋势。但店内热销产品供应有限，常常供不应求，无法及时为所有消费者提供，侧面体现出便利店的动态监管工作不足，产品上新效率较慢，久而久之，会造成其新鲜感和竞争力损失。湖北省博物馆与便利店应针对店内营销情况和其他状况联合成立动态监管小组，在规定时间段内统计销售情况和问题，并及时反馈给生产部门和应急部门，及时做出调整，从而能形成良好的生产销循环。

湖北省博物馆授权工作虽走在行业前列，但其尚存在着上述有待完善的地方，或是生产链的断层，或是授权后期的监管不足，以小见大，便可知整个行业的授权工作制度仍未建设完备，故宫博物院至2020年也才建立品牌授权项目制度，至今发展也不过3年，因此，进一步完善这一制度是保证博物馆品牌授权项目良性运行的必要措施。

（二）授权制度完善

博物馆品牌授权业务和博物馆品牌授权风险控制是并行的，有完善的授权制度做支撑可以规避大部分风险，制度先行可以保证授权工作的顺利展开。通过分析一般授权工作流程，具体可以划分出授权工作的前、中、后期三个阶段，以此对不同阶段的工作进行改善，有助于梳理品牌授权工作的逻辑，为博物馆授权工作提供参考指南。

博物馆品牌授权的前期工作重点是对授权项目进行可行性审查，对项目细节进行敲定并达成双方合作协议。第一步是对被授权方进行全方位的考察，其诚信情况、经营状况、经营特色等信息都是可行性审查的基本内容，基本背调也是双方达成合作意向的基础。除了审查被授权方外，还应审查市场状况和地域状况，依据市场供求关系，消费者需求等因素，评估立项的方向和可行性，避免盲目性和随机性。湖北省博物馆充分关注并借助地域优势和市场背景，其授权便利店的项目形式新颖，兼顾社会效益和经济效益，因此可行性极强。随后根据审查情况，由双方共同商榷确定授权范围、授权时间、权利金、计费方式等合同应包括的内容，并对其进行审查。故宫博物院的合作项目审查小组提供了模板，重点审查合作内容、合作范围、计费标准、效益评估和风险评估等事项，合同审查的目的是通过完整、合理、合法且双方都赞同的规则，明确双方的权利与义务，进行权责划分，以及违约后的赔偿标准等，以免自身利益受到损害。

前期的工作重心突出"审查"二字，制定详尽的审查制度是品牌授权制度完善的必经之路，是保证中期项目的设计落地，后期的项目监管顺利进行的基础。授权中期的工作主要是生产销环节，主体地位在于被授权方，但即使各项权利被授予给第三方，这也并不意味着博物馆就失去了作用。产品设计的创新性，对文化资源的选择、表达及运用方式，都需要博物馆去主动介入，以防歪曲、损害原有文化意义价值、过度解读或滥用的情况出现。文化在博物馆品牌授权中具有特殊价值，在如今各种文创产品泛滥、内涵赋予肤浅的情况下，博物馆需要一定的机制或制度主动将授权业务与研究部门、研究成果关联起来，由研究人员提供智力支持，设计人员才能恰当地运用授权标的形成衍生设计，生产出创新性与异质性并存的创意产品，促进产品价值的增益。

后期阶段的工作突出"监控"二字，而在一般博物馆品牌授权项目中这是最被忽视的一个阶段。产品上市后，其销售情况和供给结构都依赖于市场自发行为的走向，博物馆在这一运作中逐渐退居幕后，甚至不再干预其中，当起"甩手掌柜"。但是品牌授权工作一定是以博物馆为中心展开，任何阶段都不应丧失其主体地位，博物馆主动在后期工作中监管项目，对保护自身权益具有积极意义。博物馆应加强人员管理和全方面人才培养，对每一个授权项目成立监控小组，其监控方向有三个：监督产品收益和其他授权效益，防止博物馆应得利益受到损害；监督授权产品的舆情状况，防止被授权方的不实不当宣传，损害博物馆名誉；监控被授权方运营状况，博物馆可以及时收到讯息展开行动及时止损，也为博物馆后续的续约工作或拓展其他合作提供参考数值。

博物馆品牌授权工作的前、中、后期都十分强调博物馆的主体性和主观能动性，这对完善品牌授权制度有着非常明显的积极作用。但制度先行的同时，也要靠与时俱进的法律规章保驾护航，才能共同支撑博物馆品牌授权工作的开展。

（三）立法完善

我国博物馆法律体系中直接专门针对博物馆领域的上位法尚处于缺位状态，对于博物馆的规定也多涉及权利义务和管理方面，对其商业行为，尤其是品牌授权行为，多适用民商法的范畴。这种普适性规定，在实践中多根据相关法条推导使用，事实上对博物馆领域是不具专业性和针对性的。

博物馆授权事业越来越复杂，跨产业联合越来越频繁，然而现行的第一部专门针对博物馆领域的行政法规《博物馆条例》已十年未修改，知识产权保护意识逐渐薄弱，对衍生品知识产权保护方式的运用也不熟悉，无法对自身的无形财产进行有效管理，致使博物馆在品牌授权商业运作方面逐渐丧失其主体地位，再加之授权行为所能适用的法律范围较宽泛易造成矛盾纠纷，从而减损经济效益和社会效益。目前，实践中涌现出大量管用实用的授权经验做法，形成了一套行之有效的博物馆授权管理体系，这些都应通过法律形式固定下来，形成授权事业各方能够共同遵照的一套规范。现今，博物馆立法基础已牢固，立法条件也即将成熟，《中华人民共和国立法法》提出"立法应当从实际出发，适应经济社会发展和全面深化改革的要求"，因此博物馆品牌授权须与博物馆改革实践紧密结合，并增加博物馆知识产权管理相关规定，首先确立博物馆作为知识产权权利主体资格的地位才能更好地进行衍生品知识产权保护。[8]尤其是对于复杂的产业联合状况，应通过法律条文来明确各方的权利义务关系，明确博物馆与其他主体的关系行为，完善知识产权保护、权益分配、税收优惠和抵扣制度的激励机制等，以达到法律订立的确定性和协调性目的。[9]

回到根本性问题，为进一步健全博物馆法律制度体系，客观上需要制定一部基础性、综合性、具有统领作用的博物馆法，从宏观上规划和推动博物馆事业的整体发展。世界多数国家对博物馆都有专门的立法，甚至还有适用于国家博物馆等某个或者某几个特定场馆的专门立法，我国应加快立法进程，推动博物馆事业高质量发展。

四、结语

博物馆应充分借助政策法规的扶持，发挥自身能动性，根据自身特色，挖掘地域优势，将馆藏资源转化为文化资本，打造别开生面的产品和消费体验，实现商业变现，从而提高博物馆的经济效能。并从每一次的授权项目中汲取经验，完善授权工作制度，积极推动品牌授权事业的发展。博物馆作为非营利机构，长期处于市场之外，对于消费市场的敏感度较弱，要使其品牌授权事业达到高质量状态还有很长一段路要走。湖北省博物馆率先走出局限，探索出品牌授权实体便利店的形式，并在授权对象和授权范围与期限方面都有所突破，虽未能尽善尽美，却发挥了博物馆在当今时代的职能和作用，尽力诠释了博物馆的可及性和包容性，为未来博物馆的资金筹措和商业发展等方面展现了可能性。

注释

①国家文物局、国家发展和改革委员会、科学技术部、工业和信息化部、财政部关于印发《"互联网+中华文明"三年行动计划》的通知：文物博函〔2016〕1944号[EB/OL]. https://www.gov.cn/xinwen/2016-12/06/5143875/files/a05f61476d51487ebcab3d9260a5ab59.pdf

②国家文物局关于印发《博物馆馆藏资源著作权、商标权和品牌授权操作指引（试行）》的通知：文物博发〔2019〕14号[EB/OL].https://www.gov.cn/zhengce/zhengceku/2019-09/25/content_5432923.htm

③《关于推进博物馆改革发展的指导意见》提出，到2035年基本建成世界博物馆强国：国家文物局发〔2021〕.

④湖北省八部门联合推进博物馆改革发展：https://www.hubei.gov.cn/hbfb/bmdt/202302/t20230209_4516570.shtml

⑤《湖北省博物馆三年发展计划（2023-2025年）》：https://www.hbww.org.cn/fzgh/p/9256.html

参考文献

[1] 王月芳.博物馆品牌授权风险及管理路径浅议[J].博物馆管理，2023（04）：56-64.

[2] 李峰，朱明赟.博物馆IP授权法律问题探析[J].中国博物馆，2022（04）：97-101.

[3] 王亮，黄敏.湖北省博物馆文创工作现状及发展思考[J].文物天地，2023（09）：118-122.

[4] 张晓云.庆祝湖北省博物馆建馆七十年创建中国特色世界一流博物馆[J].文物天地，2023（09）：4-7.

[5] 张艺丹.博物馆艺术授权机制研究——以大英博物馆为例[J].创意设计源，2024（01）：46-50.

[6] 韩雪晴.当代博物馆联名文创产品优劣势分析[J].文物鉴定与鉴赏，2023（17）：68-72.

[7] 王月芳.博物馆品牌授权风险及管理路径浅议[J].博物馆管理，2023（04）：56-64.

[8] 穆永强，张琳.博物馆文创衍生品的知识产权保护[J].湖州师范学院学报，2020，42（03）：76-82.

[9] 王璨.新时代博物馆法立法刍议[J].博物馆管理，2023（01）：8-14.

长干里历史文化资源巡礼①

李婉璐　祁海宁

内容提要： 长干里是南京城南一处临江控淮的水路要塞，从"长干古城"直至近代南京，长干里既是南京城的诞生基点，也是发展见证，历朝历代在这里留下了丰富的文化遗产，其中部分珍贵遗迹已被列为文物保护单位。通过对长干里范围内的文物保护单位保护现状进行实地考察，针对目前存在的问题提出了三个建议：一是加强对文保单位的定期检修维护工作，二是加快对老旧历史街区进行功能更新，三是注重协调文保单位使用者利益与文物保护之间的关系。

关键词： 长干里；文物保护单位；保存现状；文化遗产保护

作者简介： 李婉璐，南京师范大学，硕士研究生在读，研究方向为文物学、遗址保护。祁海宁，南京师范大学，教授，研究方向为历史时期考古、南京历史文化等。

Title: A Review of the Historical and Cultural Resources of Changganli

Abstract: Changganli, close to the Yangtze River and Huaihe River, is a waterway fortress in the south of Nanjing. From "Changgan Ancient City" to modern Nanjing, Changganli is not only the cradle of Nanjing City, but also the witness of its development. Successive dynasties have left rich cultural heritage here, and some of the precious relics have been listed as cultural relics protection units. Through on-the-spot survey on the protection status of cultural relics protection units in Changganli, this paper puts forward three suggestions for the existing problems. First, strengthen the regular maintenance of cultural relics protection units; second, speed up the functional renewal of old historic district; third, pay attention to coordinating the relationship between the interests of users of cultural relics protection units and cultural relics protection.

Key Words: Changganli; Cultural Relics Protection Unit; Preservation Status; Cultural Heritage Protection

About Author: Li Wanlu, Nanjing Normal University, Postgraduate Student, mainly engaged in Cultural Relics and Site Protection. **Qi Haining**, Nanjing Normal University, Professor, mainly engaged in Archaeology in Historical Period and Nanjing History and Culture.

　　长干里位于南京城南，西临长江，北靠秦淮河，南傍石子岗，是一处临江控淮的水路要塞，也是长江下游重要城市——南京的发源之地。最新考古发掘显示，早在商代晚期长干地区就存在一座古城，是南京目前已知最早的建城源头。此后数千载，长干里地区随着南京的发展几经沉浮，留下了丰富的历史文化印记。长干里滨江而生，其兴盛发展离不开长江带来的便利

水运，李白的《长干行》中不仅描绘了"青梅竹马""两小无猜"的爱情，也反映了长干里居民沿江漂泊、以贩为业的生活。2020年11月14日，习近平总书记在南京市主持召开全面推动长江经济带发展座谈会时明确指出："要把长江文化保护好、传承好、弘扬好，延续历史文脉，坚定文化自信。要保护好长江文物和文化遗产，深入研究长江文化内涵，推动优秀传统文化创造性转化、创新性发展。"[1]今日，长干里地区分布着众多文物保护单位，其数量之丰、时间跨度之长、种类之多值得关注，这些文保单位是南京城的发展缩影，也是长江下游历史文化遗产的重要组成部分，具有重要意义。本文将对长干里地区的文保单位进行整理，就其分布、时代、类型、保护现状等展开研究，以期为该地区的不可移动文物保护工作提供参考。

一、长干里历史沿革

史料中"长干"之名最早见于西晋左思《吴都赋》："横塘查下，邑屋隆夸；长干延属，飞甍舛互。"刘逵注曰："江东谓山埵间为干，建业之南有山埵，其间平地，吏人杂居之，故号为长干。中有大长干、小长干、东长干，皆相属，疑是古称干也。"[2]唐朝许嵩《建康实录》中亦引《丹阳记》注："其长干是里巷名，江东谓山陇之间曰干，建康南五里有山冈，其间平地，民庶杂居，有大长干、小长干、东长干，并是地名。小长干在瓦官南巷，西头出江也。"[3]《宋书》中已可见"长干巷"的记载[4]，而"长干里"一名则明确见于《梁书》："（刘萨诃）游行礼塔……见长干里有异气色。"[5]可见，江东地区将山陇之间称为干，长干是今南京城南山冈间的一块平地，古时又分作大长干、小长干、东长干等地，百姓聚居于此，"长干里"一名在梁代以前就已存在。

但长干里地区的筑城时间远早于六朝。2017年，南京市考古研究院对古长干里核心区域的西街遗址展开了考古发掘，证实该地区存在一座商周时期的古城，近期该城址被正式命名为"长干古城"。从商代晚期直至战国中期，长干古城一直承担着南京主城的角色，其间越国很可能进行过较大规模的修缮，因而留下修筑越城的记载。公元前333年，楚国大破越国，于秦淮河北岸修筑"石头城"，并设立行政建置"金陵邑"，南京主城由此北移。[6]

东吴孙权迁都建业开启了南京作为六朝都城的历史，距主城仅5里且水路交通便利的长干地区很快成为人口密集、商业繁盛的生活区，众多高官贵胄也择此地而居，如张昭、陆机等重臣名士皆将宅邸设于此处。同时，长干里也是佛教传播的核心区域，江南地区的第二座佛寺——长干寺，即因建于长干里而得名。

梁末侯景之乱及隋朝平陈之举皆对建康城造成了严重破坏，长干里也不复昔日盛况。唐代怀古之风兴起，涌现了不少与"长干里"相关的文学作品，其中崔颢《长干曲》、李白《长干行》广为流传。五代时期，杨吴、南唐对金陵城进行了扩建改造，新建城墙将近半长干里划入城内，同时在长干里之中开凿外秦淮河。此举虽将原本作为整体的长干里一分为二，但也使得长干里的部分地区在经过了近1300年后重新回到主城范围内。

明清之际，十里秦淮商贾云集，朱楼林立，位于秦淮南岸的长干里地区依旧是主要的商住区，明末徐树丕所作《长干行》中还有"长干楼殿映丹霞，大道笙箫十万家"[7]的描述。清朝珠泉居士《续板桥杂记》中有"长干里一带室庐，亦尽成廛市"，[8]反映了当时长干里依旧是商贸聚集之地。"长干故里"也位列"金陵四十八景"之中，一个"故"字表现出对长干旧时盛况的怀念，长干里已经成为谈到金陵时绕不开的存在。

在南京3100年的建城史中，长干里作为主城区的时间长达1800余年，其余时段作为主城附近极为重要的商住区，记录了几千年来这座城市发展的足迹。可以说，南京城发源于长干地区，长干里见证了这座城市的成长。

二、长干里文物保护单位基本概况

南京市考古研究院副研究员许志强曾就六朝长干里的范围进行过详细考证，认为其大致位于今南京城南一带，南至石子岗北侧边缘（今应天大街），东至戚家山，西至六朝江岸——花露岗，北以秦淮河"V"字形河道为界，[9]本文在研究时基本采用这一范围。

截至2024年4月，长干里地区分布着36处文物保护单位，其中国家级文保单位4处、省级文保单位2处，市级文保单位16处，区级文保单位14处。时代上至六朝，下至近代，类型涵盖古遗址、古墓葬、古建筑、石窟寺及石刻、近现代重要史迹及代表性建筑和其他六大类。总的来说，长干里地区内现存文化遗存历史延续时间长、种类繁多、文化内涵丰富。

表 1 长干里范围内各级文保单位名录

级别	文物名称	时代	类别	地址
国家级	大报恩寺遗址（含大报恩寺碑）	东吴至清	古遗址	雨花路1号
	南京城墙（秦淮区段）	明	古建筑	南京市区
	金陵兵工厂旧址	清至民国	近现代重要史迹及代表性建筑	应天大街388号
	侵华日军南京大屠杀死难同胞丛葬地（正觉寺）	1937年	近现代重要史迹及代表性建筑	夫子庙社区武定门内西南侧
省级	秦淮民居群（三条营古建筑、刘芝田故居、秦大士故居、钞库街河房、钓鱼台河房、棋峰试馆）	明清	古建筑	三条营20号，殷高巷14-1、2、3、4号，长乐路57、59号，钞库街38号，钓鱼台192号，钞库街52号
	瓮堂	明	古建筑	西街悦来巷2号
市级	国民革命军兵工专门学校旧址	民国	近现代重要史迹及代表性建筑	应天大街390号

级别	文物名称	时代	类别	地址
市级	南唐城墙遗址	南唐	古遗址	江宁路东侧
	阮籍墓	三国·魏	古墓葬	花露北岗19号
	俞通海墓	明	古墓葬	晨光集团厂区内
	周处读书台	西晋	古建筑	老虎头44号
	白鹭洲鹫峰寺	明	古建筑	白鹭洲公园内
	九龙桥	明	古建筑	东水关公园内
	愚园	清	古建筑	胡家花园2号
	三藏殿	清	古建筑	清洁村43号
	高岗里39号古民居	清	古建筑	高岗里39号
	吴家账房	清	古建筑	钓鱼台83、85、87号
	曾静毅故居	清	古建筑	荷花塘12号
	饮马巷古民居	清	古建筑	饮马巷67、69、71、90号
	沈家粮行	清	古建筑	西街悦来巷1-2号
	柳叶街41号古民居	清	古建筑	柳叶街41号
	光宅寺	梁	古建筑	老虎头44号-5
区级	朱雀航遗址	六朝	古遗址	中华门北广场
	仓顶大井	元	其他	集庆路145号附近
	沈万山故居楠木大厅	明	古建筑	马道街7号
	来宾桥	明	古建筑	西街85号
	涧子桥	明	古建筑	上码头53号
	北宝塔根古井	明	其他	北宝塔根43号
	殷高巷明清住宅	明清	古建筑	殷高巷26、28号
	高岗里18、20号建筑	清	古建筑	高岗里18、20号
	钓鱼台河厅河房	清	古建筑	钓鱼台196号
	金斗会馆	清	古建筑	西街123号
	殷高巷古建筑	清	古建筑	殷高巷24号
	杨秀清行宫建筑	太平天国	古建筑	马道街161号
	傅尧成旧居	太平天国	古建筑	大油坊巷71号
	壹鉴堂	1930年	近现代重要史迹及代表性建筑	秦淮区白鹭洲公园内

三、长干里文物保护单位现状

（一）保存情况较好的文保单位

众多文保单位中，级别较高，位于景区规划、公园等范围内，或是作为景点开发利用的往往会得到重视而受到更好的保护。

四个国家级文保单位中，大报恩寺遗址已建立大报恩寺遗址博物馆。博物馆以保护为首要目的，于室内对考古发现的重要遗迹进行原址保护，并采用钢质骨架、玻璃幕墙的设计重建寺塔，兼顾对宋代塔基、地宫的保护与对大报恩寺核心景观的构筑。南京城墙（秦淮区段）以中华门瓮城为中心构建起了成熟的保护和展示体系，并于中华门东侧修建了城墙博物馆，对南京城墙文化遗产价值进行了全面系统的阐释。金陵兵工厂旧址现打造为晨光1865文化创意产业园，在保护园区内的自清朝至20世纪五六十年代历史建筑展示我国近现代工业遗产的同时，引入创意产业，融科技、文化、商业、旅游于一体。另有国民革命军兵工专门学校旧址，虽仅为市级文保单位，但因位于园区内，同样得到了良好的修缮和保护利用。

而位于南京著名景区夫子庙附近的秦大士故居、棋峰试馆、钞库街河房，位于公园内部的鹫峰寺、壹鉴堂、九龙桥，以及被打造为景点的愚园等，目前均经过专业修缮，大部分对外开放，整体情况较好。

国家级文保单位中，正觉寺纪念碑的保护工作有过较大改善。2000年12月，该纪念碑遭拆移事件引起广泛关注，后南京市有关部门对涉事企业进行了严厉批评并进行相应处罚，文物管理部门积极选址、设计，在原正觉寺遗址范围内重新立碑。张剑辉在《遗址纪念空间的保护与整治——以南京大屠杀正觉寺遗址纪念空间设计为例》一文中认为，当时的正觉寺纪念碑立于人行道路旁，周边区域缺乏规划设计，环境略显杂乱，且碑体污渍较多，四周地面亦不洁净。2018年12月13日，《南京市国家公祭保障条例》施行以后，正觉寺丛葬地环境有了整体提升，包括重新铺装路面、种植绿植，设置路障等。秦淮区文旅局和夫子庙街道每月对正觉寺丛葬地进行巡查，负责清扫、修剪绿化，并对附近街面环境进行养护。笔者于2024年1月前往纪念碑处进行实地调查，如今的正觉寺纪念碑坐落于武定门内西南侧，虽依然紧邻道路，但碑体及周边环境干净整洁，碑前设有献花台，以供民众缅怀。整个纪念碑区域相对独立，绿化布局合理，呈现出庄严、肃穆的氛围。（图1）

图1 正觉寺纪念碑现照

棋峰试馆建于明末清初，是安徽泾县的朱棋峰所建，除其家人居住之外，赴宁应试的同族及经商之同乡亦可住宿。新中国成立以来先后被改建为娱乐场所和饭店，原有外观有显著改变。2016年，夫子庙文旅集团开始对棋峰试馆进行修缮保护，并与君亭酒店合作，将其打造为一个以科举文化为主题，融合古典风格与现代实用功能的民宿酒店。棋峰试馆的改造利用是具有一定参考价值的。首先，改造工作建立在尊重并恢复文保单位原貌及布局的基础上，实现了对文物的保护。其次，改造成科举主题民宿酒店，既可实现经济效益，解决了大多文保单位维修保护所面临的资金紧张问题，又契合了文保单位原有功能，与夫子庙景区对科举文化的弘扬相辅相成，更能为游客提供近距离接触南京明清民居建筑的机会，深化游客对南京历史文化的理解与体验。

在笔者调查期间，部分文物保护单位正处于维修保护阶段，如周处读书台、柳叶街41号古民居、曾静毅故居等，这些文保单位经过修缮保护后的状况值得期待。据相关报道，周处读书台此次更新维护将在充分尊重并保护建筑原有风貌的基础之上，于北侧新建一处人文景观苑。同时，以原有自然山体及水面为依托设计山水苑，打造南京又一具有鲜明地方特色的文化景观。

（二）保护方式存在问题的文保单位

当前，部分文保单位虽实施了一些保护措施，但存在一定问题，或保护整修方式不当，或保护力度有待加强。

以省保单位刘芝田故居为例，原为明朝开国功臣胡大海府第，清光绪年间被钦差刘芝田购得，因其占地面积广、房屋数量众多，素有"九十九间半"之称。然而与同样称为"九十九间半"的甘熙宅第不同，刘芝田故居目前未经过拆迁及大规模修缮，现仅存六个院落，包括门厅、轿厅、大厅及数进楼房。建筑群位于殷高巷14-1、14-2、14-3、14-4号，以中间备弄为界，分为南北两大部分，院落整体布局基本维持原貌，现为公租房。14-1号因闭门而未得见内部状况。14-2号院落大门磨砖对缝，砖雕精美，保存状况良好（图2）。

图2　殷高巷14-2号大门

14-2、14-4院落内楼房的部分雕花门窗、护栏等保存较完整，但木板、楼梯等存在老化现象，而目前仅见使用钢筋对框架进行加固，虽有一定支撑效果，但无论是对古建筑本身还是住户来说，都存在安全隐患（图3、图4）。

此外，14-3院落楼梯、栏杆、门窗等已进行替换，与其余院落存在较大差异，历史原貌有了较大改变（图5）。

维护中对建筑原貌改变较大的并非只此一例。殷高巷24号属明代建筑遗存，原为云锦机房，现用作磨盘街社区委员会和居民委员会。建筑外观整洁，为适应现代办公需求已对其天花板、门窗、地面等进行了改造，仅保留砖墙和硬山顶（图6）。

图3　殷高巷14-2号院落

图4　殷高巷14-4号院落

图5　殷高巷14-3号院落

图6　殷高巷24号

此外，殷高巷28号也存在类似问题。仅从外部观察，该建筑门窗已被替换，墙面进行了重新粉刷，几乎难以辨认出建筑原有样貌（图7）。与之相邻的殷高巷26号则存在另一种问题。26号与28号同属明清时期住宅建筑，与28号翻修过度不同，26号建筑的保护力度明显不足。建筑外墙出现脱落现象，内部墙面部分经过粉刷处理，梁间增设了支撑，除此之未见其他保护和整修工作。地面石板虽基本保留，但院落整体杂乱无章，呈现出较为破败的景象（图8）。

图7　殷高巷28号

图8　殷高巷26号

（三）保护现状堪忧的文保单位

还有部分文保单位的保护现状不容乐观，这类文保单位目前多数被用作民居住宅，其保护工作面临诸多挑战。

吴家账房为清代吴氏家族经营云锦出口买卖的贸易公司。现存建筑包括钓鱼台83号的三进房屋、85号的四进房屋以及87号的二进房屋，均为硬山顶、砖木结构，立柱、房梁等均有所保留，部分精美的木雕装饰保存较为完好。但院内存在住户私自搭建和改造行为，对整体布局造成了一定破坏，且部分木板老化破损，未见采取任何保护修缮措施。杨秀清行宫建筑原为五进砖木结构，有亭台楼阁、花园，现仅余四进硬山顶平房。由于院内住户较多，且私搭建筑杂乱，整体布局较难辨识。部分梁架及木雕花纹保留完好，但显然缺乏必要的维护和管理，部分木板也已老化，存在断裂、破损等问题，亟待修缮，整体较为破败。

此外，在调查过程中笔者还发现，目前文物保护单位保护与当地居民之间存在一定的矛盾冲突。以杨秀清行宫建筑为例，该文物保护单位的保护标志已经遗失（截至2024年1月9日），据走访得知，悬挂保护标志牌时常有游客擅自进入院内，对院中住户的日常生活造成了不小影响，所以标志被取下。此外，部分文物保护单位门口也写有类似"私人住宅，非请勿入"的提示。以上反映出文物保护单位的公示和保护在一定程度上干扰了居民的日常生活，但保护标志的设立是"四有工作"重要组成部分，对公示文物身份及基本信息、促进文物保护有着积极意义。居民的基本权益应该受到尊重，文物保护也是必须进行的工作，如何调节文物保护与居民利益之间的矛盾，实现两者的协调发展，是今后长干里地区文物保护工作需要进一步探索的方向。

四、长干里文物保护单位保护建议

综合来看，长干里地区文物保护单位目前主要面临以下问题：一是部分文保单位在使用和修缮中历史原貌遭到了较大改变；二是部分文保单位现有的保护力度尚显不足；三是部分文保单位的使用者与文保制度要求之间出现了矛盾。针对上述问题，笔者认为，长干里地区文保单位保护工作还需在以下几个方面进行努力。

首先，应当加强对文保单位的定期检修和加固工作，对存在病害、破损严重、存在隐患的文物进行及时维护。在进行保护时，最为理想的情况当然是遵循真实性原则，尽可能保留文保单位历史原貌，若需更换部分构件，新换部分的材料、工艺、构造等尽可能与原有建筑整体保持协调。但要求每一个文物保护单位严格进行原状保护是不现实的。一方面，高标准的保护工作需要极大的投入，除少部分等级较高、价值较大的文保单位能获得足够的财政支持外，数量庞大的低等级文保单位及一般不可移动文物很难获得充足的资金进行高水平的保护工作。另一方面，长干里许多文保单位目前用作办公场所、商铺、民用住宅等，古建筑要想满足现代生活必须加装一些设备设施，改造在所难免。一味追求高标准的原貌保护，不仅维护难度高、资金问题无法解决，还会影响文物的利用，不利于文物保护。因此，对于一些等级较低的文保单位，或许可以适当降低标准，在经过相关部门和专业人员许可的情况下，根据实际需要进行一些可逆的、不破坏文物主体部分的改造，实现实用性与历史性的统筹兼顾，在保护的基础上使其具备时代价值。

其次，应尽快对长干里老旧历史街区进行功能更新，如门西地区分布着诸多文保单位的殷高巷、高岗里等。一方面，历史街区的功能更新通常能够进一步拓展旅游和商业的发展空间，从而推动街区的整体发展，也能提升社会、政府、居民对街区内文保单位的重视和关注程度。另一方面，这些地区虽被许多人看作是保留南京老城南风貌的最后一块"宝地"，但居住环境较差，道路狭窄，整体环境破旧混乱。居民中既有世代居住于此的老南京人，也有众多外来租户，老旧街区和缺乏维护的文保单位给他们带来的只有生活上的诸多不便。在这种情况下，要求他们重视并保护文物保护单位显然是不现实的。只有对街区进行更新，改善居民生活条件，才能更好地改变他们对文保单位的认识。但还需注意的是，长干里老旧历史街区主要承载居住功能，众多文物保护单位亦具有民居性质，因而在进行功能更新时不宜采取门东地区的拆迁改建并打造为商业文化街区的模式，应坚持以原有居住功能为主，遵循完整性原则，将文保单位及其周边环境作为一个整体，尽可能保留原有民居群风貌，仅在临街主道路进行适当商业开发。对老旧历史街区进行功能更新，不仅能够改善居民的生活环境，有利于促进文物保护和居民利益之间的关系和谐发展，而且能改善文保单位周边环境，把文保单位放入大环境中进行整体保护。

最后，在文物保护工作中应当充分考虑到文保单位使用者的合法权益，并加大对使用者的宣传教育力度。对文保单位使用者而言，这些文物不仅是文化遗产，而且是他们日常办公和生活的地方。因此，在保护文物的过程中还需充分考虑使用者的实际需求，实现文物保护与使用者利益之间的合理平衡，既不能单纯要求使用者牺牲自身利益来配合文物保护工作，又不能为了使用者的利益而忽视对文物的保护。使用者作为与文物距离最近、接触最频繁的人群，他们的态度和行为对于文物保护工作至关重要。只有充分尊重使用者的利益，才能激发他们参与文物保护的积极性，共同推动文物保护工作的开展。在此基础上，还应当加强对使用者的宣传教育，提高其对文物保护单位制度的认识和理解，使他们深刻认识到文物保护单位的价值和意义，从而更加自觉地参与到保护工作中来。

五、部分一般不可移动文物问题分析

除36处不同级别、不同类型、不同时代的文物保护单位外，长干里地区还分布着59处未核定为文物保护单位的一般不可移动文物（详情见表2），其中以清代民居为主，这些民居未能定级的原因可能在于时代较晚且保存状况较差、历史价值不高。此外，长干里一般不可移动文物中也存在部分时代较早且拥有重要历史意义的遗址，如越城遗址、瓦官寺遗址、凤凰台遗址。

表2　长干里一般不可移动文物名录

文物名称	时代	地址	类别
南京越城遗址	东周	西街社区	古遗址
瓦官寺遗址	东晋	花露北岗附近	古遗址
凤凰台遗址	南朝	南京43中学操场上	古遗址
魏家骅故居	清	高岗里17、19号	古建筑
同乡共井6号民居	清	同乡共井6号	古建筑
同乡共井11号民居	清	同乡共井11号	古建筑
同乡共井15号民居	清	同乡共井15号	古建筑
五福里2-1号民居	清	五福里2-1号	古建筑
荷花塘4号民居	清	荷花塘4号	古建筑
荷花塘5号民居	清	荷花塘5号	古建筑
磨盘街11号民居	清	磨盘街11号	古建筑
磨盘街13号民居	清	磨盘街13号	古建筑
剪子巷35号民居	清	剪子巷35号	古建筑
孝顺里22号民居	清	孝顺里22号	古建筑
三条营64号民居	清	三条营64号	古建筑
三条营70号民居	清	三条营70号	古建筑
三条营72号民居	清	三条营72号	古建筑
三条营74号民居	清	三条营74号	古建筑
三条营76号民居	清	三条营76号	古建筑
三条营78号民居	清	三条营78号	古建筑
钓鱼台9号民居	清	钓鱼台9号	古建筑
钓鱼台13号民居	清	钓鱼台13号	古建筑
钓鱼台17号民居	清	钓鱼台17号	古建筑
谢公祠1号民居	清	谢公祠1号	古建筑
谢公祠20号民居	清	谢公祠20号	古建筑
花露南岗尼姑庵	清	花露南岗18号	古建筑

续表

文物名称	时代	地址	类别
花露南岗30号民居	清	花露南岗30号	古建筑
花露北岗1号民居	清	花露北岗1号	古建筑
胡家花园茶馆	清	胡家花园4号	古建筑
花露岗46号民居	清	花露岗46号	古建筑
胡家花园河厅	清	胡家花园7号、9号	古建筑
胡家花园12号民居	清	胡家花园12号	古建筑
胡家花园祠堂	清	胡家花园46号	古建筑
胡家花园旁门1号民居	清	胡家花园旁门1号	古建筑
胡家花园旁门1号东民居	清	胡家花园旁门1号东	古建筑
胡家花园3-1号民居	清	胡家花园3-1号	古建筑
胡家花园2-2号民居	清	胡家花园2-2号	古建筑
鸣羊街28号民居	清	鸣羊街28号	古建筑
花露南岗1号民居	清	花露南岗1号	古建筑
花露南岗3号民居	清	花露南岗3号	古建筑
花露岗25号民居	清	花露岗25号	古建筑
三圣庵	清	花露岗48号	古建筑
花露岗54号民居	清	花露岗54号民居	古建筑
花露南岗24号民居	清	花露南岗24号	古建筑
王伯沆故居	清	边营98-1号	古建筑
阎俊旧居	清	五福里5、7号	古建筑
武定桥	明代	长乐路与内秦淮河交汇处	古建筑
花露南岗20号住宅	民国	花露南岗20号	近现代重要史迹及代表性建筑
高岗里9号井	民国	高岗里9号对面	近现代重要史迹及代表性建筑
兵工专门学校旧址	民国	南京晨光集团内	近现代重要史迹及代表性建筑
乌衣巷井	清	乌衣巷北端	其他
孝顺里36号井	清	孝顺里36号	其他
陈家牌坊27号井	清	陈家牌坊27号	其他
三条营81号井	清	三条营81号	其他
同乡共井2号井	清	同乡共井2号	其他

文物名称	时代	地址	类别
学智坊26号井	清	学智坊26号	其他
水斋庵6号井	清	水斋庵6号	其他
甘露巷27号井	清	甘露巷27号	其他
三条营74号井	清	三条营74号	其他

越城是文献所记南京所筑最早的城池，曾经被认为是南京建城史的源头。该区域拆迁以前是人烟密集的居民区，地面遗存所剩无几，地下情况不明，因而虽然越城在历史上具有重要意义，但越城遗址未被定为文保单位。随着考古工作不断取得新的进展，越城遗址（即西街遗址）的重要性也逐步彰显，不仅证实该地区存在一座距今3000多年的古城，将南京筑城史往前推进了600余年，还发现了南朝梁代建康城的御道和南大门。越城遗址的考古工作揭示出了这片土地独特的历史文化价值，作为南京的根源之地，越城遗址的定级应该就在不远的将来。

瓦官寺曾被视作南朝四百八十寺之冠，始建于东晋，后在历史发展中几经兴废，数次易名。2003年，古瓦官寺复建开放，重建后的瓦官寺仅是沿袭寺名的宗教场所，虽然被列为一般不可移动文物，但寺外无任何文物相关标志，仅见宗教场所标识牌。其重建也并未考证复原该寺任何时期的规格形制，规模布局与昔日大相径庭，作为不可移动文物的历史、文化价值并未得到充分体现，或许正是这些原因导致其未能被列为文保单位。

凤凰台紧邻瓦官寺，笔者未在六朝时期史料中见到对其建筑规格等进行描述的记载。唐朝李白的一首《登金陵凤凰台》令此地声名大噪，此后众多文人墨客来此怀古凭吊，凤凰台俨然成为金陵怀古的一大热门题材。今日的凤凰台早已不见踪迹，遗址位于南京四十三中，即今文枢中学内，因不对外开放而未实地考察。推测该地未定级的原因在于，凤凰台被人所知更多的是因为文学作品，而建筑本身平平无奇，且距今年代遥远，地面遗迹消失殆尽，考古发掘目前也未获得重大发现。

这些遗址曾在历史长河中留下浓墨重彩的一笔，承载着极其宝贵的历史文化价值，然而或因发掘不够，或因利用不当，或因保护不力，或因研究不足，这些遗址并未能充分展现其内在价值。此类一般不可移动文物亟待更深入的考古发掘工作揭示其历史面貌，更全面的历史研究挖掘其历史意义，也需要政府加大政策支持力度，以及社会公众的广泛关注与参与。只有通过多方共同努力，才能为更多珍贵的文化遗产创造更好的保护利用机会，让这些历史瑰宝在新的时代焕发出更加璀璨的光彩。

长干里以其数千年的发展历史承载着深厚的文化底蕴，散落其间的文物保护单位既是历史的印记，也是南京文化传承与发展的重要基石，是长江文化的一部分，为我们揭示着一段又一段尘封岁月的风貌与文化精髓。当这些文保单位穿越历史的长河，还能有机会出现在我们眼前时，我们应当深感荣幸，并尽可能挖掘其背后的历史意义，传承和发扬其独特的历史价值，积极探索在保护中利用、在利用中保护的有效路径，让这些文保单位在现代社会焕发出新的生机与活力，并继续一代又一代地传承下去，见证更多的辉煌与未来。

注释

①基金项目：国家社科基金重大项目"南京大报恩寺遗址考古发现与研究"（项目编号：18ZDA221）。

参考文献

[1]新华社.习近平主持召开全面推动长江经济带发展座谈会并发表重要讲话[EB/OL]（2020-11-15）[2024-8-25].https://www.gov.cn/xinwen/2020-11/15/content_5561711.htm.

[2]萧统，编；李善，注.文选：卷五[M].北京：中华书局，1977：88.

[3]许嵩，撰；张忱石，点校.建康实录：卷二[M].北京：中华书局，1986：44.

[4]沈约，撰；中华书局编辑部，点校.宋书：卷三十一[M].北京：中华书局，1974：919.

[5]姚思廉，撰；中华书局编辑部，点校.梁书：卷五十四[M].北京：中华书局，1973：791.

[6]许嵩，撰；张忱石，点校.建康实录：卷一[M].北京：中华书局，1986：2.

[7]徐树丕.识小录：卷四[M].上海：商务印书馆，1916.

[8]缪荃孙，编纂；南京市地方志编纂委员会办公室，编.秦淮广纪（上）：卷第一之二[M].南京：南京出版社，2017：57.

[9]许志强.六朝建康长干里考略[J].魏晋南北朝隋唐史资料，2017（02）：76-87.

阳新布贴渊源考[①]

王芙蓉

内容提要： 阳新布贴是第二批国家级非物质文化遗产，追溯阳新布贴的历史渊源是目前阳新布贴的研究空白。首先从构成文化主体的"人"着手，在移民史的背景下确定阳新地区人口的主体构成是明清时期的江西移民，继而从两地布贴作品在图案造型、构成形式、工艺技法上的共通性以及阳新布贴与江西其他民间艺术之间的相似性来证明其源流关系是存在的，而阳新布贴本身的图案特点的分析就是对以上观点的具象化印证和说明。

关键词： 阳新布贴；江西移民；江西布贴；瑞昌剪纸

作者简介： 王芙蓉，湖北理工学院，副教授，研究方向为文学、艺术。

Title: The History of Yangxin Cloth Paste

Abstract: Yangxin cloth paste is the second batch of state-level intangible cultural heritage. The historical origin of Yangxin cloth paste is a blank at present. First of all, we should start with the "People" who constitute the main body of culture, and confirm that the main body of the population in Yangxin area is the Jiangxi immigrants in the Ming and Qing dynasties. Then, the similarities of patterns, forms, techniques and the similarities between Yangxin cloth paste and other folk art in Jiangxi province prove the existence of their origin and development, the analysis of the pattern characteristics of Yangxin cloth paste itself is the concrete proof and explanation of the above views.

Key Words: Yangxin Cloth Paste; Jiangxi Immigrants; Jiangxi Cloth Paste; Ruichang Paper-cut

About Author: Wang Furong, Hubei Polytechnic University, Associate Professor, mainly engaged in Literature and Art.

  阳新布贴是湖北黄石阳新地区的非物质文化遗产，也是2008年入选第二批国家级非物质文化遗产名录的民间工艺美术。1990年出版的《中国民间艺术大辞典》一书中，首次将阳新布贴作为唯一的地方布贴词条收录。自此以后，官方和民间开始正式用"阳新布贴"称呼。目前对于阳新布贴的研究多存在于图案审美、工艺制作以及艺术特征等，很少去探寻其产生的历史和渊源。2010年版的《阳新布贴》书中记载：从可以追溯到的会做阳新布贴的人来推论，阳新布贴最少有200年的历史，这个推论还有点保守，但有些期刊论文中认为可以追溯到西汉甚至楚时期，这是缺少根据的。老一辈研究阳新布贴的尹关山曾经在2016年版《阳新布贴》书中感叹："对于它的起源，地方志书及民间野史均毫无记载，我们经多年搜寻，亦无从考证。"[1]为了弥补这一遗憾，笔者想换个角度，即绕开阳新布贴本身，找寻一些能够直接验证和间接验证阳新布贴历史与来源的蛛丝马迹。在查阅了大量的资料和布贴实物比对后，笔者得出了阳新布贴起源于明代，且几乎是从江西迁徙而来或者受江西民间布贴的直接影响的结论。本着胡适先生提出的"大胆假设，小心求证"的思路，笔者从以下三个方面进行分析：阳新地区人口的构成、阳新布贴与江西布贴和其他艺术形式的横向比对、阳新布贴本身的材质和图案特点。

一、阳新地区人口的构成

首先，我们看看阳新地区人口的构成和历史发展。一个文化现象的产生离不开文化主体——人，人是决定文化的传播和传承的最关键性要素。阳新在历史上是一个多灾多难的战略要道，自古就是吴楚交接的重要咽喉，被称为"荆楚门户"，《九域志》记载，阳新（兴国州）地域尾"禹贡荆州之域，分野界于吴头楚尾之间"。早在先秦时期阳新就成为战略必争之地，在历史的进程中，无数次变更治理属地和行政区划。阳新地区自三国后，因为战争原因，三次进出于吴楚之间，所以生活在此的百姓长期饱受战争之害，备尝杀戮之痛，根本无法休养生息，许多百姓不得不四处逃避战火，隐居山林，使得这里的人口剧减，百业萧条。在汉代有段时间阳新地区是比较太平的，阳新南乡的一些高山上开垦了很多梯田荒地，三国以后，这些土地全部荒芜了，说明不断的战争使得此区域人丁衰减，劳动力严重不足，耕作面积大量缩减。到了元朝末年更是兵荒马乱，民不聊生。通城明人李贤说："（元末）民之逃徙者十将八九。"民国《通山县志·人物》记载："元季贼寇蜂起，土匪全式臣等蹂躏城乡，世家望族俱为殄灭。"以至于明朝建立初期湖北的人口总数仅为江西人口总数的五分之一，因为江西人口众多，成化《江右民迁荆湖议》中记载："以今言之，荆湖之地，田多而人少；江右之地，田少而人多。江右之人，大半侨寓于荆湖。盖江右之地力所出，不足以给其人。必资荆湖之粟以为养也。"朱元璋建立明朝后为了土地资源和人口能均匀分配，改变江西人多地少和湖北人少地多的状况，所以就用到了移民政策，这就是历史上"洪武大移民"中的"江西填湖广"。《中国移民史第5卷：明时期》记载：江西填湖广是发生在元末明初的一次大规模移民活动。大量江西人迁居到湖广（今湖南湖北两省），根据各府的移民原籍作一统计，在湖北的108万移民人口中，江西籍移民约为70万，占总人口的65%。在92万民籍移民中，来自江西的移民约为55万。军籍移民中也含有相当多的江西籍战士。这一移民政策影响十分深远，几乎改变了鄂东北区域和鄂东南区域的人口结构，鄂东北区域以黄冈、麻城、黄安、黄梅为主，鄂东南区域以蒲圻、鄂州、阳新为主。民国《蒲圻乡土志》记载："元末明初，江右氏族多自南昌瓦子街移居蒲圻，近月盈干累万之盛族，皆此种类。"万历《湖广总志》记载："自元季兵资相仍，土著几尽，五方招徕，民屯杂置，江右、徽、黄胥来附会。"1989年版《武昌县志》记载：

"元末战乱之后，湖北人烟稀少，明洪武初移民垦殖，江西人在县境定居者甚多，在县人口来源中占较大比例。"1990年版的《大冶县志》提到："现在大冶人口中，土著很少，多数是宋、明以来陆续从江西迁来的，少量来自湖南、四川和浙江。"《黄安乡土志》记载："人多来自江右，旧族无多。"麻城市《黄氏宗谱》卷首富一公传载："现今大姓之杂于冈、水、麻、安者，类多发源于江右。"[2]

所以，在"洪武大移民""江西填湖广"政策驱使下，江西人移民到湖北境内定居持续了整个明清时期。至于移民的原因，也有从开始的被强迫移民到后来因为江西赋税比湖北重而主动移民的情况，在现在的湖北民间，湖北人一直把江西人亲切地称呼为"老表"，也可见大家曾经是同宗同脉的一家人。

此外，阳新县在明代以前曾经隶属于江西行省，也就是本身就是江西境内的辖区。阳新地处湖北和江西两省交界处，以一道天然的山脉幕阜山作为分野，山北为湖北，山南为江西，湖北一侧是阳新、通山和崇阳三县，江西一侧是修水、武宁和瑞昌三县，元世祖至元十四年（公元1277年），阳新由县升为兴国路总管府，下辖永兴、大冶、通山三县，隶属于江西行省，后来到至元三十年（公元1293年）兴国路才割归湖广行省管辖，至明代洪武九年（公元1376年）阳新改称兴国州，辖大冶、通山二县，归武昌府管辖。直到民国初才改称阳新县，与大冶、通山两县分治，相沿至今。[3]

江西先民迁移湖北的路线大部分以水路为主，先民们坐船出鄱阳湖进入长江，分为两路，一路渡过长江，到达对岸黄梅等鄂东北地区；一路溯江而上，经长江到达黄石、汉口等鄂东南乃至江汉平原。移民期间长江上舟船竞发，前赴后继，络绎不绝，不断行进着西行的江西移民船只。阳新因为地理位置和江西完全接壤，江西移民走水路可以到阳新县富池镇、韦源口镇、太子镇和大王镇沿江一带，如果走陆路可以到达阳新县龙港镇、洋港镇、木港镇和枫林镇一带。阳新县内的富河把阳新分成河南和河北，河的南边一带更靠近江西，所以河南边的龙港镇就成了最重要的移民扎窝的地方，很多村落和家族还流传着口口相传的历史，说他们的先辈和祠堂都在龙港镇附近，以及从江西那边过来之后太公分家的故事。有记载："在1564年，倪永乃、乐连、关世雄从江西南昌迁入龙港附近的兴国州安丰乡永福里、安乐里，带进了造纸业，州内造纸业开始兴盛，到1566年，龙港等地有130多家造纸作坊。"[4]

有地方史记载，阳新人有75%是从江西迁入，阳新境内各村落家族每年清明节祭祖，都有数百个姓宗去江西祭奠，其中阳新县十大姓氏里，就有六大姓氏的几十个村族要前往江西祭祖。由于在地理和历史方面的关系，移民到湖北阳新的多是江西人就不足为怪了。

能证明现代阳新人多为江西人后代的例证就是阳新方言。方言是文化的活化石，它作为植根于民间的文化形态和文化载体，形成和延续需要成百上千年的时间，不是一朝一夕之间就能完成的。方言作为地方语言在祖祖辈辈口头相传中构成了地域文化中最重要的组成部分，带着深厚的民间文化土壤。而阳新方言也被称为阳新赣语，同属于江西境内使用人口最多的赣语系。阳新方言与湖北省大部分流行的西南官话迥然有别，比如，阳新民间戏曲采茶戏突出的就是"赣采茶戏"的特点，尤其是阳新北乡采茶戏与阳新相邻的江西武宁采茶戏流行"哦嗬腔"几乎相似，这种"哦嗬腔"已经流传200余年，以江西武宁茶戏为主，流行于江西武宁、修水、铜鼓、德安、永修、奉新、瑞昌和湖北的阳新、通山等县。阳新民间流行的曲艺"金海渔鼓"还被称为"哦嗬腔渔鼓"和"哦嗬戏"。此外流传于幕阜山脉的赣鄂边区的山田打鼓歌，又叫作山鼓，也主要分布于湖北阳新、通山和江西省武宁、瑞昌、九江等地，它们都有大型的文学唱本和套路作为音乐唱腔的根基，语音相近，习俗连襟。

总而言之，文化随人走，人到哪里文化便可以传播到哪里，阳新地区作为移民社会，从江西带入布贴工艺也是情理之中的事情。而阳新通过吸纳和聚会了不同时代、不同地域和不同宗族的外来人口、外来文化，经过相互吸收，发展出来阳新布贴这一民间工艺。

二、阳新布贴与江西布贴和其他艺术形式的横向比对

（一）阳新布贴与江西布贴的横向比对

目前，江西民间现存大量的布贴服饰，儿童服饰里有帽子、涎兜、虎头鞋等，女性服饰云肩、围腰等。在江西九江市湖口县、武宁县、上饶市的玉山县、万年县、弋阳县、横峰县、德兴市、广丰县、景德镇市的乐平市、宜春市的丰城市、靖安县和南昌市的安义县境内私人藏家收藏了很多的布贴类服饰作品，且还有传承人在做，其中就包括第七批九江市非物质文化遗产代表性项目名录的"湖口绣艺"和入选江西上饶市第五批市级非物质文化遗产代表性项目名录的"万年刺绣"，"湖口绣艺"的传承人周宝妹和"万年刺绣"的传承人汪金凤和余桃英都很擅长做布贴绣，目前收集到的江西布贴服饰实物和服饰图片与阳新布贴传习馆收集到的阳新县大德乡、枫林镇、木港镇、洪桥镇、大王镇、龙港镇等地方的布贴作品，进行图案造型、图案构成和制作工艺上的比对，发现具有极大的相似性。

1.布贴图案造型的对比

在阳新布贴和江西布贴中有大量的民间传统吉祥图案，这里选取阳新布贴和江西布贴中的佛手瓜、牡丹、桃、石榴、蝴蝶、金瓜等造型为例进行分析。

图1中佛手瓜的瓜尖部位有尖状形，也有圆弧形，根部与枝相连的部分都有一个圆球造型，代表佛手瓜的蒂，蒂的下面通常由两片叶子向上衬托，佛手瓜统一简化为两半相对并向外伸展，枝、叶、果都成卷曲形，二者也都有装在器皿中的造型。

图2中，牡丹花的造型，二者在花瓣上的造型完全一致，呈对称式样散开，都是复瓣，在瓣数上有变化，有五瓣和六瓣之分。花瓣下面的蒂都有两种形式，一种是圆球形，一种是锯齿状的王冠形，花瓣上都可以有叶子穿出的造型。而没有开放的花骨朵也同有两种造型：一种是

水滴状，一种是球形状；叶子也都有两种造型：一种是柳叶状，一种是三个尖的鸭掌状。

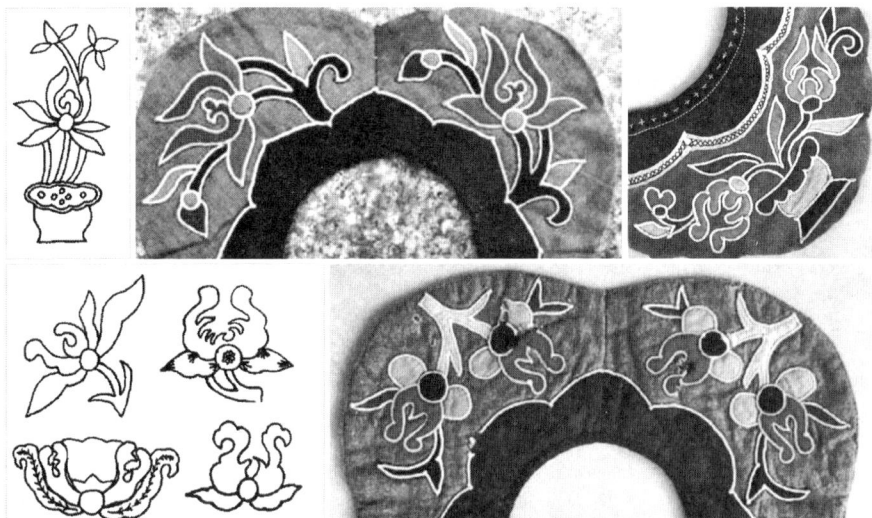

图1　佛手瓜（线描稿是《阳新布贴》中的图案，涎兜局部来自江西景德镇乐平市张淑萍的收藏）

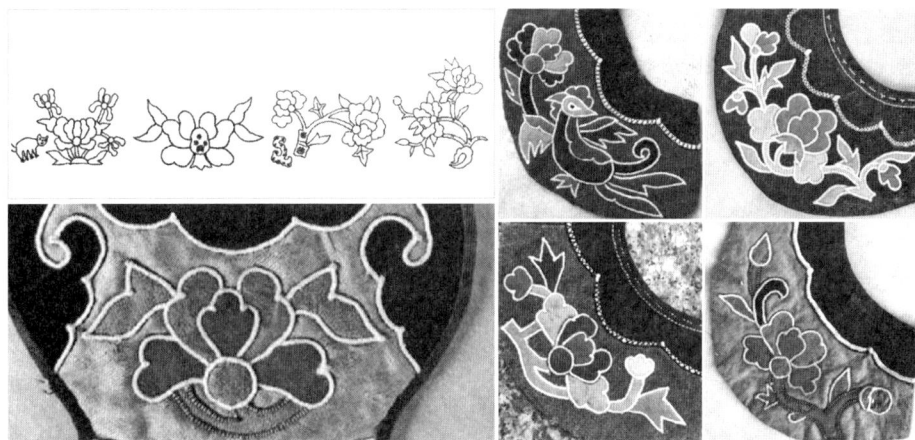

图2　牡丹花（线描稿是《阳新布贴》中的图案，涎兜局部来自江西景德镇乐平市张淑萍的收藏）

图3中，桃子寓意都是长寿，有一枝一个桃，也有一枝多个桃情况，桃子在圆形蒂上都有叶子衬托，桃子果实都是上尖下圆，在贴布分割方式上一致，有上下分割，也有左右分割，枝、果、叶相互穿插形成均衡图案。

图4中，石榴图案寓意是多子，主要有两种：一种是作为石榴廓形进行装饰填充，这种石榴果实较大；一种是在枝叶上长着的，果实相对较小。石榴果实上方都是三个尖尖的锯齿状，呈对称式造型，果实里面有的会装饰上几颗石榴籽，石榴的蒂依旧是有圆形造型，下面有叶子往上衬托，石榴花用水滴状的花苞表示。

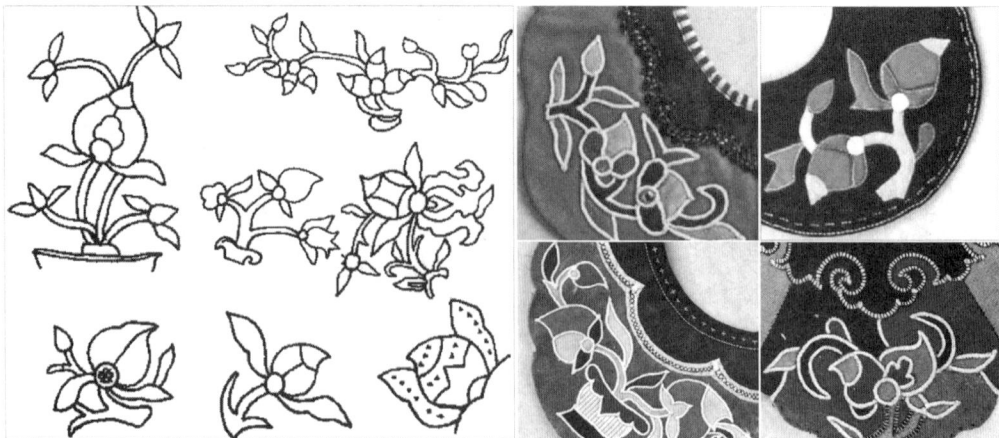

图3 桃子（线描稿是《阳新布贴》中的图案，涎兜局部来自江西景德镇乐平市张淑萍的收藏）

图4 石榴（线描稿是《阳新布贴》中的图案，涎兜局部来自江西景德镇乐平市张淑萍的收藏）

图5中，上面的图案都是金瓜，也就是南瓜的变形，南瓜多籽，加之藤蔓连绵不绝，寓意多子多孙、福运绵长。金瓜的造型是对称的，由深浅色交替瓜瓣状分割，瓜蒂和瓜尖处都有小圆形造型，蜿蜒曲折。

图5 金瓜（左边的涎兜来自《湖北最美阳新布贴》，涎兜局部来自江西景德镇乐平市张淑萍的收藏）

2.布贴图案构成形式上的对比

阳新布贴图案的构成形式和江西布贴图案构成形式有个相同点，都喜欢把两种不同的对象融合在一起形成一个图案造型。如图6中都是凤戏牡丹的图案，图案中都是把牡丹花置于凤凰的身体上，互相镶嵌，凤中藏花，花中有凤，二者融为一体，牡丹花处在凤凰的整个身体上最饱满的位置。

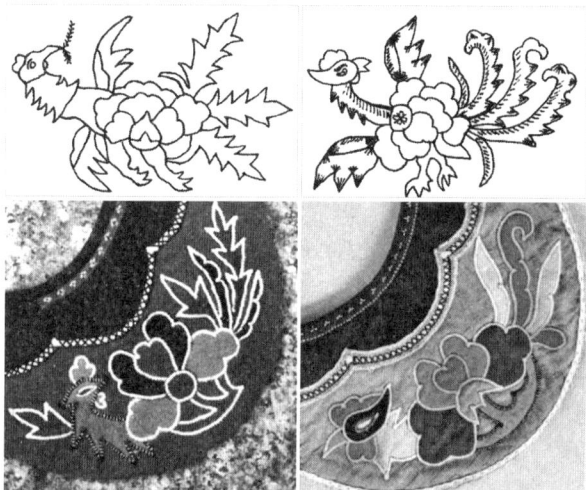

图6　凤穿牡丹（线描稿是《阳新布贴》中的图案，涎兜局部来自江西景德镇乐平市张淑萍的收藏）

这种构图形式还有金瓜和蝴蝶的组合方式，通过谐音的方式寓意瓜瓞绵绵，图7中金瓜被藏在蝴蝶的身体和翅膀部位，虽然金瓜被隐藏在蝴蝶身体里，但是金瓜的特点还是有的，比如，深浅色交替的瓜瓣状造型、瓜头瓜尾有圆形造型。

图7　蝴蝶金瓜（上面的两个图案是作者根据《阳新布贴》涎兜中的图案绘制的，
下面涎兜局部来自江西景德镇乐平市张永忠的收藏）

3.布贴制作工艺的对比

阳新布贴的工艺顺序主要是对棉布面料通过剪样、拼贴、缝制、刺绣而形成的具有浅浮雕效果的布艺，江西景德镇、上饶、九江地区的布贴工艺流程和顺序是一样的。

尤其是在布贴图案边缘的处理和辅助缝制上，在阳新布贴和江西布贴的图案边缘上都使用了平针绣和钉线绣，平针绣就是在拼贴好的图案上进行固定的刺绣，一般在距离图案边缘1毫米的地方进行平针缝制，缝制针脚很密，一般针距仅1—2毫米，每针之间间隔1毫米。钉线绣也叫缉线绣或者包梗绣，被钉线的材质有白色棉线、金线、银线等，起到立体的装饰作用。在钉线绣过程中两者在尖角处的处理方式是一样的，都有一个盘绕线圈而凸显强调转折的细节，既起到固定作用，又有美观作用。

辅助缝制是在已经都缝制完成的情况下，另外再进行细节和局部装饰时用到的刺绣、填充和镶缀等手法，这些手法可以使整个布贴装饰手法更加丰富，细节更精致，形象更加立体和生动，所以用得比较多。比如龙凤的爪牙，人和动物的面部的胡须、毛发、眉眼、口鼻等，植物的叶茎、花蕊等细小部分，就要通过刺绣技法来完成了。刺绣绣法有很多种，如盘金绣、锁绣、十字绣等，在阳新布贴和江西布贴中都可见这样的细节。[5]（如图8）

图8　辅助缝制（上面的两图来自《湖北最美阳新布贴》书中的图案局部，
下面的涎兜局部来自江西景德镇乐平市张永忠的收藏）

（二）阳新布贴和江西其他艺术形式的对比

阳新布贴的艺术形式主要包含了剪纸艺术和刺绣艺术，可以说，剪纸艺术是阳新布贴图案的造型基础，而和阳新接壤位于九江市下辖县级市瑞昌的剪纸和阳新布贴的造型与构图思维上有某种程度的"不谋而合"，瑞昌和阳新在地理位置上紧挨着，湖北出了阳新就到了江西九江瑞昌，瑞昌剪纸在2008年被列入国家级非物质文化遗产名录。江西瑞昌民间有个民谣唱道："好曲烧好酒，好米锻好粑，求亲要巧姐，玲珑会剪花。"所以瑞昌在过去的时候几乎是"无户不剪纸，无女不绣花"。瑞昌剪纸一般常用的题材有并蒂莲开、百年好合、蝴蝶戏金瓜、蜂采菊、鱼戏莲、凤戏牡丹、仙人采桂、喜鹊采梅、刘海戏金蟾、吕布戏貂蝉、鸳鸯戏水、榴开百子等。[6]通过对阳新布贴图案和收集的瑞昌剪纸图案比对，两者在构图形式和思维方式上有很多的一致性。这里以金瓜图案、虎扑图案、狮子图案和观音坐莲图案为例进行对比分析，如图9中阳新布贴金瓜和瑞昌剪纸金瓜在造型几乎一模一样；如图10中阳新布贴肚兜上虎扑和瑞昌剪纸肚兜上的虎扑造型都是夸张头部，头大而四肢小；

图9　金瓜（上面的两图是《湖北最美阳新布贴》中的图案和局部，下面的两图来自《瑞昌剪纸教程》）

图10　肚兜（左边的两图来自《湖北最美阳新布贴》中的涎兜和肚兜，右图来自《瑞昌剪纸教程》）

如图11中阳新布贴图案中很多狮子两个身体，共用一个狮子头的构图，寓意古代官制之太师、少师合体，瑞昌剪纸中也有这样的造型；如图12中在表达宗教题材的观音坐莲图案中，观音的头冠、云肩和耳朵造型是一样的。

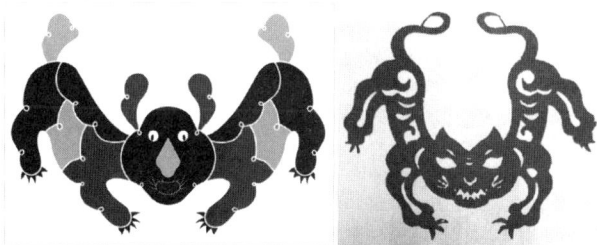

图11　狮子和老虎（左图狮子来自《湖北最美阳新布贴》，右图老虎来自《瑞昌剪纸教程》）

图12　观音坐莲（左图来自《湖北最美阳新布贴》书中，右图来自《瑞昌剪纸教程》书中）

另外，两者在思维方式都表现为"随意"，尹关山把之称为"心像造型"，即"随心所出"，不完全受传统造型的影响。具体说就是造型上不受真实的限制，组合上不受时空的限制，自由浪漫地表达每一个创作者的想法，在形式上讲究变化、自由和流动，不受内容与结构的约束，在保留其基本特征的前提下，自由变化组合。[7]阳新布贴的图案造型很难看到互相雷同的，这些图案基本找不到统一的画样谱本，即使是同一个内容和对象，不同的阳新布贴实物也不一样。另外，物象和物象之间的组合也是不合常理的随意组合，各种物象跨物种跨时空地融为一体。如图13所示，瑞昌剪纸马甲和阳新布贴马甲都天马行空地呈现出"一个马驰牛走、鸟飞鱼跃、狮奔虎啸、凤舞龙潜、人神杂陈、百物交错，一个极为丰富、饱满，充满着非凡活力和旺盛生命而异常热闹的世界"。[8]

图13　马甲（上图马甲剪纸来自《瑞昌剪纸教程》，下图马甲实物来自《湖北最美阳新布贴》）

三、阳新布贴本身的材质和图案分析

（一）阳新布贴的材质分析

阳新布贴的材质主要是棉布，原材料也就是棉花。棉花在中国出现的时间是很早的，主要有三种：木棉、草棉和树棉，但是棉花种植的普及是到了元代才开始的。大概从秦汉时期开始，中国西域和西南地区就已经有栽种棉花的传统，其棉花分别叫作草棉和树棉，也叫作非洲棉和亚洲棉。非洲棉从中国的西域以西传入中国，亚洲棉是从亚洲棉的发源地印度阿萨姆地区经由缅甸北部传入我国的川滇地区。而在中国土生土长的主要是木棉，主要分布在我国的海南、岭南等亚热带地区。在树棉和草棉传入之前，就曾被当作纤维物利用，但由于木棉的纤维非常短，技术限制不方便纺织，并没有被大规模的利用，并且还深深影响了人们对于棉花作为纺织品原材料的认知，所以在很长一段时间里，棉花在中国只是作为观赏植物，并没有当作经济作物，贵族们还把棉花当作观赏花来种植。[9]

元代的棉织品在全国的普及也有着其自身性能的优势，经过对棉花品种的改良种植以及在黄道婆带引下的棉纺织技术的提升，棉花逐步取代了民间的麻布面料制衣的底层社会的地位，棉织品开始走进平民的日常生活。从记载中可以看出，棉花和养蚕缫丝相比的确有很多优良之处，"比之桑蚕，无采养之劳，有必收之效，埒之枲苎，绩缉之工，得御寒之益，可谓不麻而布，不茧而絮。虽曰南产，言其适用，则北方多寒，或茧纩不足，而裘褐之费，此最省便。"又因其物美价廉，易得易制，棉布、棉袍、棉衣成为平民的新宠便不足为怪了，元代诗人方回写道："三月寒如腊，绵袍脱又添"，"天若不产绵，世多冻死民"。艾性夫《木棉布歌》也写道："布成奴视白酕毡，价重唾取青铜钱。何须致我炉火上，便觉挟纩春风前。衣无美恶暖则一，木棉裘敌天孙织。"[10]仇远也在大雪时节感慨"客舍无毡浑可事，炉无薪炭褐无绵"。[11]

到了元代，南方大部分地区都开始种植棉花，南方成为棉花的主产区。经过元初一段时间的发展后，设置了浙东、江东、江西、湖广、福建木棉提举司。前面讲过，湖广就是指湖北和湖南地区，木棉提举司主要是"责民岁输木棉十万匹，以都提举司总之"，《元典章》也记载大德年间的万亿赋源库，"每年收受各处行省木棉布匹，不下五十余万。"[12]可见棉花和棉布的产量在长江中下游地区的可观。从制作阳新布贴的材质主要是棉布这个角度分析，可以推论出阳新布贴肯定不会早于元代，时间范围被缩小。

（二）阳新布贴的图案分析

要进一步准确地印证阳新布贴在洪武大移民之后产生并流行开来的明代时间节点，还需要从阳新布贴所呈现的图案内容分析。在与大量的明代吉祥图案比对中，可以肯定的是，阳新布贴的图案内容所呈现的吉祥图案内容和特点就是元代之后明清时期的汉民族吉祥图案。

首先，以阳新布贴中的八宝图案为例，阳新布贴图案常常将八宝、暗八仙、八吉祥随意组合如下：宝珠、铜钱、书画宝卷、犀角、宝瓶、莲花、双鱼、如意、宝伞、宝剑、葫芦、花篮、阴阳板、祥云、笔、如意结等。这些八宝图案来源于佛教图案八吉祥、道家八宝图案暗八仙、儒学八宝或杂宝。佛教图案八吉祥宝物纹样主要有：法轮、法螺、宝伞、华盖、莲花、宝罐（宝瓶）、双鱼、盘长；道家八宝图案暗八仙是指八仙手中所执的法器，包括汉钟离的芭蕉扇、吕洞宾的宝剑或拂尘、蓝采和的花篮或响板笛子、铁拐李的葫芦、张果老的竹简或渔鼓、曹国舅的笏或云阳板、何仙姑的莲花；杂八宝图案也叫儒学八宝，多为金银锭、宝珠、书画宝卷、玉磬、方胜、万字纹、犀角、艾叶等，也有用珊瑚、古钱、双角、象牙、琉璃、玛瑙、铜钱、砗磲、松、梅、兰、竹等。以八仙为例，光八仙的名字在明代以前就说法不一，有汉代八仙、唐代八仙、宋元八仙，所列神仙各不相同。至明代吴元泰《东游记》始定为我们常说的八仙：铁拐李、汉钟离、张果老、吕洞宾、何仙姑、蓝采和、韩湘子、曹国舅。八仙名字确定后才有了暗八仙，所以，可以推论出明代以前是没有暗八仙图案的，也可以间接证明阳新布贴产生的年代是明朝时期。

其次，再对阳新布贴上的凤凰图案进行分析。凤凰图案在元代有严格的等级规定，民间禁止私造装饰有龙凤等纹饰的产品，平民不能使用凤凰图案的。如在《元典章》卷58《工部一·段匹·禁织龙凤段匹》记载："至元七年，尚书刑部承奉尚书省札付，议得，除随路局院系官段匹外，街市诸色人等不得织造日、月、龙、凤段匹。若有已织下见卖段匹，即于各处管民官司使讫印记，许令货卖。如有违反之人，所在官司究治施行。"[13]《元史》卷39《顺帝纪二》记载："（至元二年四月）……禁民间私造格例……丁亥，禁麒麟、鸾凤、白兔、灵芝、双角五爪龙、八龙、九龙、万寿……"[14]等。阳新布贴作为民间服饰品大量使用凤凰的做法在元代不符合规定。

除此之外，阳新布贴中凤凰的形象更加符合明清时期的凤凰特点。因为布贴服饰的材质是纺织品，年代久远不易保留，所以元明时期布贴实物几乎没有见到过，但是同时期的瓷器保存得非常好，根据同时期的图案使用特点应该是相同的原理，用青花瓷上的图案来类推布贴服饰图案是可行的。我们通过分析元代青花瓷和明代青花瓷的图案，发现了各自的特点。

图14 阳新布贴中的凤凰图案（全部来自于《湖北最美阳新布贴》书中）

四、小结

追根溯源，知衣论世，通过对历史的梳理，可以发现阳新地区人口构成曾经的巨变，并且从阳新布贴与江西布贴和其他艺术形式的横向比对、阳新布贴本身的材质和图案分析中，确凿有据地梳理这些服饰艺术创造者的历时性流动与变化，从而追溯阳新布贴服饰在历史坐标系上的演进轨迹。更加具象地印证了"江西填湖广"的历史事件，它对江西和湖广地区的政治经济文化产生的深远影响直至今日。阳新布贴作为江西布贴文化的一个分流在颠沛流离中依旧开出了一朵奇葩。

总之，不论身处江西还是湖北，也不论时事多么艰难，人们总能通过双手用色彩和图案点缀各种衣物，淋漓尽致地展现出了母亲的巧思智慧和亲情，表达了她们对美好生活的追求。

注释

①基金项目：湖北省公共文化研究中心科研开放基金项目"湖北阳新布贴元素的文化创意产品设计"（项目编号：2020GKY02Z）。

参考文献

[1]尹关山.湖北最美阳新布贴[M].武汉：湖北美术出版社，2016：2.

[2]曹树基.中国移民史·第5卷：明时期[M].上海：复旦大学出版社，2022：132.

[3]费成杰.鄂东南人类文化史话[M].武汉：武汉大学出版社，2016：8.

[4]李白浩，刘炜.荆楚古镇沧桑[M].武汉：武汉出版社，2012：53.

[5]王芙蓉，张晓腾.湖北阳新布贴的制作工艺研究[J]轻纺工业与技术，2016（1）.

[6]冯亚兵，冯隆梅.瑞昌剪纸教程[M].2版.南宁：广西美术出版社，2017：16.

[7]尹关山.阳新布贴[M].北京：社会科学文献出版社，2010：60.

[8]李泽厚.美学三书[M].2版.天津：天津社会科学院出版社，2007：71.

[9]王思桐.元代经济作物的种植和分布[D].陕西师范大学，2018：31.

[10]（元）艾性夫.《元诗选》补遗[M].北京：中华书局，2002：15.

[11]（元）仇远.金渊集（卷六）[M].北京：中华书局，1998：78.

[12]陈高华，等点校.元典章：工部（卷五十八）[M].天津：天津古籍出版社，2011：1959.

[13]陈高华，等点校.元典章：工部（卷五十八）[M].天津：天津古籍出版社，2011：1959.

[14]（明）宋濂，等.元史（上）[M].长沙：岳麓书社，1998：466.

符号·意义：非物质文化遗产的艺术表征
——兼论色达藏戏的传承保护①

内容提要： 色达藏戏是四川省色达县所特有的非物质文化遗产。作为地域文化的重要表现形式，舞美面具及其展演活动所构建的一整套符号系统中包含了丰富内涵。在其建构的共享意义中，我们可以更多地了解到人们的内心诉求、民间隐性规法、秩序性的社会结构等，这有利于社会的向心力凝聚与和谐治理。而因改革开放以来，受外来文化的长期渗透入侵，大批传统非物质文化遗产（包括色达藏戏在内)的生存却面临危机。本文通过色达藏戏文化表征的剖析，展示这一非物质文化遗产的重大价值意义，继而对其保护传承进行相关的讨论阐述，以期为有关部门提供一定的参考建议。

关键词： 符号与意义；非物质文化遗产；色达藏戏；文化表征；传承保护

作者简介： 周裕兰，四川民族学院美术学院副教授，研究方向为艺术设计。

Title: Symbol · Meaning: The Artistic Representation of Intangible Cultural Heritage — On the Inheritance and Protection of Seda Tibetan Opera

Abstract: Seda Tibetan opera is a unique intangible cultural heritage in Seda County, Sichuan Province. As an important manifestation of regional culture, dance masks and a set of symbolic systems constructed by their performances contain rich connotations. In the shared meaning of its construction, we can understand more about people's inner demands, folk hidden rules, orderly social structure, etc., which is conducive to the cohesion of social centripetal force and harmonious governance. However, due to the impact of long-term foreign culture since the reform and opening up, the survival of a large number of traditional intangible cultural heritage, including Seda Tibetan opera, is facing a crisis. Through the analysis of the cultural representation of Seda Tibetan opera, this paper shows the great value of this intangible cultural heritage, and then discusses its protection and inheritance, in order to make some reference suggestions for the relevant departments.

Key Words: Symbol and Meaning; Intangible Cultural Heritage; Seda Tibetan Opera; Cultural Representation; Inheritance Protection

About Author: Zhou Yulan, associate professor at the School of Fine Arts, Sichuan Ethnic College, specializes in Art Design.

　　各地的非物质文化遗产是不同地区族群的价值观、人生观的衍生物及外在表征。其

文化的意义与价值系统（value system），有助于建立起各种标准和惯例（Standards and practices），使社会生活秩序化（regularization），从而规范人们的心理与道德行为，具有非常重要的现实效果。[1]但随着人类社会工业化、现代化进程的加快和经济的全球化的不断推进，我国多数非物质文化遗产遭到重创，正在消解地域间的差异。当务之急是如何保留传统文化的优质基因、弘扬各民族特色文化。色达藏戏作为一项地域性的非物质文化遗产，是本土城市内涵、活力、特色、文脉的重要组成部分。挖掘记录它对本土文化的传承和保护，从更深层面上说，是加强全球化浪潮冲击下的区域族群传统记忆的召唤，是加强涉藏地区人民向心力、凝聚力的一种纽带，有利于社会的长治久安，对中华民族共同体的建设有积极推动意义。

一、理论背景

（一）研究现状述评

首先，为继承弘扬中华民族优秀传统文化，进一步加强非遗的保护，推进社会主义核心价值体系的建设，各地开展了一系列民间文化的挖掘和保护工作，同时也引起广大学者研究讨论。

有的以宏观的角度探讨非物质文化遗产的含义、价值、保护等。肖志鹏、肖远平指出非遗具有传承与创新、认同感与历史感、文化多样性和创造力等特点，蕴含了文学、民俗学、生态文化、历史、民族团结等价值。[2]李亚、汪勇强调中国非遗是在长期的历史发展过程中，中华民族多元一体格局下相互学习借鉴、相互作用、相互认同又保留各自民族特色而累积形成的传统文化表现形式。[3]段宝林在《保护非物质文化遗产工作中的几个紧迫问题》就非遗保护工作中"保护要落到实处""重要相关文献的出版""相关人员的培训""非遗在展览过程中被忽视""传承教育从制度""课程设置上的确定"五个紧迫问题展开了探讨。[4]这些文章对本文的思路梳理都有一定的启示。此外，有的从微观角度入手，以具体的文化事项或地理领域为研究个案加以探讨。多数文章从"传承、保护、利用"这条主线上加以论述，如谢可林从花鼓灯的保护探讨非物质文化遗产保护机制体系的构建[5]。此类文章还有姚三军的《贵州省非物质文化遗产的传承与传播》[6]，林琰、李惠芬的《非物质文化遗产的保护机制与活化路径》[7]等，它们都对本研究中色达藏戏的保护传承方面有一定的参考价值。

其次，本研究的一个重要理论概念是文化表征。英国伯明翰学派领军人物斯图尔特·霍尔以"表征"为基石，在其文化研究和批评实践中，形成了系统的文化表征理论。[8]这个理论也给本研究提供了理论支撑。在有关文化表征的文献资料中，将表征理论实质性引进非物质文化遗产或文化族群的研究不多，中国知网上有的通篇未提何谓"文化表征"，只在题目中借用"文化表征"一词，有的则只是提及，并未将此理论与研究事项紧密联系。余下不多的文献中，海力波《"做"黑衣壮：认同历史与文化表征》以一个外来者的身份，从广西的一个少数民族"黑衣壮"的族群认同角度分析了黑衣壮的文化符号，[9]对本文的思路构架与搭建有所启发。

最后，有关本文的研究对象——色达藏戏的文献非常少数，除了史志类文献中出现的只字片语，在中国知网上输入"色达藏戏"搜寻到的资料很少。《色达格萨尔藏戏生存现状与当代化传播趋向》这篇文章主要介绍了色达藏戏的文化内涵，内容以知识普及为主，为本文的文化表征这部分提供了一定的知识基础，但是对其传承保护着墨不多。研究空白点多，本研究可以填补这一方面的空白，对色达藏戏这一项本土特有的非物质文化遗产做记录和保存，并且从理论的基础上看，从文化表征的维度考察色达藏戏又是一大新意，因此具有较大的研究价值。

综上所述，目前针对色达藏戏的研究非常少，研究空间还很广阔。

（二）理论介绍

1.非物质文化遗产

什么是非物质文化遗产？在2003年联合国教科文组织通过的《保护非物质文化遗产公约》中，"非物质文化遗产"成为正式的官方用语和操作概念，并于2006年正式实施。[10]它指人类以口传方式为主，具有民族历史积淀和广泛代表性的民间文化艺术遗产。其中有："①社会风俗、礼仪、节庆；②表演艺术；③口头传说和表述，包括作为非物质文化遗产媒介的语言；④传统的手工艺技能；⑤有关自然界和宇宙的知识和实践。"[11]

本文的研究对象——色达藏戏是2008年国务院审核批准的国家级非物质文化遗产，被界定为传统戏剧。它在数百年的世代传承过程中不断丰富与更新符号系统和意义系统，是历经几百年凝聚而成的藏族民众的智慧。

2.文化表征

为了更深入地研究川西地区的非物质文化遗产——色达藏戏，本文启用了表征（represention）理论加以阐释。"表征"是文化研究的核心词汇之一。它最初来源于拉丁文repraesentatio，意为表象、表现、呈现等，通过词义延伸后，表征在场之物不再只局限物力意义，还在象征意义上以强力和指令加于人们头上。[12]被誉为"文化研究之父"的著名学者斯图亚特·霍尔（Stuart Hall，1932年2月3日—2014年2月10日）概括："表征是经由语言对意义的生产"。[13]霍尔认为事物意义（Meaning of things）是由语言和以语言形式运行的其他各类文化符号（cultural symbols）所生产和建构，事物本身并无实际意义。表征作为一种文化实践活动，它的发生是把如下几要素接合的过程：一是现实存在的和想象虚构的事物；二是各类语言文化符号；三是概念图（人们脑中的）。这个过程有赖于概念系统和语言系统这两个系统的有效结合。概念系统也被称作是意义系统，是我们赋予自己的自我认同。通过它，世界上的各种事物在人们头脑中按照一定分类及组织规律形成一套概念或心理表象、图景。依靠这套概念，意义通过事物这一工具和媒介的运载，持续不断地在我们所参与的每一次个人及社会的相互作用中生产出来，我们才能认识和解释世界，并得以交流、共享。[14]而意义想要通过事物产生并且得到传达，必须要借助第二个系统——语言系统（也称符号系统）才能发挥。这里的"语言"被霍尔解释为广义的一系列包括语言、文字及凝结有某种含义的图形、色彩、声音、物件等。符号表征我们的各种思想、情感及想法，有助于与他人建立联系、分享观点，以便别人用与我们表现它们时大致相同的的手法阐释其意义。[15]

此外，表征作为文化价值传达的中介，最为重要的是如何将人们在概念系统指引下选择的事物加以符号处理产生的意义有效传播。这一过程主要有反映论途径、意向性途径、构成主义途径三种。前两种由于太过决然的态度具有较多的局限性，而构成主义则更加辩证统一地反映了文化表征是一个积极而复杂的建构过程，在事物、语言和思想观念之间，各种符号的意义是模糊的，存在着复杂的中介关系。这一途径的论述在本文第二部分阐释藏戏表征系统中被有效运用，对行文的形象阐述起到帮助。

（三）研究方法

本文采用社会学中最常用的个案研究法（case study）和人类学的田野调查法（Field Work），并结合参与观察、访谈等多种方式，与文献资料相结合的研究方式佐以本文的分析。

二、符号·意义：色达藏戏的文化表征及其人文价值

色达藏戏承于安多藏戏，第一次把格萨尔文化搬上舞台并用藏戏的形式表现出来，并将藏族传统的说唱、杂技、歌舞等艺术有机地融合在一起。许多珍贵的文化及文艺节目都可以在色达藏戏中找到。作为色达县特有的民间传统戏剧艺术，1948年春夏之际由多智钦寺第四世多智钦——日洛仁波切（全名：仁增迦丽多吉）开始，经几代人的传承丰富，通过精湛的表演技艺，将藏族历史故事和神话传说等生动地呈现给了观众，为观众提供一场独具特色的民族传统艺术的饕餮盛宴。舞蹈在"藏戏（色达藏戏）"中占有重要的地位，通常一部分会融合于表演之中，一部分则穿插其中以烘托剧情，具有鲜明的牧区特色。无论是最初的面具制作，还是表演前的仪式祭拜，抑或是收尾的压轴环节——大型表演活动，藏戏展演都包含着一系列丰富的文化内涵和衍生出的功能价值，被誉为研究民族戏剧的"活化石"。

（一）一套外在符号和内指意义嵌套的解构：色达藏戏的文化表征

色达藏戏的一整套意义系统集合了民间大众社会实践及社会价值观念。无论是藏戏展演的时间、地点、面具还是展前仪式，均做了社会实践和社会生活的解释。而外在符号和内指意义的互动构筑了藏戏整个文化事项的表征过程（图1）。

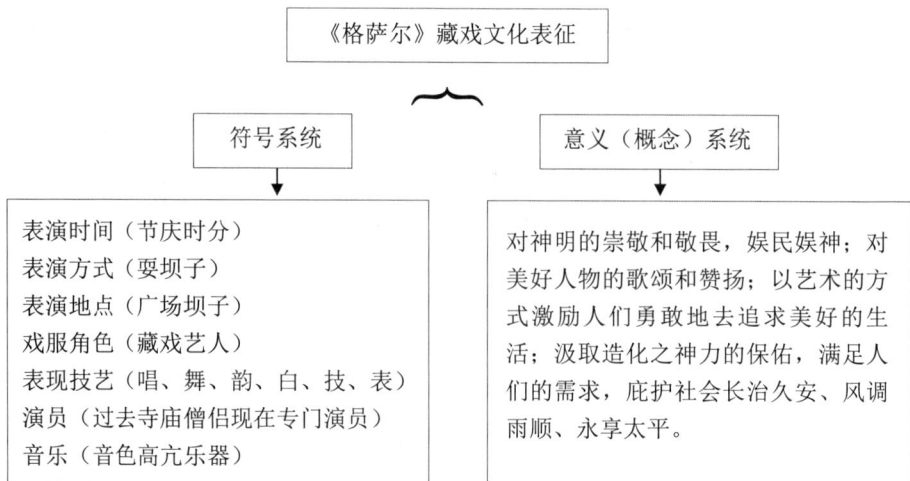

图1

1. 藏戏表演的时间与地点

《色达县志》[16]记载，1948年色达夺珠寺活佛日洛为学习藏戏，带领20多位僧人，赶着成群的牦牛，从多智钦寺出发，赶赴600多千米之外的拉卜楞寺学习安多藏戏，带回《松赞干布》剧本。拉卜楞寺派出了几名藏戏专家，随同日洛活佛一行人回去。在回多智钦寺的路上，他们边走边教，同时向沿途部落、寺院弘扬藏戏。1949年1月多智钦寺举行了藏戏《松赞干布》的盛大首演，表演者都是多智钦寺的僧人，并逐渐形成风格。[17]虽然近些年里，随着传统庙会等活动的消失，藏戏表演时间不再固定，也不再局限于传统节日（如藏历新年等），有时还在新兴节日中[夏季的"耍坝子"，当地称"夏安居"（dbyar skyid）]出现。但值得一提的是，藏戏历史悠久，具有缜密的表演程式，演出时间主要是元旦、藏历新年、八一建军节、公堂梅朵曲巴节等，和节日密切联系。色达耶吾布美藏戏团2021年受邀登上大凉山国际戏剧节展演舞台，演出的《赛马称王》成为首例直播藏戏。"变"只是节日本身的内容和形式。2022年藏戏团受邀参加第22届"相约北京"国际艺术节暨"相约北京"奥林匹克文化节，其精彩的演出受到众多媒体的热烈报道，无论是现代节日还是传统节日，都是文化展演的潜在时期，包括新华社、《光明日报》、中国国际电视台、《环球时报》、中央人民广播电台文艺之声等媒体都给予了色达藏戏这颗非遗瑰宝高度的认可和支持。放在节日里展演它带来了更好的表征效果，具有特殊心理预设作用。因为，被创建的意义需要通过文化事项的共享得到传播，从而达到交流互动的效果。节假日则是提供了一个非常广阔的共享平台。节日时期，平时辛苦劳作的民众得到暂时性的休憩，时间空余，此时开展藏戏等系列趣味表演，娱乐自身，同时还可尽心准备祷告、祈福。特别是在过去，科学技术文明的落后，导致人们抵抗天灾的能力差，转而寄托于民间各色神明信仰，祈求保佑平安健康、风调雨顺。在古人世界观里，人间的休憩时间同是神明的休息时间。选择固定的节庆时分进行文化展演，更是尊重信仰的表现。因此，节日作为一个藏戏表征符号被固定下来。同理，藏戏展演的地点选择之所以基本选择在"金马广场"上进行，也是基于有助于意义共享效果的考虑，容易引起大众共鸣。

2.藏戏表演的面具

（1）藏戏设计·和谐稳定的期盼。色达的民俗文化丰厚、独异，享有"格萨尔文化艺术之乡"的美誉。色达藏戏是甘孜州三大藏戏之一，体现了民族文化心态和形态，再现了波澜壮阔的史诗图景，是具有代表性的一种。作为藏文化重要的一个组成部分的甘孜地区文化，兼收并蓄了西夏文化、古氐羌文化、汉文化、蒙古游牧文化，经过无数个世纪的发展、衍变，而独树一帜。色达藏戏正是融合了本地区的歌舞、曲艺等，曲多白少，以唱腔和身段渲染剧情，并吸收了适宜于自身生长康区文化中的文化因子，采用写实的布景、灯光，成为有别于青海、西藏及甘孜境内其他地区的藏戏剧种。因为舞蹈本身就是人类社会特有的现象，是用动作表现生活的文化艺术，与其他文化艺术一样，是人类社会生活的反映。同时，舞蹈还是各个民族独特的叙事方式，色达格萨尔王藏戏和传统藏戏种类丰富，仅色柯镇约若村境内的就有《格萨尔王》系列、《耶吾布美》系列、《藏王赤松德赞》《善恶有报》等多种类型，分别表现了对神灵的尊崇（祈福避灾的"嘎拉谐钦"）、对历史的记忆（充满对英雄崇拜的"郎东谐钦"）、对现实生活的反映（表现朗萨姑娘爱情悲剧的"乃宁谐钦"）。追溯色达民间舞、宗教舞的起源，最初总体的表达思想都是祈福禳灾或是寻求和自然界的和谐，也反映出人们力求平稳和谐的世界观、人生观与价值观。色达县文艺轻骑兵的表演者们身着绚丽多彩的传统藏戏服装，脸上画着传统的彩妆，在台上尽情展现着国家级非物质文化遗产格萨尔传统藏戏的独特魅力。随着音乐声的响起，康巴卫视"龙腾盛世"中的优秀节目《盛世欢歌》《姐妹踏歌》《绿水青山的守望》《希望的牧场》《原野豪情》等一一登场，将在电视上播放的旋律和舞蹈，带到了人民群众身边。这些节目不仅让观众再一次领略到传统文化的深厚底蕴，同时还传递出人民对未来美好生活的向往和追求，更体现了传统藏文化的独特魅力和生态文明建设取得的丰硕成果，增强了农牧民群众对民族团结的认同感和自豪感。乡镇辖区群众自发组织的文艺舞蹈和牧歌弹唱也积极参与到现场表演，他们或舞或唱，引起了在场群众的共鸣，许多人跟着节拍拍手打节，现场气氛热烈而温馨。每一个节目的背后，都蕴含着自己对生活的热爱和对新年的美好祝愿，既展示了民族文化的多样性，也突显了我们作为中华民族的一分子在追求美好生活的道路上的团结与共进。

（2）服饰装扮·美好事物的追求。藏戏服饰是融入青藏高原的人文特色，是彰显藏戏魅力不可或缺的元素，大量藏戏服饰直接使用了藏族当地实用服装，将浓烈的民族特色融于其中。在色达藏戏人物的塑造中，人物的形象不单单只有对话、环境、动作来表达，服饰在其中也发挥着极其巧妙的作用，如同推动藏戏剧情的催化剂一般，对人物塑造、人物性格增添了一分细节，使观众更加理解剧情，直观地感受到每个人物的外在特征。如王服，藏语称"杰切"，在八大藏戏中常用于扮演国王或官员服装。绸缎上有水纹、山岩、云彩、滚龙四种图案。在此的"杰切"代表着威严，主体色彩都以黄红为主，以示尊贵，但是在其他地区的藏戏中，也有由蓝色和黄色绸缎制作的，其中可以看出增加了许多色达本地藏族特色饰品，以增加角色的威严性。这也传达出这场展演带有强烈的娱神色彩，所以必须避讳带有冒犯神明表现的外在显现。这里的服装作为一种符号，把本身的内涵推向大众的视野之中，担当了藏戏文化展演的重要视觉能量，形成交流互动的场域相关的物、人、事都联系于我们头脑中的一套概念或心理表象。[18]人们一看到演员的着装立马会联想到角色的身份及其相关的事物，使我们得以解释，为何我们选择这些人物作为意义附着的符号。

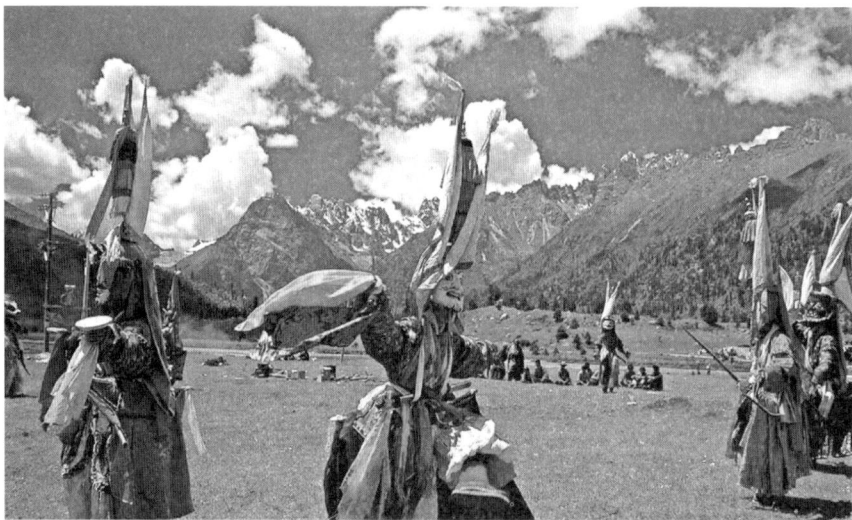

图2　夏季的"耍坝子"，当地称"夏安居"（dbyar skyid）（来源：作者自摄）

（3）演员选择·祈福受福的心理。《赛马称王》又译赛马登位，是格萨尔藏戏的重要剧目，由泥朵镇格萨尔藏戏团进行表演。演绎了岭部落众英雄讨论筹备赛马大会，赛马会上觉如一举夺冠，登上岭国黄金宝座，从此统领岭国，带领岭部落百姓过上了幸福安乐的生活。格萨尔的音乐和唱腔沿用民间说唱艺人的说唱曲调，虽略显单一，但具有当地民间特色，深受民众喜爱。其舞蹈动作具有程式性，演员虚拟骑马的动作，表现了骏马奔驰在辽阔草原上和格萨尔赛马称王的情景，将自己作为一名演员所代表的一种特殊的表征符号平铺开。本次舞台构建是在县庆舞台的基础上，借助大屏幕展示场景切换，随着剧情发展变换为王宫、战场、草原、营帐，还表现有云朵流动和闪电的简单动画。通过这种神秘的力量演员来进行更加喜庆和和谐的文化内涵表征，演员服饰道具精美非常，演员不戴面具，一定的面部化妆展示了格萨尔英雄的威猛气势。关键人物出场和主要剧情表演时，观众们热烈欢呼"给嘿嘿""哈加鲁"，熟悉的唱腔旋律响起时，他们随着音乐打拍子热情鼓掌。

（4）高昂音乐·神人同乐的氛围。在整个演出过程中，"看"与"听"充分结合了唢呐、莽号、鼓、钹和色达骨笛音乐。音色高昂的唢呐、莽号、鼓、钹及色达骨笛，是欢快情绪的象征，有高昂喧闹的喜庆之意。它在藏戏展演活动中负责藏戏展演的"听"的过程，在其带动下，观众更加容易进入藏戏文化展演这一"场域"，整套表征意义的传达更为流畅，个人通过藏戏展演而进入这一文化所建构的符号体系，理解并与之发生交感作用。

3.藏戏表演的祭祀祝祷

藏戏表演里，最具特色的就是藏戏面具。"面具表演"应是民间原始祭祀和图腾崇拜中沉淀下来的突出表征。[19]其主要用于各种民间表演活动。和宗教面具相比，藏戏面具神态各异，独具匠心，造型带有强烈的民间色彩，体现着东方独特的文化底蕴和世俗倾向。和京剧不同，由于使用面具，演出时化妆较简，除戴面具仅需红脂与粉面，无彩绘脸谱。要从面具的各异色调和不同造型上来区别出场人物性格的善、恶、忠、奸，来理解藏戏的情节内容。古老的白面具由原色白山羊皮毛制成，白色象征温和善良、纯洁、毫无害人之心和吉祥慈悲。是佛学上智慧、福泽二"资粮"的象征。长虬髯象征美仪之男性，是百姓寄托精神、物质与象征需求的重要载体。[20]黄色面具象征神圣而有智慧、尊严、威猛勇敢、神通广大，表示容光焕发、功德广大、知识渊博，一般为神佛、喇嘛、隐士和具有高德的长者等使用，主要显示十分尊重、知识渊博、功德广大。蓝色面具是蓝面具藏戏剧种中的标志性面具，装饰优美、精致、绚烂，蓝面具脸部以蓝花缎作为底色。按汤东杰布形象造型。绿色面具面部呈平面墨绿底色，面具较小，成为一种象征性的"形"。绿色象征各种功德圆满，具有神性观念，不可战胜，藏族神话传说中的"绿度母"（神仙）使用绿色面具。红色面具以一块皮革制成，阴阳脸面具半边黑半边白，以黑绒布制成，象征残忍、阴险、奸诈，一般为巫女和小丑使用。这种面具一般在嘴巴和眼睛部分按其形状镂空开洞，并能自由呼吸，演员戴着仍然可以看见。红色象征崇高的权力和威严，例如清代皇帝批阅奏折使用朱砂红笔，称为朱批，一般是头人或国王、大臣等人物使用，文韬武略智勇双全，治理国家有方。主要显示庄严、辉煌，有时戴此面具的人物也可能既坏又蠢，只象征有权有势。

4.仪式行为

"仪式是一种文化建构起来的象征交流的体系。往往是借助多重媒介表现出来，它由一系列模式化和序列化的言语和行为组成，其内容和排列特征在不同程度上表现出礼仪性的（习俗），具有立体的特征（刚性），凝聚的（融合）和累赘的（重复）特征。"[21]仪式行为是精神世界（这里指人类不理解的和不能够把握的那一部分）的反映，仪式是表象的，都有一种象征意义。藏戏的演出形式分为开场戏、中间戏（正戏）、尾戏三大部分，讲究手法、步法和眼法，用实物道具配合表演，以达到生动形象的目的，注重表演的象征性。"杂戏歇娃"表演中的"面具舞"被认为是"文巴净土"和"调伏土地"的祭祀舞蹈。[22]作为一种仪式符号，重复的话语映射出内心的虔诚，搭建起人神之间的私密的情境场域，渴求神明对自身敬畏态度的有效回应，达到仪式的目的。

（二）符号表征的意义所在：色达藏戏的社会功能

分析解构藏戏的符号系统和意义系统，可以看到色达藏戏中被创设的外在表象和内指含义是符合民众心理预设及期待的产物。这也深刻地揭示了这一非物质文化遗产对藏族社会厚重的历史价值和现实功用。

1.审美娱乐功能

审美娱乐功能是最直观的同时也是藏戏表演主要的社会功能。古时，人们的娱乐方式单调，没有太多调节身心的活动。藏戏展演提供了一场有"声"有"色"的盛宴，将平日忙于劳作的百姓集中到广场或坝子上，观看藏戏表演的同时，达到愉悦身心的作用。此外，藏戏的各项要素也体现了丰富的审美趣味，如藏戏设计形象的大方美观、平稳和谐，正是符合民众心理的心理期待，藏戏的角色、服装等则代表了人们对美好事物的向往和喜爱。藏戏的表演形式独特，通常由演员们身着华丽的戏服，佩戴各种面具，手持道具，边唱边舞，表演情节生动，内容丰富。藏戏的剧情多样丰富，涵盖了历史、宗教、神话等各个领域。有的故事讲述了英雄豪杰的传奇经历，有的表达了对生命和爱情的思考，有的则展现了人与自然的和谐共处。这些故事以其深刻的内涵和情感共鸣，打动着每一个观众的心灵，更增添了观赏的美感。

同时，随着时代的发展，虽然藏戏形式上有所改动，却不能减弱藏戏本身的文化特色，而是表现出迎合社会的时代的审美机制和趣味，表现出"向前发展的进步是民众知识适应现实社会生活的生存智慧"。[23]

2.祈福去晦功能

色达藏戏往往通过对四川历史名人格萨尔的力量演绎使普通个人感受史诗的震撼力，以艺术的方式激励人们勇敢地去追求美好的生活，消除不确定感和追求自身福利，满足自己的基本生物所需。传统社会中，藏戏是协调人与自然之间关系的符号，是维护人与自然之间秩序的象征。藏戏表演前的祭祀仪式以及整场展演，均是人们想借此达到祈福去晦象征意义的功能体现，也是民众渴求多种社会关系协调统一，追求人畜兴旺的象征。

3.凝心唤忆功能

社会学家韦伯提出，传统权威是指某种制度在长期的存在中，逐步获得公众的承认，成为具有象征力、道德和行为约束力的存在。[24]作为一项传承多年的非物质文化遗产，色达藏戏是一个地方传统权威的外在表征。整场藏戏文化展演将藏戏从寺庙宗教氛围中解放出来，使其转变为一种民间艺术，内容与形式趋向世俗化、人性化和大众化，作为传统意味浓厚的一类文化表演，藏戏表演重温和强化了藏族民众的"集体记忆"。因为"我们对现在的体验大多取决于我们对过去的记忆，我们有关过去的形象通常服务于现存秩序的合理化，有关过去的回忆性知识，是在（或多或少是仪式的）操演中传送和保持的"[25]。通过将藏族传统的说唱、杂技、歌舞等艺术有机地融合在一起的藏戏表演，把藏族族群记忆传承和保护下去，把史诗的传承推到了一个新的阶段，并把传统八大藏戏一路沿袭下去，这是一种"根"的守护。藏戏文化展演寄予了传统和现代的双重性期待，沟通了记忆和现实，使在现代化进程中由政府被动引入现代社会中处于精神迷茫的民众，在回顾过去的同时，重新在现代社会中的找到历史与传统的支点，寻找自己存在的价值和意义，推动铸牢中华民族共有精神家园的重新建构，加强社会凝聚。

4.文化认同功能

建立文化认同是社会整合机制建立的有效手段，它能够为藏族民众建立提供并内化一套统一的文化价值理念，规范社会秩序，缓解日益强烈的社会分化显现出的矛盾。藏戏在此方面发挥了重要作用。文化展演过程也是个人心理认同的归宿过程。它作为集体表象和象征符号，让原本素不相识的不同地位、身份、性别、家庭、社会关系中的人聚集在一个场域中，有的参与观赏、有的参与表演，尽管怀着不同的目的，但这种行为的参与，使他们从心理感受建立起强烈的地域文化认同。通过藏戏的象征体系与仪式及表演活动，参与者将自己纳入这一想象共同体中，建立并强化自身的文化认同。[26]

三、色达藏戏的生存困境及保护建议

2008年6月7日，四川省色达县申报的藏戏（色达藏戏）经国家批准列入第二批国家级非遗名录，遗产编号：Ⅳ-80，其价值得到了官方的认可和肯定。但就目前现状来看，传承仍旧存在着诸多问题有待及时解决。

（一）色达藏戏的生存困境

1.表演机会匮乏

藏戏一般都在传统节日进行表演。但随着时间的推移，情况有些变化，对一位色达藏戏演员的采访道出了其中的一些问题：其实我觉得了解藏戏和懂藏戏不是最重要的，现在我们面临的困难是没有地方去表演，虽然有各种的国家政策支持，但是我们出去演出的机会是非常少的。除了公开且免费的对外演出外，没有其他的小型的私立的演出。我认为现在发扬不了的主要原因始终在对藏戏演出场所的数量挂钩的。机会和时间太少。希望能有更大的机会面向大众的舞台，这样对藏戏这项非遗的发扬也会有很大的帮助。可以看出，展演没有固定日期，表演机会匮乏，生存现状较为尴尬。

2.传承出现断裂

塔洛是第五批国家级非物质文化遗产项目藏戏（色达藏戏）代表性传承人，也是四川省唯一的藏戏国家级非遗代表性传承人。在藏戏恢复初期，没人会做戏服，塔洛就边回忆边琢磨着带领大家一起制作；没人懂藏戏音乐，塔洛就自己创作；没人熟悉舞台动作，塔洛就负责创作和教授。此外，剧本由塔洛独立创作，导演也由他担任。塔洛创作的藏戏剧本充满抒情风格的叙事诗作，而演员大多是当地牧民，很多人几乎不识字，塔洛在教授藏戏表演的同时，还要教授演员们识字，以便他们能听懂、读懂剧本。塔洛现在都80多岁了，因此将藏戏传承下去的迫切性突出。由于藏戏曝光度不够，民众尤其是年轻人接触不多，有些甚至完全没见过，这也间接造成受众群萎缩，传承引发断裂，后人继承的可能性变小。此外，传承人并未有任何财政上的补贴和收益，造成传承动力机制不足。

3.创新动力不足

由于传承接班人的培养出现断裂问题，藏戏的创新也就受到重创。塔洛曾有一个和自己一样喜爱"南木特"藏戏的儿子叫秋吉，担任藏戏电影《智美更登》导演，历时两年，才在2008年将此电影制作完成。然而，年仅44岁的秋吉，因长时间操劳，积劳成疾，电影刚刚制作完成，就溘然离世。传统藏戏内容单一、艺术表现手段滞后的不足，其他方面也没有过多的创新。

4.活动资金有限

色达耶吾布美藏戏团成员如是说，现在色达有很多藏戏团，这都是党在文化方面开明优良的政策，使得四面八方的像牛羊毛编织技艺、格萨尔彩绘石刻等非遗文化得到重视和发展起来，在发展过程中最大的困境其实是因为他们是民间文艺团体（相对于藏剧团），并没有政府的资金，完全是靠自己表演挣钱。用这些钱来发薪资和买演出服装、道具等，自给自足，所以发展中最大的困境还是资金问题，比如现在招一个演员，如果每月能发到一定的薪资，他就能把心定下来固定在这一个藏戏团工作，如果没有的话，他就会待不住，因为现代社会发展得比较好，大家都会去找薪资更高的工作。所以经济上的困难如果能解决的话，对于藏戏的发展是很有帮助的。对于所有民间文艺团体而言也是一样的，最大的发展困境还是经济困难，经济好了戏团的发展也会变好。

（二）色达藏戏的保护传承建议

色达藏戏是研究民族戏剧、藏族社会发展形态和过程的"活化石"，对研究民族戏剧的发展历程以及藏族社会发展形态和过程具有很好的参考价值。面对色达藏戏的生存困境，我们可以从以下几个方面开展保护工作。

1.政府扶持，加大投入

（1）有效开展演出活动。藏戏在周期性的多次重复的表演中，才能站稳脚跟，形成稳定的生存空间。政府应选择重要的藏族传统节日及新兴节日，甚至走出当地，走向成都、上海甚至北京乃至出国，牵头定期开展展演活动，提高藏戏展演的曝光率，扩大受众面，起到更有效的文化宣传目的。加大挖掘力度，增加展示内容。计划进一步搜集更多藏戏元素，完善藏戏电子数据库建设，组织开展格萨尔藏戏史料搜集、挖掘、整理、加工等工作，为建立藏戏档案室、展示馆工作打下坚实基础。

（2）做好资金的投入。政府要加大对色达藏戏保护与传承工作的经费投入，将所需经费纳入同级财政预算，建立起资金扶助机制。要通过政策引导等措施，鼓励以社会捐赠等方式设立非物质文化遗产保护基金，引导社会资金参与藏戏的保护。[27]加大人才培养，提高工资待遇。未来定期开展培训班，以提高演员的教育水平。并争取资金及政策扶持，提高工资待遇及改善生活质量，以便从业人员能潜心专研藏戏表演技艺，切实留住人才。

（3）重视与帮助传承人。建立起以人为核心、科学有效的保护传承机制，进一步健全名录项目代表性的传承单位和传承人队伍。给予传承人及其团队一定金钱及名誉的福利优惠，提升他们的社会价值与地位，激励他们传承和创新的积极性，创作新藏戏，坚持创造性转化创新性发展，赋予其新的时代内涵和现代表达形式，激活其生命力，使藏戏传承后继有人。按照时代的新进步新进展，对中华优秀传统文化的内涵加以补充、拓展、完善，增强其影响力和感召力，要适应现代观众尤其是年轻观众的审美需求。编排让观众看得懂、能引起观众共鸣的剧目。

（4）将藏戏文化纳入公共文化服务体系建设。完善藏戏的存在方式，将其纳入公共文化服务体系建设中。依托非物质文化遗产博物馆、文化馆、教习所等教育基地，收录及展示、解说藏戏的面具以及展演的视频，利用现代社会的多媒体技术对其进行创新保护传承。

2.媒体宣传，扩大认知

做好宣传工作，形成有效认知。利用网页查询，笔者发觉有关藏戏的文字和图片较少，视频则少有发现。这也暴露了网络宣传的薄弱性。因此在政府的引导下，大众媒体要做好宣传引导工作，对色达藏戏在内的本土文化进行有效宣传，打开大众认知。加大宣传力度，提高保护认识。国家尽快建立视频数据库，系统挖掘、抢救，收集和整理藏戏老艺人和传统藏戏剧目。[28]加强对非物质文化遗产及其保护工作的宣传教育，普及保护知识，营造保护的社会氛围，增强全社会的文化遗产保护意识，扩大对外宣传，与世界接轨，从而提升涉藏地区非物质文化遗产的知名度和影响力。

3.课堂教学，普及知识

加强普及教育，利用现有教育资源开设非物质文化遗产保护方面的课程。将色达藏戏纳入藏族中小学及大中专课堂教学中去，在学校设立非物质文化遗产学习课，普及包括藏戏在内的传统文化事项的深刻内涵和文化价值，加大认知范围，并借此机会在学校中挑选文化人才，扩大培养接班传承人的广度。

四、余论

一个地区的非物质文化遗产，往往是地域性传统文化价值体系的体现，保留着这一地区特有的思维结构，是加强本土文化认同的重要文化纽带。色达藏戏作为一项地域性的非物质文化遗产，其包含的一整套符号系统以及象征意义均是当地人价值秩序体系、观念结构的外在表征。在藏戏展演的过程中，人们得到共鸣并加强了自身的文化认同，有利于促进社会和谐发展，具有重大的现实和历史价值。在藏戏生存现状不容乐观的今天，必须发挥多方位的合力、多方式的合理做好其传承保护工作，才能找到传统与现代的契合点，做好此项工作。

注释

①项目基金：四川民族学院2023年度教学改革项目"铸牢中华民族共同体意识视域下的民族高校艺术课程思政实践探索"（项目编号：X-JG202315）。

参考文献

[1]郝永华.Representation：从再现到表征——论斯图尔特•霍尔的文化表征理论[J].江西师范大学学报（哲学社会科学版），2008（6）.

[2]肖志鹏，肖远平.非物质文化遗产视域下贵州民族歌曲的价值及其传承探究[J].贵州民族研究，2023（04）：150-155.

[3]李亚，汪勇.非物质文化遗产何以赋能铸牢中华民族共同体意识[J].贵州民族研究，2024，45（01）：46-52.

[4]段宝林.保护非物质文化遗产工作中的几个紧迫问题[J].红旗文稿，2008（07）：8-10.

[5]谢克林.从花鼓灯的保护探讨非物质文化遗产保护机制体系的构建[J].北京舞蹈学院学报，2004（04）：57-61.

[6]姚三军.贵州省非物质文化遗产的传承与传播[J].贵州民族研究，2023，44（06）：129-132.

[7]林琰，李惠芬.非物质文化遗产的保护机制与活化路径[J].南京社会科学，2023（03）：151-160.

[8]郝永华.Representation：从再现到表征——论斯图尔特•霍尔的文化表征理论[J].江西师范大学学报（哲学社会科学版），2008（6）.

[9]彭兆荣.非物质文化遗产：名实、界域与方法[J].中国非物质文化遗产，2023（03）：6-13.

[10]朱立春.非物质文化遗产传承保护与学术支撑[J].广东技术师范学院学报，2012，33（11）：24-26+155.

[11]申伷贞.江苏省传统体育类非物质文化遗产保护策略研究[D].南京师范大学，2015.

[12]丹尼•卡瓦拉罗.文化理论关键词•表征[M].张卫东，张生，赵顺宏，译.江苏人民出版社，2006.

[13]斯图亚特•霍尔.表征——文化意象与意指实践[M].徐亮，陆兴华，译.商务印书馆，2003：28.

[14]斯图亚特•霍尔.表征——文化意象与意指实践[M].徐亮，陆兴华，译.商务印书馆，2003：3.

[15]斯图亚特•霍尔.表征——文化意象与意指实践[M].徐亮，陆兴华，译.商务印书馆，2003：3.

[16]四川省色达县地方县志编纂委员会.色达县志[A].成都：四川人民出版社，1997：458.

[17]唐进，龚小净.色达格萨尔藏戏生存现状与当代化传播趋向[J].中国戏剧，2023（12）：76-78.

[18]斯图亚特•霍尔.表征——文化意象与意指实践[M].徐亮，陆兴华，译.北京：商务印书馆，2003：18.

[19]顾春芳.再论藏戏起源及其审美价值体系的传承[J].戏曲艺术，2023，44（02）：135-140.

[20]王铭铭，潘忠党.象征与社会[M].天津：天津人民出版社，1997：363.

[21]菲奥纳•鲍伊.宗教人类学导论[M].金泽，何其敏，译.北京：中国人民大学出版社，2004：178.

[22]兰凌.巴塘藏戏"扎西协哇"表演中的"面具舞"及其象征意义[J].戏剧之家，2023（4）：27-29.

[23]董晓萍.说话的民俗——民俗传统与现代生活[M].北京：中华书局，2002：7.

[24]王铭铭，潘忠党.象征与社会[M].天津：天津人民出版社，1997：354.

[25]陈元贵.从仪式的惯例到审美的惯例[J].广西民族学院学报，2006（4）：9.

[26]刘锦春.仪式、象征与秩序——对民俗活动"旺火"的研究[D].南开大学，2005：119-120.

[27]袁文良.加强非物质文化遗产的保护和传承的思考[EB/OL].（2012-04-16）[2024-02-15].http://www.jzrb.com/txy/ article/201241698086.htm.

[28]传承好发展好少数民族戏剧 助力新时代中华文化新辉煌[N].人民政协报，2017-12-11（3）.

© 团结出版社，2024 年

图书在版编目（CIP）数据

长江文化研究 . 第 1 辑 /《长江文化研究》编辑部编 .
北京：团结出版社，2024.12. -- ISBN 978-7-5234
-1546-7

Ⅰ. K295-53

中国国家版本馆 CIP 数据核字第 20243GA280 号

责任编辑：王云强
封面设计：黑眼圈工作室

出　　版：团结出版社
　　　　　（北京市东城区东皇城根南街 84 号　　邮编：100006）
电　　话：（010）65228880　65244790
网　　址：http://www.tjpress.com
E-mail：zb65244790@vip.163.com
经　　销：全国新华书店
印　　装：廊坊市海涛印刷有限公司

开　　本：185mm×260mm　16 开
印　　张：15.5　　　　　　　　字　　数：270 千字
版　　次：2025 年 2 月　第 1 版　　印　　次：2025 年 2 月　第 1 次印刷

书　　号：978-7-5234-1546-7
定　　价：75.00 元